信托研究与年报分析 2018

百瑞信托博士后科研工作站　著

中国财经出版传媒集团
中国财政经济出版社

图书在版编目（CIP）数据

信托研究与年报分析．2018/百瑞信托博士后科研工作站著．—北京：中国财政经济出版社，2018.8

ISBN 978－7－5095－8443－9

Ⅰ．①信…　Ⅱ．①百…　Ⅲ．①信托－研究报告－中国－2018　Ⅳ．①F832.49

中国版本图书馆CIP数据核字（2018）第186789号

责任编辑：周桂元　牛婧丽　　　　责任校对：杨瑞琦

封面设计：陈宇琰　　　　　　　　责任印制：张　健

中国财政经济出版社出版

URL：http：//www.cfeph.cn

E－mail：cfeph@cfeph.cn

社址：北京市海淀区阜成路甲28号　邮政编码：100142

营销中心电话：010－88191537　北京财经书店电话：64033436　84041336

北京富生印刷厂印刷　各地新华书店经销

787×1092毫米　16开　19.75印张　302 000字

2018年8月第1版　2018年8月北京第1次印刷

定价：70.00元

ISBN 978－7－5095－8443－9

（图书出现印装问题，本社负责调换）

本社质量投诉电话：010－88190744

打击盗版举报热线：010－88191661　QQ：2242791300

前　言

FORWORD

2017年，我国经济稳中向好，经济增长韧性加强。在此背景下，我国信托业主动适应经济发展新形势，大胆拓展新兴市场，完善风控管理体系，努力提升客户服务水平，为支持实体经济稳健发展、满足投资者多样化的金融服务需求做出自己的贡献。同时，2017年也被认为是“史上最严金融监管年”。监管层围绕防范化解金融风险这一核心，加强行业制度与基础设施建设，加大对违法、违规行为的排查和整改力度，引导信托业回归本源。

本书通过分析2017年各家信托公司的年报及中国信托业协会发布的相关数据，有以下发现。第一，信托资产管理规模已经突破26万亿元大关，增长率同比持续提升，然而，事务管理类信托占比接近六成。信托业务收入在总收入中的占比已近七成，信托主业地位持续稳固。信托报酬率延续下降态势，信托公司积极践行“利他在先，利己在后”的受托责任。第二，自营净资产规模突破5,200亿元，27家信托公司增资403亿元，行业资本实力进一步提升，抵御风险能力持续增强。自营业务收入行业集中度持续降低，自营业务逐步朝向充分竞争的方向发展。第三，信托项目收入上涨近三成，投资收益占比增加，符合监管层鼓励加强主动管理投资的导向。信托项目净利润涨幅超三成，已清算信托项目规模近八万亿元，已分配信托项目利润增长近两千亿元。第四，继续深化转型发展，创新业务热度进一步升温。一方面，资产证券化、家族信托、慈善信托和PPP业务依旧是2017年各家信托公司转型的主要方向；另一方面，养老信托、绿色信托、消费金融信托等受到的关注逐渐增多。

2018年，信托行业将又一次站在改革的路口。回顾我国信托业40年发展历程，每一次转型发展都与宏观经济和金融环境的变化密切相关。随着我国经济进入向高质量发展的新阶段，信托业需要为实体经济转型升级服务，需要满足人民群众的多样化、多层次、多方面需求。未来，信托业的发展机遇主要体现在产业优化、消费升级、财富管理和经济“出海”等方面，信托业要在多元化竞争格局中站稳脚跟，需要深入挖掘信托制度优势，以委托人为核心、以服务为导向，提升核心竞争力，实现行业的持续和健康发展。

为梳理信托行业发展脉络、记录行业发展历程，自2009年开始，百瑞信托博士后科研工作站每年对行业内信托公司的年报进行整理、分析和研究，力求对当年信托业的发展进行客观、中立和全景式的描述。《信托研究与年报分析2018》分为两个部分：第一部分为2017年信托公司年报分析，包括六篇研究报告，分别从行业概况、信托业务、自营业务、人力资源、客户服务和创新业务六个方面对信托行业2017年的经营状况进行分析，囊括行业发展的新趋势、新动向、新问题、新特点及新挑战。第二部分为专题研究报告，结合业务转型与产品创新，从财富管理、资管新规、FOF基金和智能投顾四个维度，撰写了《我国基金会资产管理现状与发展展望》《资产管理法律关系梳理兼资管新规对信托业影响》《FOF基金优选策略分析报告》和《智能投顾技术与产品设计——以基于深度强化学习的完备交易体系为例》四篇文章。

在本书的编写过程中，国家金融与发展实验室理事长李扬先生、中国银行业协会首席经济学家巴曙松教授、北京大学金融与证券研究中心主任曹凤岐教授、中央财经大学副校长史建平教授、对外经济贸易大学原副校长刘亚教授、南开大学经济学院财金研究所梁琪教授、复旦大学经济学院殷醒民教授从学术和实践的角度提出了许多宝贵意见和建议。在此，对他们的辛勤付出表示衷心感激。

本书的编写人员为：王振京、苏小军、罗靖、高志杰、陈进、李永辉、马琳、董瀛飞、谷晓明、于韫珩、王亚楠。其中，王振京作为编委会主任，负责本书的选题、总体策划和审稿。在第一部分，苏小军和陈进撰写了《行业概况篇》，高志杰和李永辉撰写了《信托业务篇》，马琳撰写了《自营业务篇》，董瀛飞撰写了《人力资源篇》，谷晓明撰写了《客户服务篇》，罗靖和王亚楠撰写了《创新业务篇》。在第二部分，陈进撰写了《我国基金会资产管理现状与发展展望》，于韫珩撰写了《资产管理法律关系梳理兼资管新规对信托业影响》，李永辉撰写了《FOF 基金优选策略分析报告》，董瀛飞撰写了《智能投顾技术与产品设计——以基于深度强化学习的完备交易体系为例》。

在编写过程中，由于编写人员学识所限、经验不足，且时间仓促、资料有限，书中难免存在疏漏，错误和不当之处恳请专家和广大读者予以指正。

百瑞信托博士后科研工作站

2018 年 6 月

目　录

CONTENT

第一部分　2017 年信托公司年报分析

第二部分　信托研究

第一部分

2017年信托公司年报分析

2017年信托公司年报分析之一：行业概况篇

百瑞观点：

- 金融监管体系改革推进，监管趋严，合规管理重要性显现
- 信托资产规模在整个资产管理行业占比上升
- 信托公司上市取得新突破，首家港股上市信托公司出现
- 行业转型时期，战略规划对信托公司业务发展的引领作用开始显现
- 行业总收入和净利润微增，延续低增长态势
- 净资产收益率、信托报酬率走低，行业盈利能力下降
- 不同股东背景信托公司发展呈现出差异化特征
- 信托风险项目规模上升，风险项目占比和自营资产不良率下降
- 信托行业诉讼增多，不同信托公司差异较大
- 信托赔偿准备金规模上升，净资本满足监管指标，风险管理能力提升
- 资管新规发布，推动信托公司转型发展，回归本源
- 国外信托发展历程显示，信托功能项下的各类业务会不断更新迭代

2017年是信托业发展历程中不平凡的一年，严监管和防风险是贯穿全年的关键词。从监管环境看，一系列监管文件出台，旨在降杠杆、去通道、去嵌套，防范系统性金融风险，监管部门也对信托公司开出了近几年来最多的罚单。从制度建设看，《信托登记管理办法》出台，行业基础设施建设进一步完善。从具体公司看，信托公司开始主动探索差异化发展道路，战略规划和管理对业务的引领作用开始显现。从68家信托公司年报数据看，行业固有资本实力进一步提升，管理信托资产规模稳步上升，但事务管理类信托占比接近六成；总收入和净利润小幅增长，不过信托公司之间差异较大；人均净利润与2016年持平，可能进入稳定态势；净资产收益率持续下降，未来可能进一步下降。从风险管理的角度看，信托行业抵御风险能力持续增强，净资本和信托赔偿准备金充足，为长远发展奠定了坚实的基础。纵观国外信托发展历程，展望我国信托业的未来，体现信托制度优势的资产管理和财产受托服务是长远发展方向，短期内债权融资类信托业务仍有存在必要和发展空间。

一、金融监管趋严，合规管理重要性显现

（一）金融监管体系改革推进，成效卓著

2017年7月，第五次全国金融工作会议召开，决定设立国务院金融稳定发展委员会（以下简称“金稳委”），拉开了金融监管体系改革的序幕。金稳委的设立，旨在强化人民银行宏观审慎管理和系统性风险防范职责，落实金融监管部门监管职责，并强化监管问责。

2018年3月21日，中共中央印发《深化党和国家机构改革方案》，明确将中国银行业监督管理委员会（以下简称“银监会”）和中国保险监督管理委员会（以下简称“保监会”）的职责整合，组建中国银行保险监督管理委员会（以下简称“银保监会”），原银监会主席郭树清出任银保监会主席、党委书记。银保监会的成立，意味着运行了15年的银监会和20年的保监会成为了历史，标志着“一委一行两会”的新监管体系正式形成。银行业、保险业都是间接融资，以资本约束为监管核心，合并有助于做好协调监管，既有助于避免出现监管套利，也有助于避免政策叠加，增强监管效率。3月26日，郭树清主席被任命为央行党委书记、副行长，负责人事、党务和改革等。银保监会主席兼任央行党委书记有利于加强横向沟通和信息共享，统

一协调行动。

（二）信托业基础设施建设完善与严监管并举

1.《信托登记管理办法》出台，行业基础设施建设进一步完善

2017年8月25日，银监会印发《信托登记管理办法》，2017年9月1日，中国信托登记有限责任公司（以下简称“中信登”）信托登记系统正式上线运行。这标志着信托业基础设施建设进一步完善，正式进入统一的信托产品登记时代。表1-1列示了信托登记相关政策文件，可以发现，信托登记的相关细则日趋完善，信托受益权账户的统一管理为信托受益权流转奠定了基础。

表1-1　　　　信托登记相关政策文件

发文机构	时间	文件名称
中信登	2017.2	信托登记管理办法（征求意见稿）
	2017.6	信托登记管理办法暂行细则
银监会	2017.8	信托登记管理办法
中信登	2017.9	信托登记管理细则（征求意见稿）
	2017.9	信托受益权账户管理细则（征求意见稿）

2.银行间市场承销资格首次向信托公司开放

2017年9月，中国银行间市场交易商协会（以下简称“交易商协会”）发布《关于意向承销类会员（信托公司类）参与承销业务市场评价的公告》，这意味着符合准入条件的信托公司或可参与债券承销业务。2018年4月，交易商协会发布《关于意向承销类会员（信托公司类）参与承销业务市场评价结果的公告》，批准中信信托、兴业信托、华润信托、中诚信托、华能信托和上海信托6家信托公司开展非金融企业债务融资工具承销业务。

承销业务竞争激烈，2017年9月的承销费率在0.3%左右，70%的市场份额被四大行和股份制银行占据，信托公司劣势明显，并且6家信托公司取得的为承销资格会员，类似于分销商角色，需联合主承销类会员在银行间市场开展非金融企业债务融资工具的承销业务。但是，长远来看，信托公司取得这项资格有利于拓展标准化的证券业务，做大中间业务，丰富投行专项业务能力，提升多元化发展水平，培育新的业务增长点。

3.一系列监管文件出台，对传统信托业务产生较大影响

（1）加强政府举债管理，政信业务受到影响

2017年，《关于进一步规范地方政府举债融资行为的通知》（财预〔2017〕50号）和《关于坚决制止地方以政府购买服务名义违法违规融资的通知》（财预〔2017〕87号），将地方融资平台与地方政府信用进行了剥离。在此背景下，政信业务受到较大影响，违规新增地方政府融资平台贷款；违规接受地方政府担保兜底；通过专项建设基金、PPP、政府购买服务等形式异化形成违规政府债务，成为监管重点。

（2）房地产调控升级，进一步规范房地产信托业务

2017年我国的房地产市场调控坚持“分类调控、因城施策”的基本策略，全国多数大中城市进入“限购、限售、限价、限贷、限商”的“五限时代”。监管部门相继下发《中国银监会关于银行业风险防控工作的指导意见》（银监发〔2017〕6号）、《2017年信托公司现场检查要点》等文件，从不同侧面重申或规范了监管对房地产信托业务的相关要求。其中，银监发〔2017〕6号文明确指出“各级监管机构要重点关注房地产融资占比高、贷款质量波动大的银行业金融机构，以及房地产信托业务增量较大、占比较高的信托公司”。

（3）同业信托风险监管趋严，银信合作受限

2017年12月22日，银监会发布《关于规范银信类业务的通知》（银监发〔2017〕55号），分别从商业银行和信托公司双方规范银信类业务。55号文明确了银信类业务及银信通道业务的定义，首次将信托受益权和财产权信托纳入银信类业务的监管范畴；要求在银信类业务中，银行应按照实质重于形式原则，将穿透原则落实在监管要求中。此外，2017年开展的“三三四十”专项治理工作中，也明确提出整治同业业务，加强交叉金融业务管控。

（4）PPP业务监管进一步完善，有助于规范发展

2017年6月，财政部、中国人民银行、中国证监会联合发布了《关于规范开展政府和社会资本合作项目资产证券化有关事宜的通知》（财金〔2017〕55号），有利于推动PPP项目资产证券化进程。2017年11月，财政部发布《关于规范政府和社会资本合作（PPP）综合信息平台项目库管理的通知》（财办金〔2017〕92号），要求对PPP已入库和新入库项目进行全面排查；同月，国务院国有资产监督管理委员会发布《关于加强中央企业

PPP业务风险管控的通知》（国资发财管〔2017〕192号），要求加强中央企业PPP业务风险管控。两个文件的核心都在于规范PPP业务，清理伪PPP项目、提高PPP项目质量。

（5）《慈善信托管理办法》出台，利好慈善信托发展

2017年7月，银监会、民政部联合发布《慈善信托管理办法》，包括慈善信托的总则、设立、备案、财产管理与处分、变更、终止、监督管理和信息公开、法律责任、附则等方面内容。该办法对慈善信托设立流程及配套政策作了细化，使慈善信托业务的可操作性得到提升；明确根据信托文件约定或者经原委托人同意，可以增加新的委托人和信托财产，认可了慈善信托的开放式运作（见表1-2）。

表1-2　2017年主要信托监管文件

监管机构	时间	文件名称
国务院	2017.5	关于进一步规范地方政府举债融资行为的通知
银监会	2017.3	关于开展银行业“违法、违规、违章”行为专项治理工作的通知
	2017.3	关于开展银行业“监管套利、空转套利、关联套利”专项治理工作的通知
	2017.4	关于开展银行业“不当创新、不当交易、不当激励、不当收费”专项治理工作的通知
	2017.4	关于提升银行业服务实体经济质效的指导意见
	2017.4	关于集中开展银行业市场乱象整治工作的通知
	2017.4	关于银行业风险防控工作的指导意见
	2017.4	关于切实弥补监管短板提高监管效能的通知
财政部	2017.6	关于坚决制止地方以政府购买服务名义违法违规融资的通知
央行牵头	2017.11	关于规范金融机构资产管理业务的指导意见（征求意见稿）
	2017.11	关于规范整顿“现金贷”业务的通知
银监会	2017.7	关于修改〈中资商业银行行政许可事项实施办法〉的决定
	2017.7	关于银监会系统工作人员在监管履职中严格实行公私分开的意见
	2017.7	慈善信托管理办法
	2017.8	商业银行新设债转股实施机构管理办法（征求意见稿）
	2017.8	银行业金融机构销售专区录音录像管理暂行规定
	2017.8	信托登记管理办法

续表

监管机构	时间	文件名称
银监会	2017.11	商业银行股权管理暂行办法（征求意见稿）
	2017.11	商业银行银行账簿利率风险管理指引（修订征求意见稿）
	2017.12	金融资产管理公司资本管理办法（试行）
	2017.12	关于规范银信类业务的通知
	2017.12	商业银行流动性风险管理办法（修订征求意见稿）
	2018.1	关于进一步深化整治银行业市场乱象的通知

（三）信托规模在整个资产管理行业占比上升

截至2017年末，信托行业资产管理规模达到26.25万亿元，较2016年末增加6.03亿元，增长率为29.78%。从资金来源看，单一信托资产规模为11.98万亿元，占比为45.6%；集合信托资产规模为9.94万亿元，占比为37.8%；财产权信托资产规模为4.34亿元，占比为16.53%。图1-1为2010—2017年信托行业资产规模及增长率走势图，可以发现信托资产规模持续增长，增长率自2012年开始持续下降，2015年触底反弹，2017年实现30%的增长。

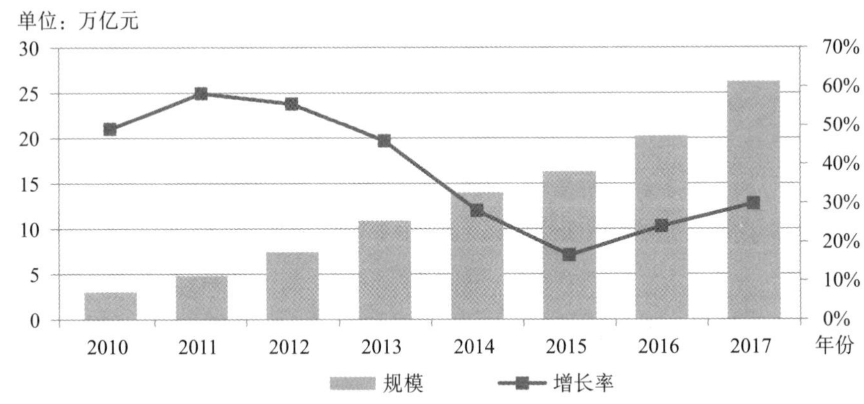

图1-1　2010—2017年信托行业资产规模及增长率走势图

从整个资产管理行业看，截至2017年末总规模约为114.4万亿元。具体而言，基金管理公司及其子公司、证券公司、期货公司、私募基金管理机构资产管理业务总规模为53.57万亿元。其中，公募基金管理机构管理的公募基金规模为11.6万亿元，基金管理公司及其子公司专户业务规模为

13.74万亿元，证券公司资产管理业务规模为16.88万亿元，期货公司资产管理业务规模为2,458亿元，私募基金管理机构资产管理规模为11.1万亿元。[①] 全国共有562家银行业金融机构有存续的理财产品，理财产品数为9.35万只，理财产品存续余额为29.54万亿元。[②] 截至2017年末，保险资管机构资产管理规模总计5.06万亿元。[③] 具体如图1－2所示：

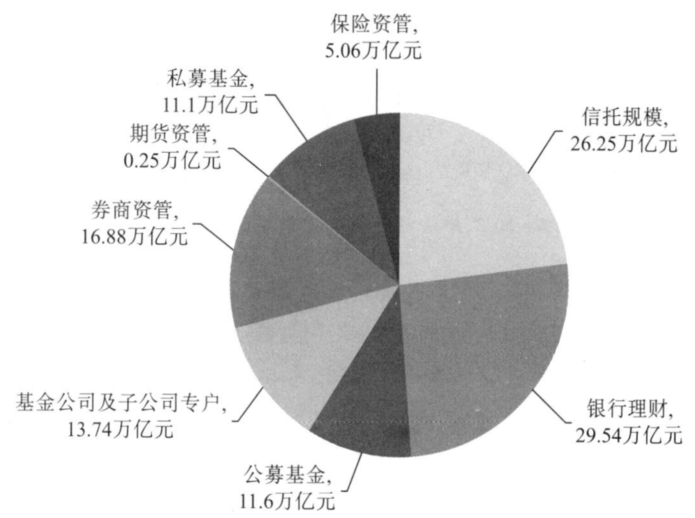

图1－2　2017年末各资管行业管理资产规模分布图

从图1－2中可以看出，证监会体系的资产管理规模2017年末为53.57亿元，虽然仅较2016年增长3.45%，但从比价来看，与原银监会监管下的55.79亿元资产管理规模相差不大。

图1－3列示了2012—2017年信托规模、资管规模以及信托占资管规模比重走势图。从信托规模在整个资产管理体系的占比看，2012—2015年呈现下降态势，2016年和2017年又开始上升。对比图1－1信托行业资产规模及增长率图，可以发现，信托规模在资管行业占比走势与信托资产规模增长率走势趋于一致。

---

① 资料来源：中国证券投资基金业协会。

② 银行业理财登记托管中心．中国银行业理财市场报告（2017年）［R/OL］．（2018－2－2）［2018－5－1］．https：//wenku. baidu. com/view/2ed36928ae1ffc4ffe4733687e21af45b207fe7e. html.

③ 资料来源：中国保险资产管理业协会。

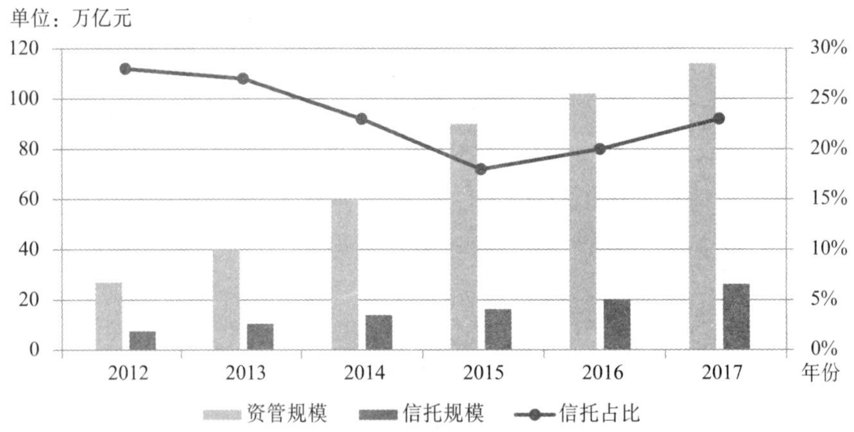

图1－3　2012—2017年信托行业资管规模占资管规模比例走势图

信托资产规模2017年的快速增长主要是由于事务管理类信托的快速发展。由图1－4和图1－5可以看出，事务管理类信托规模和占比自2013年以来持续快速上升，事务管理类信托增长率也一直高于融资类信托和投资类信托，2012—2017年，增长率最低的为2015年的38%。然而，事务管理类信托并没有一个特别准备的界定，各家公司的标准也不一样。从融资类、投资类和事务管理类的分类统计看，事务管理类信托包含委托人交付资金或财产给信托公司，指令信托公司为其完成信托目的，从事事务性管理的信托业务，这一类业务就是一般意义上的通道业务。此外，资产证券化、财产权信托、股权代持、员工福利计划等也属于事务管理类信托的范畴，因此，事务管理类信托不能简单等同于通道业务。但不可否认的是，通道业务是事务管理类托的重要组成部分，事务管理类信托的快速增长与监管政策变化带来的通道业务回流有一定关系。

（四）受到行政处罚的信托公司数量增加

严监管态势下，信托公司受到监管部门处罚的情况明显增多，2017年共有17家信托公司收到23张罚单，全年受罚公司和罚单数量在之前10年中前所未有。2015—2017年，共有18个银监局向26家公司出具了41张罚单，其中2015年6张，2016年9张。从2017年月度情况看，5月6张，11月3张，12月9张，体现出监管执行力度在第四季度进一步加强。

从被处罚原因看，主要是公司内部治理结构不当和具体业务违规两类。内部治理不当的具体原因又包括内控管理不到位、信息统计错误、高管履职

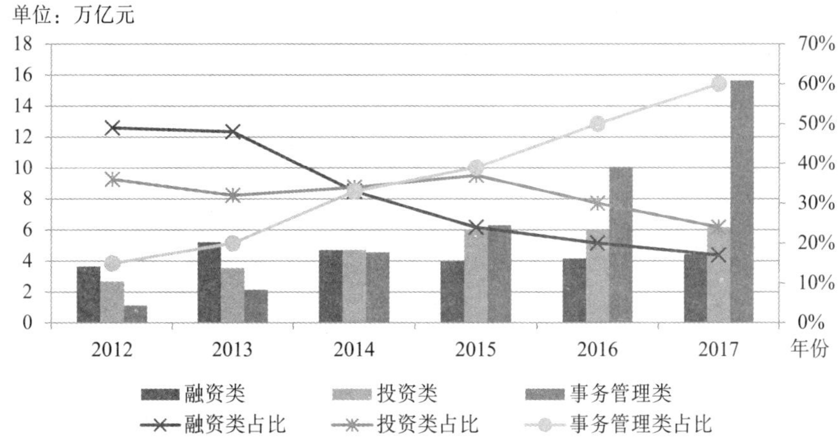

图1-4　2012—2017年融资类、投资类和事务管理信托规模和占比走势图

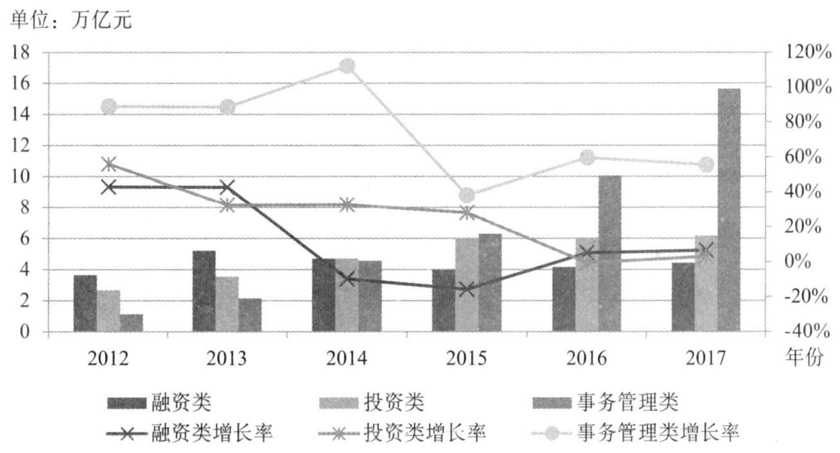

图1-5　2012—2017年融资类、投资类和事务管理信托规模和增长率走势图

不当等；具体业务违规涉及面非常广，例如，交易结构设计违规、信托资金投向违规、关联交易未报备、信托财产管理未尽审慎义务、信托计划推介及信托文件签署不当、信息披露不合规等。从处罚依据上看，最常用的是《银行业监督管理法》第四十六条五项“严重违反审慎经营规则”。除了行政处罚外，2017年监管部门也有对信托公司采取暂停业务的监管强制措施，监管强制并非严格意义上的行政处罚，但由于直接影响到信托业务的开展，其社会影响和严重程度可能超过某些行政处罚，需要引起高度重视。

总体来看，监管部门行政处罚频发也是严监管的表现，许多之前并不被十分重视的监管规定都可能被作为监管处罚的依据，并且监管部门可能连续对一家公司下发多个处罚。2018 年延续了严监管的思路，合法、合规经营是当前阶段首要任务。

二、信托公司转型，战略规划的重要性日益凸显

（一）信托公司股权变更

根据信托公司年报信息，2017 年共有 10 家信托公司股权结构发生变化，具体见表 1－3。与 2016 年 16 家公司发生股权变更相比，变更股权的信托公司数量有所减少，但仍处于股权变动活跃期。对这些变动进行分析可以发现：第一，部分公司通过引进战略投资者、无偿划转、协议转让等方式增加新股东或替换原有股东，例如，华融信托引入长城人寿作为新股东，此外，国联信托、杭工商信托和苏州信托也引入新股东；第二，一些股权变更是原有股东之间进行股权划转或股本变动，不涉及股东层面的变动，例如，光大兴陇信托、五矿信托和中航信托等；第三，控股股东或实质控制人均未发生变化，各家公司转让的股权数量相对较少，超过半数的股权变动涉及股比少于 10%。总体而言，2016 年、2017 年信托公司股权变动较为频繁，但并未发生控股股东的变更，这说明控股股东对于信托牌照价值的认可度还是比较高。此外，信托公司通过资本层面的股权变动引入优质战略投资者，也给公司乃至整个行业带来新的动力和活力，引领行业向更加科学、完善的方向发展。

表 1－3　2017 年信托公司股权变动情况

信托公司	股权变更情况
光大兴陇信托	白银市财政局将所持 2.4% 的股权无偿划转至甘肃省国有资产投资集团有限公司
国联信托	无锡市交通产业集团将所持国联信托 4.065% 的股权划转给无锡市国联发展（集团）有限公司，将 4.065% 的股权协议转让给无锡市电力公司；无锡华光锅炉股份有限公司以吸收合并无锡国联环保能源集团有限公司的方式持有国联信托 9.756% 的股权
杭工商信托	浙江新安化工集团股份有限公司将其所持有全部 6.2625% 的股权转让给百大集团股份有限公司

续表

信托公司	股权变更情况
华宝信托	股东由宝山钢铁（集团）公司更名为中国宝武钢铁集团有限公司，持股比例不变
华融信托	长城人寿保险股份有限公司作为新股东持股14.64%；珠海市华策集团有限公司作为新股东持股7.32%
华信信托	华信汇通集团有限公司将所持有0.38%的股权转让给大连桐基物贸有限公司
山东信托	完成H股上市并进行国有股减持，H股股东持股25%
苏州信托	苏格兰皇家银行将所持19.99%的股权转让给苏州银行，后者随后再将其转让给苏州文化旅游发展集团有限公司
五矿信托	五矿资本控股有限公司持股比例增至78.002%，青海省国有资产投资管理有限公司及西宁城市投资管理有限公司分别减至21.204%和0.794%
中航信托	中航投资控股有限公司以溢价方式追加投资，股权比例提升至82.73%

进入2018年，信托公司的股权结构变动持续进行。2018年1月2日，北京银监局批复同意合肥市国有资产控股有限公司将其所持有的建信信托5.5%的股权划转至合肥兴泰金融控股（集团）有限公司。2018年1月29日，北京银监局批复同意英大信托注册资本自30.22亿元增加至40.29亿元，南方电网成为持有其25%股份的新晋第二大股东。

（二）信托公司上市取得新突破

2017年12月8日，山东信托正式登陆香港联合交易所主板上市交易，是在中国香港上市的首家来自内地的信托公司。这也是时隔23年之后，信托业再次有信托公司实现IPO突破，是第一家在港股上市的信托公司。此前独立完成IPO上市的陕国投信托和安信信托则分别在深圳证券交易所和上海证券交易所上市。

除山东信托在2017年成功实现IPO外，2016年底先后有江苏信托、昆仑信托、五矿信托、浙金信托和湖南信托5家信托公司通过参与上市公司重组，以部分信托资产注入的方式进入A股市场，实现曲线上市。然而，与银行、保险公司和证券公司相比，信托公司因其私募性质以及受托开展资产管理业务的经营模式，被认为核心业务不清晰，在持续盈利方面存在不确定性，故而短期内在A股独立上市的可能性仍然较低。

（三）信托公司高管变动频繁

根据数据统计，2017 年共有 23 家信托公司董事长或总经理发生变动，占到信托公司总数的三分之一，其中有 4 家信托公司董事长和总经理均发生变更。从变动原因分析，多属于正常的工作调动或者离职，也有个别因违纪被查。从高管变动对公司和业务的影响看，绝大部分的公司并未因一把手变动而受到不良影响，与之相反，许多公司在选聘新的总经理时，会考虑从信托行业内选择，希望从其他转型发展较快的公司引进人才，以带动本公司业务转型与升级。在行业转型时期，公司领头人会起到比较重要和关键的作用，从战略的高度自上而下地推动转型在效果上可能比自下而上推动更好。

（四）战略对业务发展引领作用开始显现

各家信托公司年报中，均披露了各公司的经营目标、经营方针和战略规划，虽然有的披露较为详细、具体，有的较为笼统和概括，不过对这些内容进行总结和提炼，还是可以发现信托行业转型升级已经在战略层面达成了共识，战略对业务发展的引领作用开始显现。

1. 服务实体经济、提升主动管理能力是信托行业转型战略层面的共识

（1）转型是信托公司战略规划的重点

从信托公司战略规划看，转型成为战略规划中最重要的组成部分。从转型的路径上看，有的公司采取从董事会层面推动，成立了董事会层面的创新工作委员会、建立公司金融创新的内部管理制度或金融创新管理方案等；有的公司在经营管理层面推动转型创新，选定几个确定的业务方向自上而下进行推动；有的公司则是从业务层面进行具体探索和尝试，在某类业务形成一定规模后，再上升到战略层面。不同的转型路径与各公司的发展历程、组织架构设置、业务与资源禀赋以及公司治理机制密切相关，不存在绝对的优或劣。然而，对大部分公司而言，找到合适的战略转型路径并贯彻实施仍是不小的挑战。

（2）服务实体经济是行业共同的战略选择

从年报内容看，绝大部分信托公司的战略都围绕回归信托本源、服务实体经济展开，并且有半数以上信托公司明确将服务实体经济作为战略定位的主要出发点。例如，安信信托年报中提出“公司信托业务定位实业投行，以投贷联动的形式服务实体经济，目前主要涉及的领域包括光伏电站、生物医药、互联网基础设施、锂电池、养老产业、现代物流、高端现代农业

等”。华能信托的特色业务之一就是“坚持为实体经济服务，积极盘活资产，提升服务实体经济水平，在供应链金融领域、小微企业金融服务上实践创新合作模式”。总体来看，我国信托业已经进入了调结构促转型的新阶段，这与党的十九大报告中“我国经济进入了由高速度增长转向高质量增长阶段的新时代”是一致的，但服务实体经济依然是信托行业的初心和坚守。从数据上看，截至2017年末，信托资金投向工商企业占比较2015年末上升了5.3个百分点，这表明信托资金在房地产和基础设施外的实业领域投资占比在提升。展望未来，在产业转型升级大背景下，信托公司需要结合各自资源和禀赋，进一步提升服务实体经济的能力。

(3) 提升主动管理能力是战略目标实现的路径

提升主动管理能力是提到信托行业转型时绕不开的话题，也是信托公司实现新发展的必经之路。从各公司战略规划看，多数公司也将提升主动管理能力作为战略方向。提升主动管理能力既包括对信托项目的主动管理能力，也包括投资管理能力、资源整合能力和风险管理能力。现阶段，去通道和去嵌套是监管重点，而在战略转型业务利润增长点尚未形成的背景下，想要巩固和提升传统业务优势，需要努力提升主动管理能力，保持主动管理信托业务规模的稳步增长。

从信托公司履行受托人责任的角度看，提升主动管理能力也是对委托人和信托公司股东尽责的表现。此外，提升主动管理能力与服务实体经济是密切相关的，只有具备足够的项目管控和风险管理能力，才可以更好地服务实体经济。

(4) 财富管理是信托公司坚定的战略发展方向

私募投行、资产管理、财富管理和受托服务被认为是信托行业四大发展方向，其中财富管理被认为是最体现信托制度优势、符合信托本源且契合高净值人群日益增长的财富管理需求的一类业务。财富管理也是在各公司战略规划中出现频次最高的词汇，总结分析有以下特点。第一，从单纯的信托产品销售向综合性财富管理业务转变，在此基础上开展单独账户管理业务，尝试拓展家族信托业务、推出客户定制计划。第二，立足于高端客户需求，以专业资产配置能力为核心，提升综合金融服务能力，为客户提供全方位的产品供给和理财服务。例如，上海信托在财富管理方面，从推荐单一信托产品向为客户进行全面资产配置转型。其中，家族信托以信睿家族管理办公室为品牌，打造升级版的财富管理服务模式和产品体验；国际化业务以上信香港为平台，为客户提供全球资产管理和财富管理的一站式服务架构和产品体系。第三，为不同的客户配置家族信托、保险金信托、专户理财等专业化的细分服务。在服务内容上涵盖专业咨询、资产配置、事务管理等全链条系列服务；在资产配置上，建立平衡配置、稳健配置、积极配置和增强配置等不同的投资策略。总体而言，探索和打造全体系、全方位、全流程、全周期的综合金融服务，是信托公司在财富管理领域努力的目标，但过程可能艰辛且漫长。

2. 不同公司对战略的定位存在差异，战略对业务的引领作用会逐步显现

(1) 部分公司探索差异化发展道路，寻求细分市场领域领先地位

本书对信托公司年报中战略规划梳理后发现，“差异化的发展道路”“精品化、专业化的业务定位”“以专业化和差异化为发展战略”“提升细分领域的核心竞争力”“形成专属竞争优势，提升区域影响力”“细分市场领先”和“特色业务突出”等强调差异化经营的词汇频繁出现在部分公司的战略规划中。这表明，在行业转型时期，部分管理资产规模和经营业绩靠前的公司努力做大做强做全，希望将自己打造成为综合化的资产管理机构；也有部分公司专注细分领域，探索差异化发展道路。对资产管理机构而言，“大而全”和“小而美”都不失为一种选择，过去很长一段时间，信托行业同质化的业务模式已经悄然发生改变。从具体信托公司看，明确提出差异化发展的信托公司多属于一些地方型、中小型信托公司。例如，渤海信托提出“紧密结合网络时代的新型社会特征、国家新四化建设的宏观形势，选择一个业务方向，形成一个业务模式，走差异化发展的道路”。云南信托提出“公司的目标是成长为具有市场影响力和品牌美誉度，细分市场领先、特色业务突出、专业能力精深，在国内独树一帜的资产管理机构”。此外，安信信托、华宝信托、东莞信托、大业信托和陆家嘴信托等多家公司战略规划中也提出差异化发展或追求细分领域领先地位等。

(2) 信托公司的战略规划与股东紧密结合

不同股东会对信托公司经营模式和经营业绩产生一定影响，从战略规划的层面看，股东的影响也有所体现。第一，各公司战略规划中，为股东创造良好价值回报、对股东负责、确保股东稳定回报等是和“确保受益人利益

最大化”并列的战略目标。第二，多家公司战略规划中明确提出“依托股东优势资源”“利用股东方的行业优势地位”“依托股东优势”“积极探索利用股东资源”提升主动管理能力，将公司打造为集团公司金融控股架构下的重要资产管理平台、财富管理平台，实现特色化发展等。这类信托公司多属于金融控股集团或大型集团控股信托公司。第三，积极利用股东资源，拓展特定领域的信托业务。例如，中粮信托提出“根据自身特点和股东优势，中粮信托逐步形成了在信托业务发展上的发展战略，将公开市场产品及资产证券化、农金业务、基金化投资业务以及消费金融业务作为业务重点和转型方向”。华能信托提出：“依托股东的管理与资源优势，打造核心竞争力，重点发展面向能源、基础设施行业的产业投资基金业务和企业资产证券化业务（ABS），把公司建设成为在信托规模、盈利能力和管理水平上具有领先地位的、国内一流的电力、能源行业的信托公司。”

（3）地域等因素对战略规划会产生影响

行业内68家信托公司分布在全国多个省市，信托公司注册地和主要业务经营地在不同地方。多个公司的战略规划中，明确提出以服务地方经济发展为宗旨、为地方经济建设提供金融支持等，如湖南信托、华宸信托、国元信托和中江信托。也有的信托公司提出“根植地方、辐射全国”“立足地方、面向全国”。例如，苏州信托提出“努力实现由地方性中小机构向全国性信托公司转变”。还有的信托公司结合地方特色探索特色业务。例如，吉林信托在多年服务地方农业发展的基础上形成了较为丰富的农牧业投融资经验，开展“合伙企业型”土地流转信托和农牧业信托。可见，地域因素对信托公司战略规划也会产生一定影响。

此外，有的信托公司在战略规划中明确提出上市计划，有的公司提出“大品牌·大客户”战略，有的公司提出“基金化、证券化和资产管理化”“投资化、中长期化、基金化、产品化”发展方向等。

（4）战略执行和评估比战略制定和规划更重要

从年报情况看，各公司披露的战略规划有详有略，却都结合自身实际制定了较为完备的战略规划。然而，就战略规划在信托公司发展中的定位和作用而言，似乎又有很大差别。部分公司的战略规划仍停留在纸质层面，并未形成对业务发展的引导，自然无法体现或落实在业务中；部分公司的业务发展和转型紧紧围绕战略规划进行，战略规划对于业务的引领作用已经开始显现。

从各公司战略管理部门看，大部分信托公司将战略与研发或董事会办公室放在一起，战略是研发部门、董事会办公室的职能之一；有的公司将战略职能放在人力资源部门，这种模式便于将战略执行与考核激励机制协同起来；还有个别公司战略规划与管理是独立的部门，强调战略部门与股东战略的融合以及对公司业务的督促与引导。总体而言，战略规划的制定需要考虑多重因素，需要站得高、看得远，这可能也是一些聘请外部咨询机构参与制定战略规划的原因之一；与战略规划的制定相比，战略规划的执行和评估更为重要。在行业内转型时期，制定适合公司自身的发展战略，并一以贯之，方为制胜之道。

三、经营业绩趋稳，不同股东背景公司各具特色

（一）行业总收入与净利润微增，延续低增长态势

1. 总收入微增，个别公司下降较多

2017 年 68 家信托公司实现总收入 1, 191. 4 亿元，较 2016 年的 1, 142. 4 亿元增加 49 亿元，增长率为 4. 3%。68 家信托公司总收入平均数为 17. 5 亿元，较 2016 年增加 0. 7 亿元，超过平均数的公司有 25 家；中位数为 12 亿元，与 2016 年相比下降 0. 4 亿元。从具体公司看，中融信托和平安信托分别以总收入 65. 6 亿元和 63. 6 亿元排在前 2 位，中信信托和安信信托总收入也在 50 亿元以上，总收入 30 亿元以上的公司有 8 家，20 亿元以上的公司有 22 家（见表 1 - 4）。从排名表另一端看，收入不足 5 亿元的公司有 6 家，其中有 1 家不足 1 亿元，为华宸信托的 4, 567. 77 万元。

表 1 - 4　　2017 年总收入排名前 10 位的信托公司

排名	信托公司	2017 年总收入（万元）	2016 年总收入（万元）	2016 年总收入排名
1	中融信托	654, 667. 00	695, 425. 00	1
2	平安信托	635, 513. 23	678, 866. 23	2
3	安信信托	593, 848. 51	554, 529. 00	4
4	中信信托	574, 998. 89	583, 459. 60	3
5	重庆信托	424, 086. 59	463, 030. 87	5
6	华能信托	361, 317. 53	303, 330. 40	8

续表

排名	信托公司	2017 年总收入（万元）	2016 年总收入（万元）	2016 年总收入排名
7	民生信托	331, 458. 79	192, 877. 60	20
8	中航信托	304, 549. 99	249, 061. 88	12
9	上海信托	279, 640. 05	257, 026. 45	11
10	建信信托	267, 528. 19	220, 687. 88	14

与 2016 年相比，45 家信托公司总收入增加，其中 9 家公司增加超过 4 亿元，民生信托和渤海信托总收入分别增加 13. 86 亿元和 10. 85 亿元，表现尤为突出；外贸信托、华能信托、长安信托和中航信托总收入增加值也超过 5 亿元。与此同时，23 家信托公司总收入下降，其中，降幅最大的达到 26. 7 亿元，还有 8 家公司总收入下降超过 3 亿元。从下降原因看，多数是由于自营业务收入下降较多造成的。

从信托业务收入和自营业务收入占比看，2017 年全行业信托业务收入占比为 69%，自营业务收入占比为 31%，但不同公司之间差别较大。信托业务收入占比超过行业平均数 69% 的公司有 35 家；信托业务收入占比达到 80% 以上的有 15 家；占比达到 90% 以上的有 4 家。自营业务收入占比超过行业平均数 31% 的公司有 33 家；自营业务收入占比超过 40% 的有 22 家；超过 50% 的有 7 家。从具体收益来源看，自营业务收入占比最高的粤财信托股权投资收益占到总收入的 57%，占比排第 2 位的新华信托其他投资收益占到总收入的 64%。2017 年信托业务收入占比和自营业务收入占比排名前 10 位的信托公司见表 1 – 5。

表 1 – 5　2017 年信托业务收入占比和自营业务收入占比排名前 10 位的信托公司

排名	信托公司	信托业务收入占比（%）	信托公司	自营业务收入占比（%）
1	国通信托	94. 95	粤财信托	75. 20
2	长城新盛信托	93. 73	新华信托	69. 73
3	东莞信托	91. 66	中诚信托	63. 18
4	新时代信托	90. 83	华润信托	61. 24

续表

排名	信托公司	信托业务收入占比（%）	信托公司	自营业务收入占比（%）
5	大业信托	89.83	中粮信托	57.23
6	西藏信托	88.97	国元信托	52.92
7	安信信托	88.82	江苏信托	50.14
8	国民信托	87.78	华澳信托	49.97
9	中航信托	86.83	重庆信托	49.74
10	浙金信托	85.47	湖南信托	49.34

2. 净利润小幅微增，信托公司间有增有降

2017 年 68 家信托公司实现净利润 640.11 亿元，较 2016 年的 612.84 亿元增长 4.5%。68 家信托公司平均净利润为 9.4 亿元，有 25 家公司净利润超过行业平均数。从具体公司看，平安信托、安信信托和重庆信托净利润排在前 3 位，分别达到 39.07 亿元、36.68 亿元和 33.51 亿元；中信信托、华润信托、中融信托和华能信托也实现净利润 20 亿元以上（见表 1－6）。

表 1－6　2017 年净利润排名前 10 位的信托公司

排名	信托公司	2017 年净利润（万元）	2016 年净利润（万元）	2016 年净利润排名
1	平安信托	390,664.36	379,710.1	1
2	安信信托	366,821.23	303,394.75	4
3	重庆信托	335,147.59	365,361.71	2
4	中信信托	242,512.4	304,164.52	3
5	华润信托	226,001.28	169,227.88	8
6	中融信托	216,960.64	236,471.54	5
7	华能信托	208,397.33	172,875.92	7
8	民生信托	181,513.76	95,145.43	23
9	建信信托	164,996.12	133,579.94	12
10	中航信托	162,894.77	130,167.02	14

与 2016 年相比，43 家信托公司净利润实现正增长，25 家公司净利润负增长。从增加值看，民生信托、安信信托、渤海信托、华润信托和外贸信托净利润增加 5 亿元以上，其中民生信托以增加 9.64 亿元排在首位。从增长

率看，华澳信托、浙金信托和新华信托净利润增长率达到100%以上，民生信托和渤海信托净利润增长率也分别达到91%和87%。与此同时，有3家公司净利润减少6亿元以上，有6家公司净利润降幅在30%以上。

图1-6列示了2009—2017年信托行业总收入和净利润增长情况。可以发现，2012年是总收入和净利润增长率走势的一个分界点，2012年以后开始呈现下降趋势，2016年总收入首次出现负增长，2017年又有小幅增长，但增速与2015年之前相比还是明显下降，这再次表明信托行业进入稳步发展与转型时期。展望未来，信托行业总收入和净利润可能呈现稳定或下降态势，短期内，自营业务收入对总收入影响会增大。

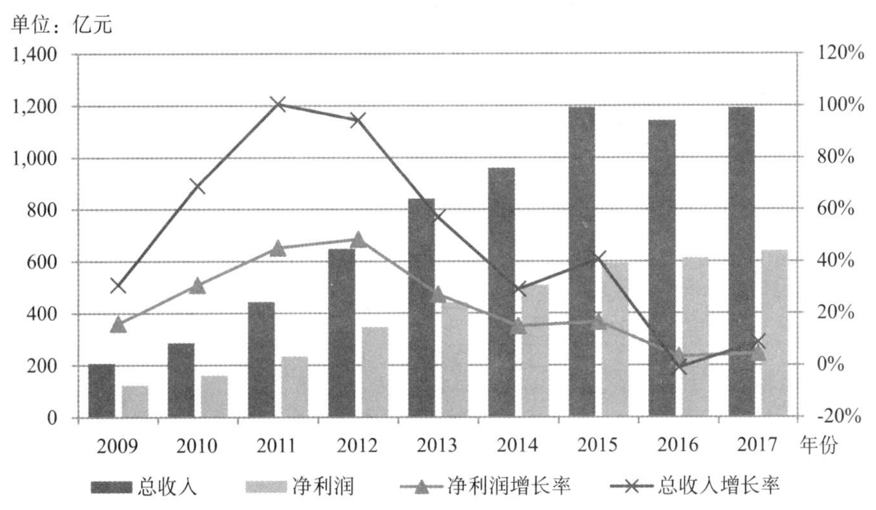

图1-6　2009—2017年信托行业总收入、净利润及其增长率变动图

3. 经营业绩集中度偏高且趋于稳定，自营业务收入集中度下降

图1-7和图1-8分别列示了2013—2017年信托行业总收入和净利润集中度情况。可以发现，第一，总收入和净利润集中度相对较高，与总收入集中度相比，净利润集中度更趋于稳定。第二，与CR5相比，CR10和CR20更趋于稳定，进入2016和2017年，总收入CR10和CR20有下降趋势，且低于净利润CR10和CR20。第三，2015年总收入集中度有小幅上升，而净利润集中度相对平稳，原因在于部分公司2015年自营业务收入增加，计提资产减值损失。总收入CR5和净利润CR5的背离更可能可以说明这一点。

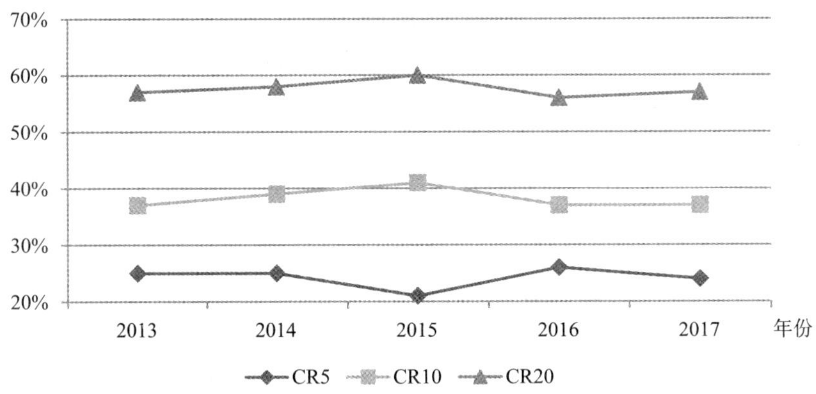

图1－7　2013—2017年信托行业总收入集中度走势图

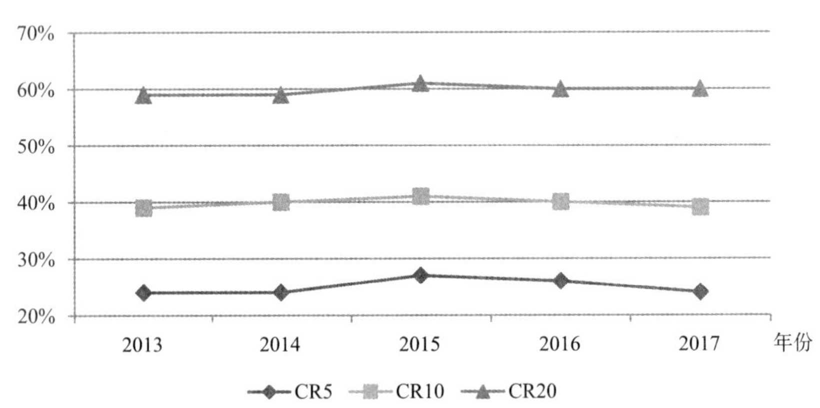

图1－8　2013—2017年信托行业净利润集中度走势图

由图1－9可以看出，信托业务收入集中度整体上趋于稳定，CR5稳定在25%～26%；CR10在38%左右，2016年达到40%；CR20在2016年和2017年略高，达到60%。与总收入集中度相比，信托业务收入集中度更稳定；2016年和2017年信托业务收入CR10和CR20略高于总收入CR10和CR20。

由图1－10可以看出，自营业务收入集中度2015年达到高峰，2016年和2017年持续下降。从原因分析，得益于资本市场的繁荣，2015年自营业务收入较2014年增长68%，占总收入比重达到41%，是2011年以来的最高值。证券投资和股权投资经验丰富、净资产规模大和自营业务布局早的信托公司自然是最大受益者，自营业务收入集中度自然上升。2016年和2017

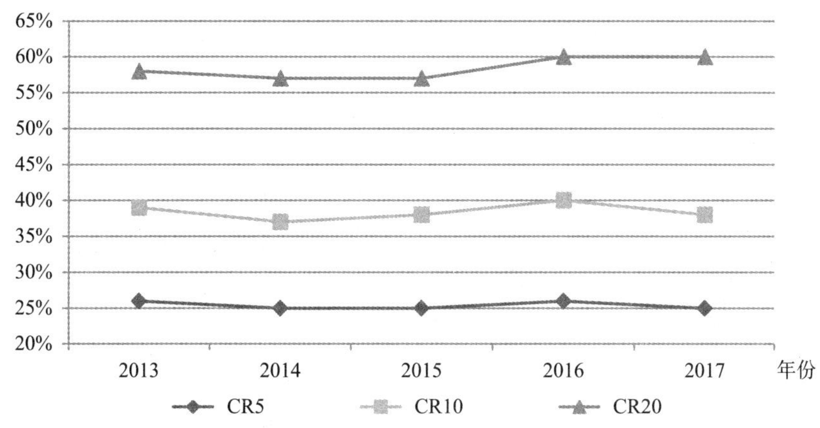

图 1－9　2013—2017 年信托业务收入集中度走势图

年虽然有所下降，但与信托业务收入集中度比较，自营业务收入集中度仍略高。

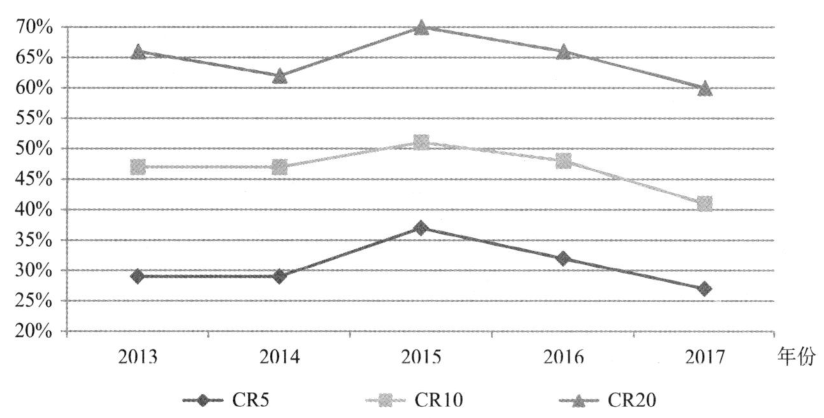

图 1－10　2013—2017 年自营业务收入集中度走势图

（二）净资产收益率、信托报酬率走低，行业盈利能力下降

1. 净资产收益率持续走低

2017 年信托行业加权平均净资产收益率为 13.17%，较 2016 年下降 1.61 个百分点。由图 1－11 可以看出，2008—2017 年，净资产收益率自 2013 年达到峰值后，开始呈现持续下降的态势。

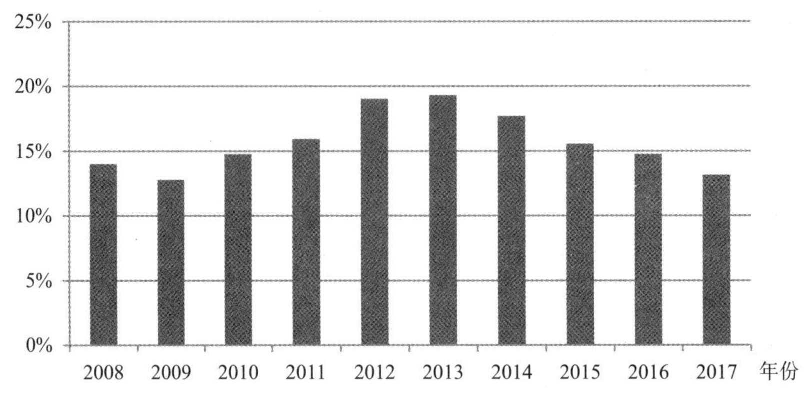

图1-11　2008—2017年信托行业净资产收益率走势图

从具体公司看，28家信托公司净资产收益率超过行业加权平均值13.17%。净资产收益率超过20%的公司有9家，超过15%的有25家，排在前3位的信托公司为长城新盛信托、万向信托和安信信托，分别为30.96%、25.26%和25.23%（见表1-7）。净资产收益率不足5%的公司有5家，其中最低的为1.85%。

表1-7　　2017年净资产收益率排名前10位的信托公司

排名	信托公司	2017年净资产收益率（%）	2016年净资产收益率（%）	2016年排名
1	长城新盛信托	30.96	24.93	4
2	万向信托	25.26	28.7	2
3	安信信托	25.23	41.15	1
4	大业信托	24.57	21.47	10
5	湖南信托	23.56	18.18	17
6	西藏信托	22.71	23.21	8
7	中铁信托	20.48	24.87	5
8	爱建信托	20.32	15.28	30
9	中航信托	20.29	22.62	9
10	外贸信托	19.48	14.52	33

对比2016年，净资产收益率超过20%的公司有13家，超过15%的有30家，不足5%的有3家；而2015年，净资产收益率超过20%的公司有20

家，超过 15% 的公司有 38 家。这也表明，整个行业的净资产收益率呈现下降的态势。

2. 信托报酬率下降，不同类型项目差别较大

信托报酬率反映信托公司作为受托人，发行或管理信托项目收取报酬的水平。2017 年信托行业加权平均信托报酬率为 0.35%，超过行业平均数的公司有 36 家。从具体公司看，信托报酬率超过 1.5% 的公司有 3 家，超过 1% 的公司有 7 家，分别为东莞信托、杭工商信托、安信信托、长城新盛信托、华信信托、重庆信托和民生信托，其中东莞信托最高，为 3.63%。信托报酬率不足 0.3% 的公司有 26 家，不足 0.2% 的公司有 11 家。对比 2016 年，信托报酬率超过 1.5% 的公司有 5 家，超过 1% 的公司有 11 家。可见，信托行业报酬率进一步呈现下降趋势。

从 2017 年已清算项目看，已清算主动融资类和股权类项目信托报酬率较高。披露已清算主动融资类项目信托报酬率的 50 家公司中，有 40 家信托报酬率在 1% 以上，有 10 家在 2% 以上，有 4 家公司在 3% ~5%，最高的达到 4.53%。披露已清算主动股权类项目信托报酬率的 41 家公司中，28 家信托报酬率在 1% 以上，有 15 家在 2% 以上，最高的达到 4.05%。已清算主动证券类和主动事务管理类项目信托报酬类基本处于 0.1% ~0.6%。已清算被动管理类信托项目中，信托报酬率集中在 0.1% ~0.3% 的区间，并且以 0.1% ~0.2% 区间为主。

（三）行业人均净利润与 2016 年持平

2017 年信托行业加权平均人均净利润为 341 万元，与 2016 年数据持平。图 1－12 列示了自 2008 年以来，信托行业人均净利润及其增长率走势图。可以发现，信托行业人均净利润 2012 年首次突破 300 万元，2013 年持续增长至 341 万元，之后，除 2014 年有所下降外，基本稳定。2017 年行业净利润和人员均小幅增长，人均净利润与 2016 年持平。

从具体公司看，人均净利润超过千万元的仍是重庆信托、安信信托和江苏信托 3 家，重庆信托人均净利润仍排第 1 位，但较 2016 年下降 224 万元。人均净利润不足 100 万元的信托公司有 7 家，最低的仅为 36 万元，较 2016 年的最低值 22 万元有较多提升。表 1－8 列示了 2017 年人均净利润排名前 15 位的信托公司及其 2016 年人均净利润排名和 2017 年净利润排名情况。可以发现，湖南信托、民生信托、渤海信托和外贸信托 2017 年人均净利润

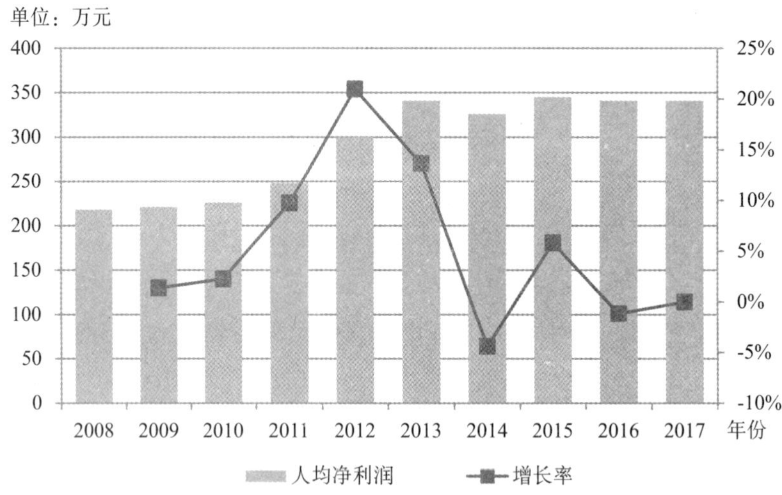

图 1－12　2008—2017 年信托行业人均净利润及其增长率走势图

进入前 15 名；从对比净利润排名看，有 6 家净利润排名在前 15 名外的信托公司由于人数少，人均净利润排名更为靠前。此外，西藏信托、国联信托和苏州信托人均净利润排名较净利润排名靠前 20 个位次以上；而也有 3 家公司人均净利润排名较净利润排名靠后 30 个位次以上。

表 1－8　2017 年人均净利润排名前 15 位的信托公司

排名	信托公司	2017 年人均净利润（万元）	2016 年人均净利润（万元）	2016 年人均净利润排名	2017 年人均净利润排名
1	重庆信托	2, 295. 53	2, 519. 74	1	3
2	安信信托	1, 570. 97	1, 536	3	2
3	江苏信托	1, 382. 88	1, 601. 19	2	13
4	中江信托	866. 93	866. 93	4	8
5	粤财信托	800. 08	813. 76	6	25
6	华润信托	672. 62	558. 51	12	5
7	中铁信托	657	698	7	16
8	中航信托	624. 18	595. 45	9	11
9	华能信托	620. 46	566. 34	11	7
10	湖南信托	588	387	26	31
11	华信信托	548. 11	863. 62	5	21

续表

排名	信托公司	2017年人均净利润（万元）	2016年人均净利润（万元）	2016年人均净利润排名	2017年人均净利润排名
12	民生信托	528.62	369.68	29	9
13	渤海信托	516.85	309.25	35	18
14	百瑞信托	515.22	490.73	14	20
15	外贸信托	510.52	410.36	25	12

（四）不同股东背景信托公司的发展差异分析

根据股权结构不同，68家信托公司大体可以分为金融机构控股型、央企控股型、地方政府和国企控股型、民营企业控股型四类。其中，金融机构控股型信托公司13家，央企控股型信托公司16家，地方政府和国企控股型信托公司29家，民营企业控股型信托公司10家，占比分别为19.1%、23.5%、42.6%和14.7%，具体如表1-9所示。

在这四类控股股东中，金融机构、央企、地方政府以及国企均带有显著的国有资本背景，故国有资本控股的信托公司占比高达85%，而非国有资本背景的信托公司仅占15%。为了研究股东背景对信托公司经营的影响，本书选择净资产、信托资产规模、总收入、人均净利润和净资产收益率5个指标，分析不同股东背景信托公司排名情况。

1. 从信托资产规模排名看，金融机构和央企控股信托公司占据绝对优势

13家金融机构控股信托公司中，9家信托资产规模排名位于行业上游（行业前50%），占比达到69%。其中，5家位于行业前10名，占比为38.5%，除中信信托外，均为银行系背景信托公司。4家金融资产管理公司控股的信托公司，除华融信托排第20位以外，其余3家信托资产规模排名相对落后。

16家央企控股信托公司中，12家信托资产规模位于行业上游，占比达到75%。华润信托、华能信托、中融信托和中航信托4家位于行业前10名，占比为25%。

29家地方政府和国企控股的信托公司中，8家信托资产规模排名位于行业上游，占比为27.6%。仅渤海信托1家位于行业前10名，且仅有4家位于行业前20名。渤海信托2017年末信托资产规模为7,549.75亿元，较

2016 年末增长 118%，主要得益于被动管理类信托项目新增 7,289.91 亿元，占到期末信托资产规模的 96.6%。

10 家实际控制人为民营企业的信托公司中，5 家信托资产规模排名位于行业上游，占比为 50%。排名最为靠前的是第 15 位的国民信托，2017 年末国民信托信托资产规模为 5,219.09 亿元，较 2016 年末增长 110.9%。

可以发现，地方政府和国企控股的信托公司管理信托资产规模排名相对较为落后，金融机构控股和央企控股信托公司排名较为靠前，银行系背景信托公司表现尤为突出。

2. 从净资产排名看，地方政府和国企控股的信托公司相对落后

13 家金融机构控股信托公司中，9 家净资产排名位于行业上游，占比达到 69%。其中，5 家位于行业前 10 名，占比为 38.5%，分别为平安信托、中信信托、中诚信托、上海信托和兴业信托。

16 家央企控股信托公司中，10 家净资产规模位于行业上游，占比达到 62.5%。仅有华润信托、中融信托和昆仑信托 3 家位于行业前 10 名，占比为 18.8%。这 16 家信托公司中，中泰信托净资产排名最为靠后，在第 51 位。

29 家地方政府和国企控股的信托公司中，10 家净资产规模排名位于行业上游，占比为 35%，仅重庆信托 1 家位于行业前 10 名。另外，华信信托、渤海信托和江苏信托 3 家进入行业前 20 名。

10 家实际控制人为民营企业的信托公司中，5 家净资产规模排名位于行业上游，占比为 50%。安信信托 1 家进入前 10 位，民生信托排第 17 位，也相对靠前。

总体分析，60% 以上金融机构和央企控股信托公司净资产排名位于行业上游，地方政府和国企控股信托公净资产 65% 以上位于行业下游，并且地方政府和国企控股以及实际控制人为民营企业净资产排名分化现象更为严重。

3. 从总收入排名看，金融机构和央企控股信托公司排名靠前

13 家金融机构控股信托公司中，9 家总收入排名位于行业上游，占比达到 69%。其中，4 家位于行业前 10 名，占比为 30.8%，分别为平安信托、中信信托、上海信托和建信信托。

16 家央企控股信托公司中，11 家总收入排名位于行业上游，占比达到

69%，仅有中融信托、华能信托和中航信托3家位于行业前10名，占比为19%。有4家位于第11至第20位之间；有1家总收入排第64位外；有3家排第40至第50位之间。

29家地方政府和国企控股的信托公司中，10家总收入位于行业上游，占比为35%，仅重庆信托1家位于行业前10名。另外，渤海信托、长安信托和北京信托3家进入行业前20名。

10家实际控制人为民营企业的信托公司中，4家净资产规模排名位于行业上游，占比为40%，排名较为靠前。安信信托和民生信托2家进入前10名，分别排第4位和第7位，四川信托和爱建信托分别排第15位和26位。

总体分析，69%的金融机构和央企控股信托公司总收入排名位于行业上游，地方政府和国企控股以及实际控制人为民营企业总收入排名分化现象更为严重，个别公司排名靠前，多数相对落后。

4. 从人均净利润排名看，央企控股信托公司整体排名靠前

13家金融机构控股信托公司中，6家人均净利润排名位于行业上游，占比达到46%。其中，没有公司进入前10位，3家进入前20位，分别是第17位、18位和19位。

16家央企控股信托公司中，12家总收入排名位于行业上游，占比达到75%；有4家位于行业前10位，占据第5至第8位的位置，占比为25%；还有4家位于第11至第20位之间；有2家排第50位之后。

29家地方政府和国企控股的信托公司中，13家人均净利润排名位于行业上游，占比为45%。其中，有5家位于前10名，占比17%，重庆信托、江苏信托和粤财信托分别排在第1位、第3位和第4位。

10家实际控制人为民营企业的信托公司中，3家人均净利润排名位于行业上游，占比为30%。其中，安信信托排第2位，民生信托和爱建信托分别排第11位和第27位，其余7家公司均在40位以后，并且5家在行业后10位。

总体分析，75%的央企控股信托公司人均净利润排名位于行业上游，表现最为突出，金融机构以及地方政府和国企控股的信托公司人均净利润排名相对于其他指标更为落后。

5. 从净资产收益率排名看，实际控制人为民营企业的信托公司表现突出

13家金融机构控股信托公司中，6家净资产收益率排名位于行业上游，占比达到46%。其中，长城新盛信托和大业信托2家公司进入前10位，这2家公司其他4项指标排名都在第40位之后。

16家央企控股信托公司中，11家净资产收益率排名位于行业上游，占比达到69%，有3家位于行业前10名，分别占据第7位、第9位和第10位，占比为19%；还有3家位于第11至第20位之间；有3家在第50位之后。

29家地方政府和国企控股的信托公司中，12家净资产收益率位于行业上游，占比为41%。其中，有2家位于前10名，分别为湖南信托和西藏信托。

10家实际控制人为民营企业的信托公司中，5家净资产收益率排名位于行业上游，占比为50%。其中，3家在前10位，占比30%，分别为安信信托、万向信托和爱建信托。

总体分析，相较于其他指标，净资产收益率分布更为均衡，41%的地方政府和国企控股的信托公司位于行业上游，占比最低；69%的央企控股信托公司位于行业上游，占比最高。

6. 总结

第一，在金融机构控股信托公司中，银行系和金融集团系表现相对更好，发展潜力大。金融机构控股的信托公司，特别是银行系和金融集团背景的信托公司，在资金端和资产端都具有优势，近年来发展较快，而且未来也有较大发展潜力。

第二，央企控股信托公司各项指标发展较为均衡。未来这类公司有望在围绕集团主业服务实体经济、债权股以及资产证券化领域取得新突破。

第三，地方政府和国企控股信托公司整体发展较慢，个别公司表现非常突出，地区差异明显。从地区分布看，位于一线城市或主要经营地在一线城市和经济相对发达地区的信托公司，表现相对更好。从各项指标看，人均净利润和净资产收益率属于表现最好的两个指标，因此，地方政府和国企控股信托公司里有一些“小而美”的公司。

第四，实际控制人为民营企业的信托公司净资产收益率指标表现最好，不同公司间分化严重。从具体公司看，安信信托除信托资产规模外，其余4项指标都排行业前10位；民生信托除信托资产规模外，其余4项指标都排行业前20位；四川信托和爱建信托均有4项指标位于行业上游。其余几家公司考察的几项指标相对落后，但在某些领域有积极探索和尝试。例如，万向信托依托股东资源在区块链等科技金融领域、慈善信托和家族信托领域布局（见表1-9）。

表1-9　　信托公司控股股东类型及一览表

序号	公司名称	控股股东	净资产排名	信托资产规模排名	总收入排名	人均净利润排名	ROE排名	持股比例（%）
金融机构控股信托公司								
1	平安信托有限责任公司	中国平安保险（集团）股份有限公司	1	11	2	19	18	99.88
2	上海国际信托有限公司	上海浦东发展银行股份有限公司	10	7	9	24	26	97.33
3	中国金谷国际信托有限公司	中国信达资产管理股份有限公司	54	58	51	49	58	92.29
4	中建投信托有限责任公司	中国建银投资有限责任公司	33	53	25	42	20	90.05
5	交银国际信托有限公司	交通银行股份有限公司	18	5	29	17	43	85
6	中信信托有限责任公司	中国中信有限公司	2	1	3	22	42	80
7	华融国际信托有限责任公司	中国华融资产管理股份有限公司	20	27	18	43	47	76.79
8	兴业国际信托有限公司	兴业银行股份有限公司	8	6	13	39	49	73
9	建信信托有限责任公司	中国建设银行股份有限公司	16	2	10	18	22	67
10	光大兴陇信托有限责任公司	中国光大集团股份有限公司	41	18	40	53	46	51
11	大业信托有限责任公司	中国东方资产管理股份有限公司	66	45	48	40	4	41.67

续表

序号	公司名称	控股股东	净资产排名	信托资产规模排名	总收入排名	人均净利润排名	ROE排名	持股比例（%）
金融机构控股信托公司								
12	长城新盛信托有限责任公司	中国长城资产管理公司	68	67	66	51	1	35
13	中诚信托有限责任公司	中国人民保险集团股份有限公司	5	30	21	23	56	32.92
央企控股信托公司一览表								
1	华宝信托有限责任公司	中国宝武钢铁集团有限公司	29	13	27	38	32	98
2	中国对外经济贸易信托有限公司	中国中化股份有限公司	22	17	12	14	10	96.22
3	中海信托股份有限责任公司	中国海洋石油集团有限公司	45	22	35	21	16	95
4	英大国际信托有限责任公司	国网英大国际控股集团有限公司	38	36	45	25	50	84.55
5	中航信托股份有限公司	中航投资控股有限公司	19	10	8	7	9	82.73
6	昆仑信托有限责任公司	中油资产管理有限公司	9	26	30	34	54	82.18
7	中铁信托有限责任公司	中国中铁股份有限公司	28	20	14	6	7	78.91
8	五矿国际信托有限公司	五矿资本控股有限公司	14	16	19	16	29	78
9	中粮信托有限责任公司	中粮资本投资有限公司	46	47	41	41	41	76.01
10	华能贵诚信托有限公司	华能资本服务有限公司	11	4	6	8	13	67.74
11	国投泰康信托有限公司	国投资本控股有限公司	40	25	47	30	36	55

续表

序号	公司名称	控股股东	净资产排名	信托资产规模排名	总收入排名	人均净利润排名	ROE排名	持股比例（%）
央企控股信托公司一览表								
12	华润深国投信托有限公司	华润股份有限公司	4	3	11	5	33	51
13	华鑫国际信托有限公司	中国华电集团有限公司	48	33	34	32	27	51
14	百瑞信托有限责任公司	国家电投集团资本控股有限公司	30	51	24	13	23	50.24
15	中融国际信托有限公司	经纬纺织机械股份有限公司	7	9	1	57	12	37.47
16	中泰信托有限责任公司	中国华闻投资控股有限公司	51	66	64	60	60	31.57
地方政府和国企控股的信托公司一览表								
1	广东粤财信托有限公司	广东粤财投资控股有限公司	39	39	37	4	11	98.14
2	吉林省信托有限责任公司	吉林省财政厅	55	61	63	58	19	97.50
3	湖南省信托有限责任公司	湖南财信投资控股有限责任公司	32	62	36	9	5	96
4	山西信托有限责任公司	山西金融投资控股集团有限公司	64	64	67	68	66	90.70
5	江苏省国际信托有限责任公司	江苏国信股份有限公司	15	14	22	3	25	81.49
6	厦门国际信托有限公司	厦门金圆金控股份有限公司	43	32	43	36	21	80
7	西藏信托有限公司	西藏自治区财政厅	63	21	57	15	6	80
8	浙商金汇信托股份有限公司	浙江东方集团股份有限公司	65	54	62	67	45	78

续表

序号	公司名称	控股股东	净资产排名	信托资产规模排名	总收入排名	人均净利润排名	ROE排名	持股比例（%）
地方政府和国企控股的信托公司一览表								
9	东莞信托有限公司	东莞金融控股集团有限公司	53	65	55	48	52	73.5
10	陆家嘴国际信托有限公司	上海陆家嘴金融发展有限公司	56	35	38	54	37	71.61
11	苏州信托有限公司	苏州国际发展集团有限公司	52	59	50	29	40	70.01
12	国联信托股份有限公司	无锡市国联发展（集团）有限公司	44	60	65	28	62	69.92
13	国通信托有限责任公司	武汉金融控股（集团）有限公司	42	41	33	50	38	67.51
14	重庆国际信托有限公司	重庆国信投资控股有限公司	3	49	5	1	16	66.99
15	紫金信托有限责任公司	南京紫金投资集团有限责任公司	58	44	53	46	39	60.01
16	杭州工商信托股份有限公司	杭州市金融投资集团有限公司	57	63	46	37	17	57.99
17	西部信托有限公司	陕西省电力建设投资开发公司	38	40	59	55	61	57.78
18	天津信托有限责任公司	天津海泰控股集团有限公司	47	43	32	26	35	51.58
19	渤海国际信托有限公司	海航资本集团有限公司	13	8	16	12	30	51.23
20	华澳国际信托有限公司	北京融达投资有限公司	59	56	60	52	48	50.01
21	安徽国元信托有限责任公司	安徽国元控股（集团）有限责任公司	35	38	58	35	57	49.69%
22	山东省国际信托有限公司	山东省鲁信投资控股集团有限公司	21	37	28	20	31	47.12

续表

序号	公司名称	控股股东	净资产排名	信托资产规模排名	总收入排名	人均净利润排名	ROE排名	持股比例（%）
地方政府和国企控股的信托公司一览表								
23	中原信托有限公司	河南投资集团有限公司	26	46	23	33	53	46.43%
24	长安国际信托股份有限公司	西安投资控股有限公司	34	12	17	56	24	40.44
25	华宸信托有限责任公司	包头钢铁（集团）有限责任公司	67	68	68	65	65	36.50
26	陕西省国际信托股份有限公司	陕西煤业化工集团有限责任公司	27	19	39	62	64	34.58
27	北京国际信托有限公司	北京市国有资产经营有限责任公司	24	31	20	31	34	34.3
28	北方国际信托股份有限公司	天津泰达投资控股有限公司	50	34	56	45	51	32.33
29	华信信托股份有限公司	华信汇通集团有限公司	12	57	31	10	55	25.91
实际控制人为民营企业的信托公司一览表								
1	上海爱建信托有限责任公司	上海爱建集团股份有限公司	49	28	26	27	8	99.33
2	中国民生信托有限公司	武汉中央商务区建设投资股份有限公司	17	50	7	11	14	82.71
3	万向信托有限公司	中国万向控股有限公司	61	48	44	44	2	76.50
4	新时代信托股份有限公司	新时代远景（北京）投资有限公司	25	29	42	47	59	58.54
5	安信信托投资股份有限公司	上海国之杰投资发展有限公司	6	42	4	2	3	52.44
6	新华信托股份有限公司	上海珊瑚礁信息系统有限公司	37	52	52	64	68	40

续表

序号	公司名称	控股股东	净资产排名	信托资产规模排名	总收入排名	人均净利润排名	ROE排名	持股比例（%）
实际控制人为民营企业的信托公司一览表								
7	中江国际信托股份有限公司	领锐资产管理股份有限公司	23	55	49	63	67	32.74
8	四川信托有限公司	四川宏达（集团）有限公司	31	23	15	59	28	32.04
9	国民信托有限公司	上海丰益股权投资基金有限公司	60	15	54	66	63	31.73
10	云南国际信托有限公司	涌金实业（集团）有限公司	52	24	61	61	44	23

四、风险项目规模占比降低，风险管理能力稳步提升

信托行业风险项目规模以及风险处置与管理情况，是分析信托行业发展情况重要的组成部分。近年来，信托公司纷纷增资扩股，注册资本和净资产实现大幅提升，行业层面成立信托业保障基金等，都是信托行业抵御风险能力进一步完善和增强的有力举措。鉴于对于注册资本、净资产等有专门论述，本部分着重在分析信托行业风险项目规模和占比以及自营资产不良率走势的基础上，分别从资产减值损失和预计负债计提、信托赔偿准备金、净资本监管指标和信托行业诉讼情况等视角，研究信托行业风险管理情况。

（一）行业风险项目规模增加，占比降低

根据信托业协会披露数据，截至2017年末，信托行业风险项目数量为601个，规模为1,314.34亿元，其中集合信托计划占比47.16%，单一信托占比50.41%，财产权信托占比2.43%。信托风险项目规模占信托财产总规模的0.5%。根据银保监会数据，2017年末，我国商业银行不良率为1.74%。相比而言，信托风险项目不良率仍处于较低水平。

图1－13显示了2013—2017年信托风险项目规模及其增长率和占比走势，从中可以发现，信托风险项目规模自2013年逐渐上升，但增长率持续下降，2017年的增长率较2015年下降12.8个百分点。具体来看，集合信

托风险项目规模比较稳定，单一信托风险项目规模增长较快。从信托风险项目规模占比看，2015 年末占比 0.6%，为 2013—2017 年的最高值，2017 年末较 2015 年末下降 0.1 个百分点。

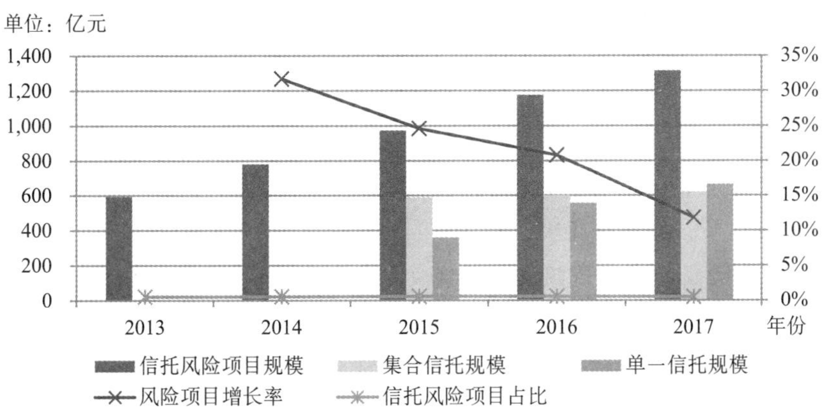

图 1－13　2013—2017 年信托风险项目规模及其增长率和占比走势图

（二）自营资产不良率整体趋于下降

截至 2017 年末，信托行业共有 40 家信托公司有自营不良资产，从自营不良率看，为 0.01% ~15% 不等。从具体公司看，自营不良率最高的为山西信托的 14.75%，另外还有 4 家自营不良率在 10% 以上；有 10 家公司自营不良率在 5% ~10%；有 14 家自营不良率在 1% ~5%；有 11 家自营不良率低于 1%（见图 1－14）。

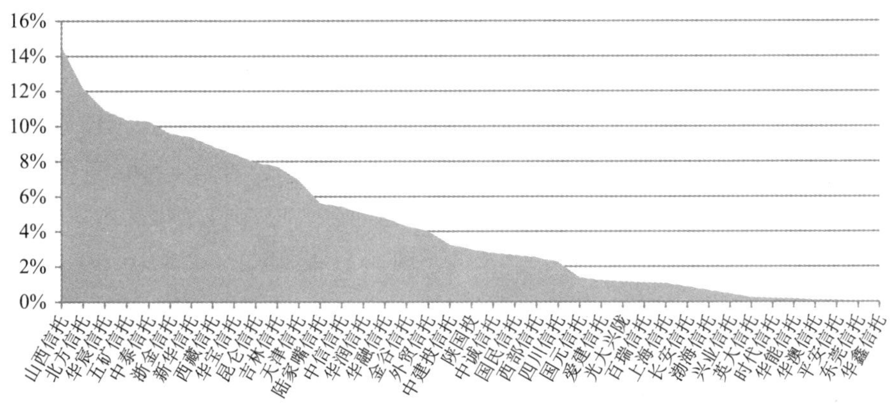

图 1－14　2017 年末 40 家信托公司自营资产不良率分布图

对比2016年末，信托行业共有38家信托公司有自营不良资产。从自营不良率看，最高的为华宸信托的31.35%，另外还有英大信托、浙金信托和吉林信托，自营不良率在20%以上；五矿信托、北方信托和华宝信托自营不良率在10%～20%；有9家公司自营不良率在5%～10%；有12家自营不良率在1%～5%；有10家自营不良率低于1%。对比2014年末，行业内有30家公司存在自营不良资产，占比最高的达到50.82%，还有两家分别是35%和43%。

总体来看，虽然有自营不良资产的信托公司数量较2016年增加2家，但自营不良资产率整体上明显降低。

（三）计提资产减值损失和预计负债与2016年持平

2017年信托行业有39家信托公司共计提固有资产减值损失50.26亿元，14家信托公司资产减值损失转回8.22亿元，全行业计提资产减值损失为42.04亿元，与2016年的42.27亿元基本持平。从具体公司看，中信信托计提13.78亿元，这是中信信托自2015年计提46.62亿元的资产减值损失后，又一次较大规模计提。中原信托、陕国投信托和华融信托2017年计提资产减值损失也超过3.5亿元，还有金谷信托、昆仑信托、山东信托和天津信托计提超过2亿元。华润信托2017年转回资产减值损失4亿元，中诚信托转回1.08亿元。

2017年共有7家公司计提信托项目资产减值损失，合计4.46亿元，其中华润信托计提2.38亿元，建信信托和安信信托分别计提0.59亿元和0.57亿元，排在前3位。中信信托转回信托项目资产减值损失1.06亿元。因此，2017年全行业计提信托项目资产减值损失3.4亿元，与计提固有资产减值损失差距较大。

与在利润表中计提资产减值损失类似，在资产负债表中计提预计负债也是一种应对风险的准备。2017年末，共有10家信托公司列支预计负债，合计29.04亿元，其中3家为首次列支。具体而言，中江信托列支8.2亿元，天津信托和华润信托分别列支5.13亿元和5.11亿元。对比2016年，有11家信托公司有预计负债，期末余额为31.06亿元。可以发现，2017年预计负债规模较2016年微增。

（四）信托赔偿准备金规模稳步上升

根据信托业协会披露数据，2017年末信托行业信托赔偿准备金规模为

221.12亿元，较2016年增长18%，占净资产比例为4.21%。由图1－15可以看出，2010年以来，信托赔偿准备金规模持续上升，占净资产比例也稳步上升，但信托赔偿准备金增长率处于下降趋势。主要原因在于信托赔偿准备金是从税后利润中计提5%，也有个别公司采用更高标准计提，由于使用信托赔偿金的公司非常少，随着基数逐渐增大，增长率自然会下降。

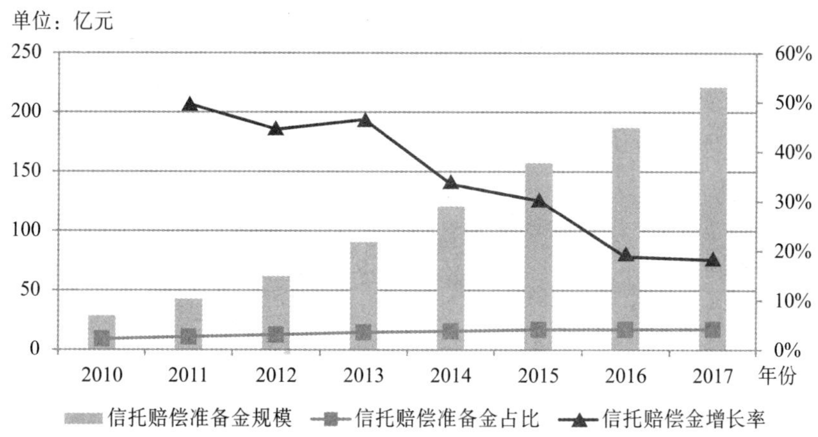

图1－15　2010—2017年信托赔偿准备及其占比与增长率走势图

从具体公司看，2017年有49家公司直接披露了信托赔偿准备金余额，其中，中信信托和新华信托余额超过11亿元，有7家公司信托赔偿准备金余额在5亿~9亿元。68家信托公司平均信托赔偿准备金规模为3.25亿元。49家公司中超过平均数的有19家，可以说，信托赔偿准备金的行业集中度较高。

（五）净资本风险控制指标均满足要求

净资本监管是信托行业实行风险监管的重要手段，其目的是确保信托公司固有资产充足并保持必要的流动性，以抵御各项业务不可预期的损失。信托公司需要按照一定的标准配置给各项业务用于应对潜在风险的资本，被称为风险资本。净资本就是净资产扣除各项风险资本后的余额。根据《信托公司净资本管理办法》，净资本应不低于2亿元，且不低于风险资本的100%，净资本不得低于净资产的40%。

2017年除华宸信托、山东信托和浙金信托3家公司外，其余信托公司都披露了净资产和风险资本指标。从整个行业情况看，信托公司平均净资本为62.43亿元，超过平均数的有22家，占比为33.85%。从具体公司看，65家信托公司净资本均超过2亿元，仅有1家不足10亿元，为5.08亿元；还有4家净资本不足20亿元；24家净资本在20亿~50亿元；25家净资本在50亿~100亿元；还有11家公司净资本超过100亿元。

从净资本/风险资本看，65家信托公司加权平均为181.4%。从具体公司看，最高的为中泰信托的492.02%，最低的为建信信托的106.63%，均满足净资本不低于各项风险资本之和的风控指标。25家公司超过行业平均数181.4%；有22家公司净资本/风险资本超过200%；有24家位于150%~200%；国投泰康信托、大业信托、光大兴陇信托、华鑫信托和建信信托5家低于120%。

从净资本/净资产看，65家信托公司加权平均为77.44%。从具体公司看，最高为建信信托的92.98%，最低为吉林信托的53.96%。从分布上看，超过行业平均数的有43家；有36家公司净资本/净资产超过80%；28家公司净资本/净资产在60%~80%。

总体而言，披露数据的65家公司净资本监管指标都满足要求，但不同公司之间差异较大，净资本/风险资本低的公司需要通过增资的方式扩充净资产，以便为业务开展提供充足的支持（见表1-10）。

表1-10　净资本、净资本/风险资本、净资本/净资产排名前10位的信托公司

排名	信托公司	净资本（亿元）	信托公司	净资本/风险资本（%）	信托公司	净资本/净资产（%）
1	平安信托	194.2	中泰信托	492.02	中粮信托	92.98
2	重庆信托	169.24	湖南信托	356.38	大业信托	92.86
3	中信信托	161	华信信托	339.27	西部信托	92.31
4	中融信托	139.3	渤海信托	280.58	万向信托	92.18
5	中诚信托	124.99	苏州信托	280.11	紫金信托	90.22
6	安信信托	123.85	中江信托	270.71	西藏信托	89.59
7	兴业信托	120.52	重庆信托	263.05	光大兴陇	89.17
8	华润信托	113.57	东莞信托	257.61	英大信托	88.86
9	昆仑信托	106.47	新华信托	256.96	云南信托	88.57
10	上海信托	104.96	民生信托	244.13	交银信托	88.47

（六）信托行业诉讼增多，不同公司差异较大

根据年报数据，截至2017年末，有32家信托公司存在重大未决诉讼或

2017年发生重大诉讼，共有约111个诉讼案件。本书对这些案件进行分析，可以总结出以下几个特点。第一，信托行业诉讼仍集中在信托公司与交易对手，并且多数属于借款合同纠纷或贷款合同纠纷，信托公司多以原告的身份出现。第二，从信托项目类型看，信托公司作为单一资金信托受托人，按照受益人指示提起诉讼的案件较多，并且通常规模较大。第三，从涉及领域看，针对房地产企业的诉讼明显增多，此外还有个别矿产资源类企业，多数属于几年前的遗留问题，还有一单属于艺术品信托项目纠纷。第四，信托公司作被告的营业信托纠纷有增多的趋势。前几年营业信托纠纷主要集中在证券投资领域，从2017年数据看，单一信托、信托代持股权、债权转让等领域都有所涉及。第五，从具体信托公司看，111个案件在32家存在重大未决诉讼的公司中分布明显不均。有2家公司分别有17个和16个未决诉讼案件；有8家公司有4~6个未决诉讼案件；有8家公司有1个未决诉讼案件。这种明显的分布不均以及还有半数的公司没有重大未决诉讼，一定程度上可以说明不同的信托公司对于处置风险项目有各自倾向选择的手段和措施。

从信托公司年报看，各公司都将业务风险管理和风控体系建设作为重中之重，多数公司制定了专门的风险管理办法，采取与风险挂钩的绩效考核办法，建立风险评估体系和风险处置流程，信托行业风险整体可控。

展望未来，《关于规范金融机构资产管理业务的指导意见》（以下简称“资管新规”）颁布实施后，刚性兑付打破、信托产品采用净值化管理等，会对信托公司的风险管理与处置提出新的要求和挑战。与之相应，信托风险项目的处置也将会更加公开和透明，通过诉讼或仲裁等法律途径解决风险项目可能会逐渐成为常态化的机制。

五、发展展望：信托本源回归到哪里？

2018年可能会是信托发展史上具有转折和历史意义的一年。资管新规出台后，资管产品统一监管、打破刚性兑付、净值化管理、禁止多层嵌套和去通道，都将对信托行业发展产生重要影响。从监管环境看，党的十九大报告提出的“健全金融监管体系，守住不发生系统性金融风险的底线”的精神会得到进一步贯彻，与资管新规配套的监管细则可能会出台，严监管仍会是监管总基调。从信托行业看，信托公司之间的分化会进一步加剧，部分中游信托公司极可能跻身上游，就整体而言，挑战会大于机遇。对信托业务而言，家族财富管理和资产证券化等充分发挥信托制度优势的本源业务是长期发展方向，但仍难以作为新的利润增长点，需要沉得下去、长远布局；传统私募投行业务需要精耕细作，进一步提升主动管理与风险管控能力，同时着力培养多市场的资产管理与配置能力，形成核心竞争力。对信托公司而言，合规风险管理较以往会更显重要，一方面合规性风险较以往更为关键，另一方面，业务转型升级与回归本源，也对风控与合规提出了新的要求。

（一）资管新规对信托业影响

2018年4月27日，资管新规正式下发，拉开资管行业统一监管序幕，对于整个资管行业影响深远，对信托业而言，既有机遇又有挑战。长远来看，资管新规将进一步倒逼信托公司推动转型，回归本源。

第一，打破刚性兑付，有助于信托回归本源。信托业刚性兑付潜规则是过去几年信托业快速发展的利器，当然也是信托业难以回归本源的阻碍。信托公司开展的传统融资类业务实际上就是类信贷业务，在资金端给投资者约定预期收益，在刚性兑付背景下，实际就是固定收益。这样相当于投资者获得固定收益，信托公司以承担风险为代价获得超额利差和超额投资收益。然而，这与受托人收取约定的报酬，投资收益和风险完全由委托人/受益人承担的资产管理恰恰相反，其症结主要在于刚性兑付。刚性兑付的打破会让信托是资产管理而非信贷的本质更加深入人心，信托亦将逐渐回归到资产管理本源上来，虽然过程可能漫长且艰辛。

第二，通道业务和多层嵌套是监管重点，同业合作将进入新阶段。通道业务是信托资产规模快速增长的主要支撑。资管新规规范通道业务、禁止多层嵌套，这对同业业务会产生一定影响。未来开展同业信托应当特别关注合规性问题。信托公司不得为其他金融机构的资产管理产品提供规避投资范围、杠杆约束等监管要求的通道服务，事务管理类信托规模可能出现下降。展望未来，同业信托业务模式将趋于简单化、公开化、透明化和规范化，信托公司都需要重新审视自身地位，逐步摆脱对通道业务的依赖，努力锻炼和提升对金融同业的资产管理等专业服务能力；加大同业机构之间客户层面的合作，共同做大做强财富管理。

第三，资产证券化和财产权信托一定时期内会成为主要展业模式。资管新规适用于资金信托，财产权信托和资产证券化业务并不适用。因此，一些传统投融资类业务可能通过财产权信托方式运作，资产证券化作为以财产权信托为基础的结构化融资工具，未来可能成为同业合作的主要模式，得到大力发展。然而，从长远来看，信托公司还要不断提高主动管理能力，谋求差异化发展，以专业能力赢得客户和市场的认可。

第四，信托专属业务领域会受到更多重视。资管行业统一监管背景下，信托与其他金融机构在资产管理市场上展开竞争，然而，银行、券商、基金和保险除了资产管理业务外，还有自己的专属业务领域。信托除了资产管理外还可以做什么？是否也有自己的专属业务领域？这些问题值得思考。从信托公司业务看，公益慈善信托、家族信托、除收益权外的其他财产权信托以及以纯粹的事务管理为目的服务信托，可能属于信托专属业务领域。然而，由于法律制度不健全、利益驱动下的市场选择和资源、人才储备不足等问题，此类信托业务规模尚小，且利润微薄，并非信托主业。但在资管新规影响下，这类业务可能会受到重视，有望发展成为信托主业。

（二）信托业未来发展方向

1. 国外信托业发展启示

从信托起源上看，英国起源于土地信托，信托业务包括一般事务信托、单位信托、投资信托，此外，慈善信托和养老金信托业非常发达。

美国最初从英国引入信托制度，主要发展的是民事信托。南北战争后，为了解决经济建设所需要的大量资金，信托被用于辅助附担保公司债信托的发行，提供直接融资。信托财产独立和破产隔离的功能，使其在资产管理业务领域的运用具有更持久的生命力。19世纪中后期，美国成立了很多采取信托架构的基金，这些基金在投资于美国的证券市场、促进美国经济发展的同时，也将基金投资的理念引入了美国，促进了美国资产管理行业的发展。不仅75%的共同基金采取了信托的构架，一些其他金融产品如单独管理账户、集合投资信托和私人集合资金计划等也会采取信托的构架。1853年美国信托公司成立，为第一家专业经营商事信托业务的公司。不过在美国，信托还是作为一种法律构架被广泛运用，并不是特许金融牌照的概念，符合条件的法人都可以担任法人受托人，银行也可以经营信托业务。因此，美国独立的专业信托公司数量非常少，信托业务更多地是通过金融控股集团下的信托子公司或是银行下设专门机构来经营。

日本的信托是从美国引进的。1921年日本出台了《信托法》和《信托业法》，规定经营信托业务必须获取牌照，要具备一定的财务实力和信用，这为信托业的发展提供了制度基础。从经营主体上看，经历了信托公司兼营信托业务与银行业务、信托业务与银行业务分离、银行兼营信托业务、分业经营和信托银行一支独大阶段。从业务上看，最初的信托业务以金钱信托为主，原因在于：第一，日本经济起步晚，一般平民手中拥有的不是有价证券，而是金钱；第二，国土狭小，可信托的土地少，农田被划分得很零碎；第三，家族观念强，家族财产一般由家族人员处理，不会委托给信托公司；第四，金钱信托比银行利率高、周转快。自 20 世纪二三十年代起，信托银行开始开展贷款信托业务，且多为 5 年或 10 年的长期信托。作为长期资金的来源，贷款信托在战后经济恢复时期以及随后的高增长时期发挥了重要的作用；贷款信托在民众中也很受欢迎，因为其提供了一种可以获得相对高利息收益的投资方式。然而，近十多年来，日本经济增速低迷，利率持续处在零附近，贷款信托业务已经很难开展，2001 年贷款信托的规模为 15.2 万亿日元。此后，这一规模逐年萎缩，至 2008 年，其规模已经只有 1 万亿日元，近年来日本信托业协会已经不再披露这项业务的占比。

日本信托银行一方面可以像银行一样经营存贷业务，另一方面也可以经营信托业务。从信托业务资产管理方式看，信托银行受托管理的资产分为三大类：一是受托人主动管理的资产；二是受托人根据委托人指示管理的资产（被动）；三是资产证券化。主动管理的资产占比只有 12.5%，其中以养老金信托、证券信托为主，并且这两类业务也处于稳定态势。被动管理的资产占比达 78.7%，其中，信托给其他信托银行管理的信托以及投资信托占比最高，这两者的规模自从 2001 年起持续增长。由此可见，随着信托业务的发展，日本的信托业务主要服务于财产管理和资产管理，已不再具有融资功能。

2. 信托本源回归到哪里？

我国信托业自 2007 年新两规颁布实施以来，取得了快速发展，2008—2017 年的十年间，信托资产规模从 1.22 万亿元增长到 26.25 万亿元，复合增长率达到 41%。近年来，信托行业进入调结构的转型时期已经成为行业共识，随之而来的是对信托的讨论，信托究竟是一项法律制度还是一个金融子行业？信托究竟有没有专属业务领地，应该是什么？借鉴国外经验，信托应当回归本源，那么信托本源究竟是什么？

通过前文梳理国外信托业的发展历史，可以发现，如何定位信托是与一个国家经济发展的阶段和发展模式密切相关的，并且也受到金融监管政策和金融体制的影响。各国的经验都有一定借鉴意义，但并没有可以直接照搬的经验和模式。

从信托功能看，信托的核心是“受人之托、忠人之事”，在这个大范畴下可以衍生出代人理财、代人办事等多种功能，进而衍生出财产管理、事务管理和提供受托服务等业务范畴，根据不同的标准又可以进行不同的分类。从这个角度看，很难说信托本源应当是什么？是土地信托、家族信托、慈善信托还是投资信托？在不同的制度环境下，不同的经济社会发展阶段，信托结构灵活的优势使其可以作为其他制度的一种补充和替代。至于信托实际发挥怎样的作用和功能，可能与社会经济发展需求，以及监管政策导向或监管赋予其怎样的定位有关。总体来看，在各国信托业发展历程中，信托功能项下的各类业务占比呈现出此消彼长和更新迭代的态势。

从发展阶段看，长远而言，符合信托基本功能的资产管理和资产受托服务可能应当是信托公司主业，但在我国银行和信托分业经营格局不变的情况下，信托公司的类贷款信托业务在中短期内仍然有存在的必要和发展的空间。我国信托业发展历史与日本有一定的相似之处，集合资金信托计划与日本信托发展史上繁荣长达 40 年的贷款信托相似。从 1992 年开始，日本的贷款信托规模逐渐下降，到 2010 年以后，贷款占信托的占比已经可以忽略不计。从其原因看，一方面，日本信托银行同时可以经营银行业务，在经济增长陷入停滞、利率长期低位的背景下，相比于直接开展存贷业务，贷款信托已无优势可言；另一方面，居民对于资产配置的需求也日趋多元化，固定收益率资产已无法满足客户需求。因此，日本贷款信托最终走向了没落。由于我国实行分业经营，信托公司不能开展银行存贷业务，但信托公司可以通过发行信托计划募集资金，在表外开展贷款业务。我国过去几年融资类信托业务的发展，也是与房地产行业和基础设施建设的快速发展以及强烈的融资需求相适应的，在某种意义上是与我国所处的经济发展阶段相适应的信托业发展形态。未来几年，整个经济处于增长通道，只要信托公司可以展开贷款类业务，债权类融资需求存在，类贷款信托业务将仍有存在空间。

从长远来看，主动的资产配置和资产管理以及专业受托服务应该是信托发展方向，并且信托公司也将走向差异化经营。

2017年信托公司年报分析之二：

信托业务篇

百瑞观点：

- 信托资产规模达到26.25万亿元，增速有所提升
- 信托业务收入增速提升，但仍落后于信托资产规模增速
- 行业加权平均信托报酬率仍处于下降通道之中
- 信托功能结构变化趋势延续，事务管理类业务规模占比再创新高
- 单一资金信托规模占比继续下降，财产权信托业务规模占比稳步提升
- 期末主动管理类信托规模增加，占比下降，信托公司主动管理能力有待进一步提高
- 不同领域信托资金的占比互有升降，信托资金服务实体经济初见成效
- 新增信托业务规模创新高，新增主动管理类信托占比较低
- 信托与关联方、信托与信托之间的关联交易额度明显提升

信托业从来不缺乏热点话题，2017年也是如此。2017年国内经济保持相对平稳增长态势，信托行业资产管理规模已超过26万亿元，在各资管子行业中继续位列第2，行业发展生机勃勃。具体到信托业务层面上，各家信

托公司积极开展传统业务模式创新，努力尝试创新型业务，积极提升主动管理能力，行业多项重要指标表现优秀，但也有诸多不尽如人意的地方。

一、信托业务整体发展态势依然良好

2017年宏观经济整体仍处于L形的底部，中国全年GDP增速为6.9%，增速相较2016年并没有明显反弹；资产管理行业的外部整体监管环境进一步加强，内部竞争不断加剧。在这种背景下，信托行业资产管理规模再创新高，信托业务收入继续平稳增长。

（一）信托资产规模增速有所提升，集中度稍有降低

1. 信托资产规模快速增加

根据信托业协会公布的数据，截至2017年末，信托资产规模进一步上升，达到26.25万亿元，同比增长29.78%，增速较2016年提高了近6个百分点。以此计算，68家公司平均信托资产规模为3,859.6亿元，较2016年增加了886.3亿元。自2011年以来，信托资产规模的增速一直呈现出下降趋势，但这一指标自2016年起有所反弹，并在2017年进一步提高（见图2-1）。事实上，信托资产规模增速与宏观经济增速之间存在紧密联系。2017年，随着供给侧改革不断向纵深推进，整体宏观经济企稳，进入“调结构、稳增长”的新常态，国内消费需求和投资需求不断扩大，带动GDP增速回升，实体经济旺盛的融资需求是导致信托资产规模快速增长的重要原因。此外，证券、基金受到监管政策约束，严控规模，导致通道业务向信托领域回流，也是信托资产规模快速增长的重要原因之一。

2. 行业集中度稍有降低

根据各家信托公司公布的2017年年报数据显示，全行业68家公司中，排名前10位的信托公司信托资产规模总额为10.65万亿元，同比增长23.51%，较全行业信托资产规模29.84%的增速低了6.33个百分点，这也导致了排名前10位的信托公司信托资产规模占比从2016年的42.56%下降到40.51%。排名前20位的信托公司信托资产规模总额为15.95万亿元，同比增长25.2%，低于全行业信托资产规模29.84%的增速，导致了排名前20位的信托公司信托资产规模占比从2016年的62.95%下降到60.69%。排名前30位的信托公司信托资产规模总额为19.62万亿元，同比增长27.31%，低于全行业信托资产规模29.84%的增速，从而使排名前30位的信托公司

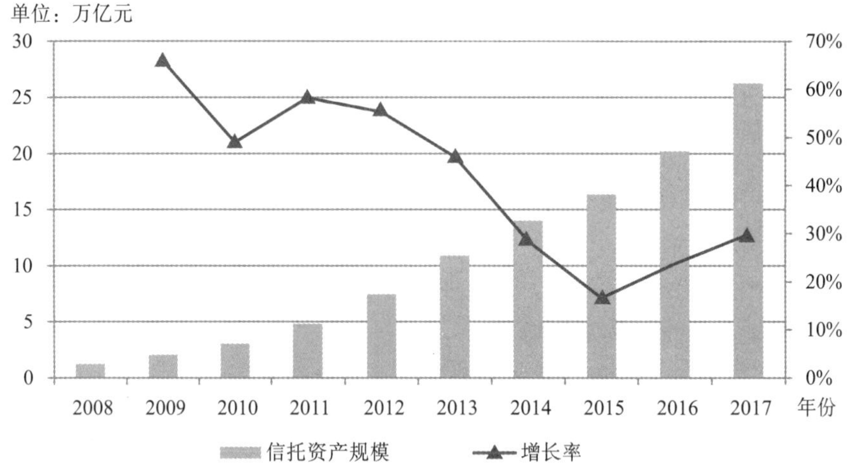

图2-1 2008—2017年信托资产规模与增速走势图

信托资产规模占比从2016年的76.14%下降到74.66%。从信托资产规模这一指标来看，行业集中度有所降低。

3. 部分信托公司规模增速较快

具体到各家信托公司来说，中信信托、建信信托、华润信托和华能信托4家公司的信托资产规模超过万亿元，中信信托、建信信托属于由金融机构控股的公司，华润信托、华能信托则属于由央企控股的公司。其中，中信信托以19,867.3亿元蝉联信托资产规模的头把交椅，建信信托和华润信托分列第2位和第3位。2017年信托资产规模排名前10位的信托公司较2016年稍有变化，华润信托、华能信托的排名有所提高，兴业信托、上海信托的排名有所降低，而渤海信托、中航信托则代替平安信托、华宝信托进入榜单前10位。值得一提的是，渤海信托2017年资产规模为7,549.75亿元，同比涨幅超过110%（见表2-1）。

表2-1 2017年和2016年信托资产规模行业排名前10位的信托公司

排名	2017年			2016年		
	信托公司	信托资产规模（亿元）	占比（%）	信托公司	信托资产规模（亿元）	占比（%）
1	中信信托	19,867.3	7.56	中信信托	14,248.89	7.04
2	建信信托	14,096.7	5.36	建信信托	13,061.97	6.45

续表

排名	2017年			2016年		
	信托公司	信托资产规模（亿元）	占比（%）	信托公司	信托资产规模（亿元）	占比（%）
3	华润信托	13,469.4	5.13	兴业信托	9,446.21	4.67
4	华能信托	10,102.53	3.84	上海信托	8,257.94	4.08
5	交银信托	9,656.3	3.67	华润信托	8,082.3	3.99
6	兴业信托	9,321.65	3.55	交银信托	7,139.61	3.53
7	上海信托	9,123.91	3.47	华能信托	7,093.9	3.5
8	渤海信托	7,549.75	2.87	中融信托	6,829.67	3.37
9	中融信托	6,699.07	2.55	平安信托	6,772.21	3.35
10	中航信托	6,577.67	2.5	华宝信托	5,269.85	2.6
合计	—	106,464.27	40.51	—	86,202.55	42.56

（二）信托业务收入平稳增长，占总收入比重继续提升

统计年报数据发现，2017年68家信托公司共实现总收入1,189.4亿元，同比增长4.11%。其中，信托业务收入为817.45亿元，同比增长9.44%，增速较上年也有一定幅度提高，但仍明显低于信托资产规模的增速（见图2-2）。出现这种现象的主要原因在于：2017年全行业事务管理类信托业务规模增长过快，而事务管理类信托业务的费率较低，难以支撑信托业务收入的快速增长。

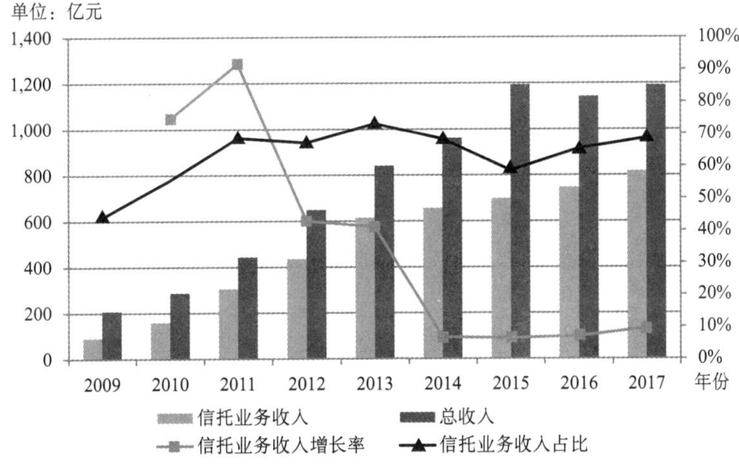

图2-2　2009—2017年总收入、信托业务收入变动图

此外，信托业务收入增速相较总收入增速更快，能够提高信托业务收入在总收入中的规模占比。2015年、2016年信托业务收入在总收入中的比重分别为58.52%、65.38%，这一比例在2017年提高至68.61%（见图2-2）。这说明信托业务的主业地位已经非常牢固。未来信托公司将继续坚持主业方向不动摇，依托信托制度优势，更多地拓展属于信托本源的业务，深化信托主业的内涵，将主业进一步做精做强，在这一过程中信托业务收入占比仍有继续提升的空间。

具体到各家信托公司层面，2017年共有3家信托公司的信托业务收入超过40亿元。其中，安信信托以52.75亿元跃居信托业务收入的榜首位置，中信信托、平安信托分列第2位和第3位。2017年信托业收入行业排名前10位的信托公司较上一年度变化不大，中融信托和上海信托的排名下滑幅度明显，民生信托代替中铁信托进入榜单前10位。排名前10位信托公司的信托业务收入总额为313.3亿元，占全行业的比重是38.32%，较2016年的40.21%有所降低。

表2-2　2017年和2016年信托业务收入排名前10位的信托公司　单位：亿元

排名	2017年		2016年	
	信托公司	信托业务收入	信托公司	信托业务收入
1	安信信托	52.75	中融信托	48.17
2	中信信托	44.48	安信信托	43.93
3	平安信托	40.2	中信信托	42.72
4	中融信托	38.77	平安信托	33.82
5	华能信托	26.49	重庆信托	25.74
6	中航信托	26.44	华能信托	23.58
7	民生信托	21.43	上海信托	21.28
8	重庆信托	21.31	中航信托	21.27
9	四川信托	21.11	中铁信托	20.89
10	上海信托	20.31	四川信托	18.94
合计	—	313.3	—	300.34

（三）加权信托报酬率仍处于下降通道，让利实体经济发展

信托报酬率是衡量信托公司盈利能力的重要指标。2011年以来，行业

整体信托报酬率水平一直处于下降通道中。2017年信托报酬率延续了前期的下行趋势，达到0.35%（见图2-3）。在信托资产规模大幅上升的同时，信托报酬率并没有同步提升甚至呈现下降趋势，这说明信托行业的管理服务能力还存在提升的空间，信托主动管理能力还需要提升。

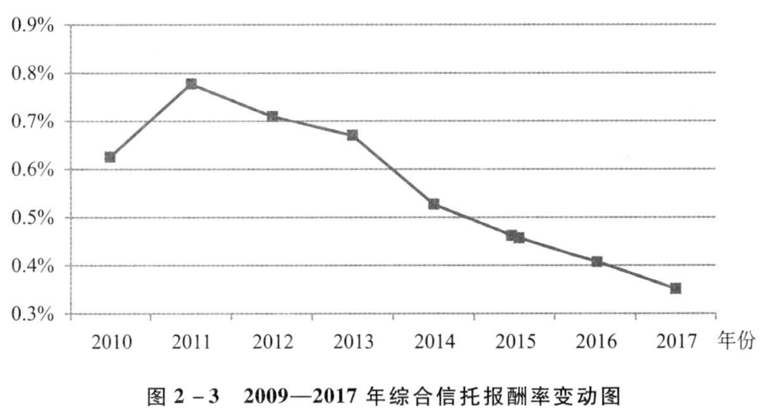

图2-3　2009—2017年综合信托报酬率变动图

信托报酬率呈现这一态势的原因在于：一是随着传统房地产信托、基础设施信托业务的市场竞争不断加剧，各家信托公司通过降低报酬率来竞争优质业务资源；二是近年来信托资产规模增长的结构中，事务管理类业务占比较高，其信托报酬率非常低，自然而然地拉低了行业平均信托报酬率水平；三是，即使是主动管理的集合资金信托计划，流动性持续收紧造成资金筹集较为困难，无论是直销还是代销，其成本都会有所提升。

具体到各家信托公司层面，东莞信托、杭工商信托、安信信托、华信信托、重庆信托和湖南信托这6家信托公司已经连续3年进入信托报酬率前10名榜单，其中，东莞信托以3.63%位居第1位，杭工商信托与安信信托分列第2位和第3位，信托报酬率超过1%的信托公司共有7家，较2016年明显减少（见表2-3）。但需要指出的是，一般来说，信托报酬率排名前10位的信托公司的信托资产规模都不太大，只有安信信托、重庆信托的信托资产规模排名行业中游，其他8家信托公司的信托资产规模都排名靠后。

表 2－3　2015—2017 年信托报酬率行业排名前 10 位的信托公司　单位:%

排名	2017 年		2016 年		2015 年	
	信托公司	信托报酬率	信托公司	信托报酬率	信托公司	信托报酬率
1	东莞信托	3.63	东莞信托	3.16	杭工商信托	2.85
2	杭工商信托	2.73	杭工商信托	2.38	东莞信托	2.82
3	安信信托	1.92	长城新盛信托	2.01	华宸信托	1.31
4	长城新盛信托	1.43	华宸信托	1.83	重庆信托	1.28
5	华信信托	1.27	安信信托	1.55	北京信托	1.25
6	重庆信托	1.2	华信信托	1.45	华信信托	1.22
7	民生信托	1.17	湖南信托	1.39	中原信托	1.15
8	湖南信托	0.96	重庆信托	1.24	爱建信托	1.09
9	苏州信托	0.9	中建投信托	1.21	中建投信托	1.07
10	紫金信托	0.85	紫金信托	1.15	湖南信托	1.04

二、信托功能结构变化趋势延续，主动管理能力有所提高

（一）信托功能结构变化趋势延续，事务管理类业务规模占比再创新高

按照信托功能，可将信托业务分为融资类信托业务、投资类信托业务以及事务管理类信托业务。2017 年延续了近年来的变化趋势：融资类、投资类业务规模占比继续下降，事务管理类信托规模占比不断提高。

1. 融资类信托

融资类信托业务是指以资金需求方的融资需求为驱动因素和业务起点，信托目的以寻求信托资金的固定回报为主，信托资产主要运用于信托设立前已经制定的特定目的。

截至 2017 年末，融资类信托业务规模总额为 44,284.47 亿元，较 2016 年的 41,624.49 亿元增长 2,659.98 亿元，增长率为 6.39%。从规模占比来看，2012 年以来，融资类信托业务的规模占比一直呈下降趋势，2017 年依然保持这一趋势。截至 2017 年末，融资类信托业务的规模占比已经下降到 16.87%。

2. 投资类信托

投资类信托是指以信托资产提供方的资产管理需求为驱动因素和业务起点，以实现信托财产的保值增值为主要目的，信托公司作为受托人主要发挥资产管理人的功能，对信托财产进行投资运用的信托业务。

截至2017年末，投资类信托业务总额为61,702.72亿元，较2016年的59,893.74亿元增长了1,808.98亿元，增长率为3%。从规模占比来看，2015年第2季度投资类信托业务规模占比达到39.33%，之后一路下滑，截至2017年末，投资类信托业务的规模占比为23.51%。

3. 事务管理类信托

事务管理类信托主要是指委托人交付资金或财产给信托公司，指令信托公司完成信托目的，从事事务管理的信托业务。事务管理类信托业务主要是利用信托权益重构、名实分离、风险隔离、信托财产独立性等制度优势，为法人和个人委托人提供信托事务管理服务并获得收益。

截至2017年末，事务管理类信托的规模达到156,465.55亿元，较2016年的100,667.84亿元增长了55,797.71亿元，增长率为55.42%，远超过融资类信托规模和投资类信托的增长速度。从规模占比来看，自2012年以来，事务管理类信托业务规模占比一直保持增长态势。截至2017年末，事务管理类信托规模占比为59.62%，较2016年的49.79%增加了近10个百分点。事务管理类业务的增长，一方面是由于通道业务回流，另一方面则是由于资产证券化等各类业务品种的丰富导致事务管理类业务规模也相应扩张（见图2-4）。

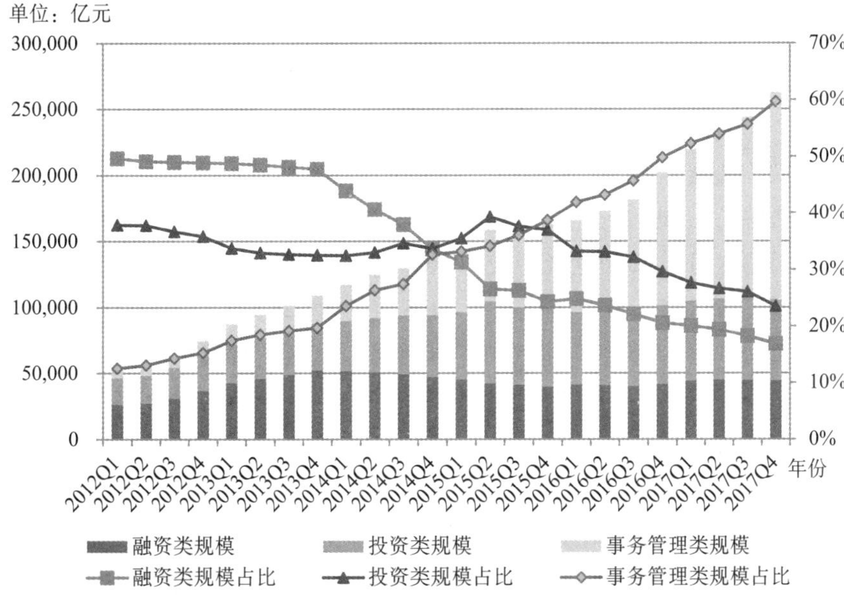

图2-4 2012—2017年信托功能分类及各类占比变化走势图

从图2－4中可以看出，2017年延续了2012年以来传统信托业务结构调整的整体方向。2013年之前，融资类信托一直是信托公司的主要业务，其规模占比一直处于较高水平；3类信托业务规模对比关系从量变到质变的时间节点是2014年。2014年末，融资类、投资类和事务管理类信托的规模占比分别为33.65%、33.70%和32.64%，“三分天下”的态势明显；2015年以来，支撑信托行业高速发展的融资类信托业务增速明显放缓，其规模占比开始进入下行通道；2017年，事务管理类占比保持了自2012年以来的上升态势，同时融资类和投资类占比则继续下降。事实上，融资类和投资类业务的规模占比较2016年有所增长，但是事务管理类业务规模增长速度达到55.43%，所以压缩了其他业务的占比。由“三分天下”变为事务管理类信托业务的“一家独大”。从长远角度看，随着金融改革的推进和信托行业的转型，投资类信托的占比或将增加。

（二）财产权信托与单一资金信托规模占比一升一降

按照信托财产来源进行划分，信托项目可分为集合资金信托、单一资金信托和财产权信托。根据信托业协会公布的数据，截至2017年末，单一资金信托规模占比最高，达到45.73%，而这一占比在2015年和2016年分别为57.36%和50.07%，虽然相较之下下降明显，但依然几乎占据“半壁江山”；截至2017年末，集合类信托规模占比37.74%，较2016年的36.28%基本保持稳定；财产权信托规模占比为16.53%，这一占比在2015年和2016年分别为9.87%和13.65%，财产权信托业务规模占比稳步提升。可以看出，信托资金来源持续向多样化和均衡化方向发展。

1. 集合资金信托

根据信托业协会所公布的数据，截至2017年末，信托行业集合资金信托规模已经达到9.91万亿元，较2016年的7.34万亿元大幅增加了2.57万亿元，增长率为35%，其占比也从2016年的36.28%提高至37.74%，增长幅度不大（见图2－5）。可以看出，虽然集合资金信托规模增长迅速，但其增长率仅略高于信托资产规模的增长率，所以集合资金信托规模在总规模当中的占比变化不大。

集合类信托规模行业排名前10位的信托公司该类业务期末规模占到全行业的39.01%，较2016年有所下降。其中，集合信托资产规模超过4,000亿元的信托公司共有3家，分别是中信信托、中融信托、建信信托。中信信

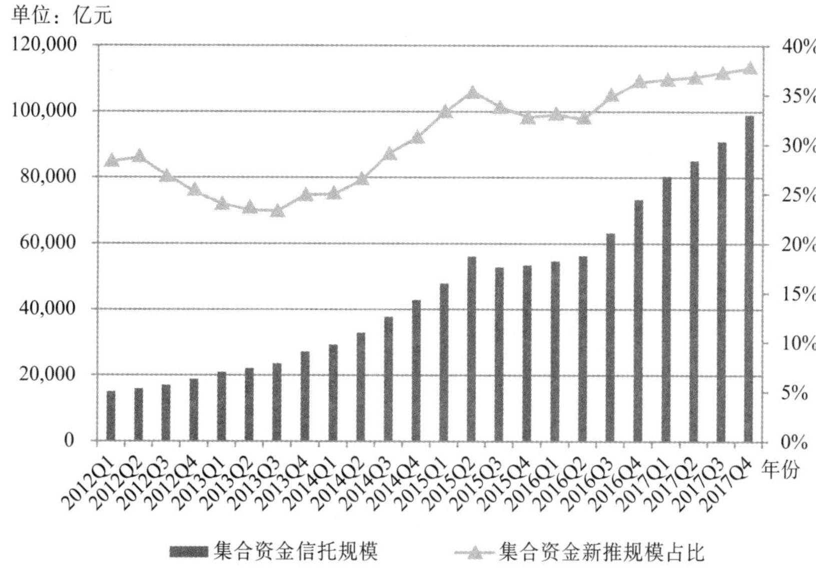

图2-5　2012—2017年各季度集合资金信托规模及其占比

托以6,221.27亿元跃居行业排行榜第1位，中融信托紧随其后排名第2位。

对比2016年数据发现，2017年的榜单与2016年的榜单相比已经发生了较大变化。中信信托的集合资金信托规模增加2,485.73亿元，行业排名也由2016年末的第3位上升至第1位；华润信托、长安信托和交银信托的集合资金信托计划规模也增长较快，替代华能信托、五矿信托和中海信托进入榜单，分别排名第4位、第8位、第9位（见表2-4）。

表2-4　2017年和2016年集合资金信托规模排名前10位的信托公司

排名	2017年			2016年		
	信托公司	集合类规模（亿元）	占比（%）	信托公司	集合类规模（亿元）	占比（%）
1	中信信托	6,221.37	31.31	中融信托	4,543.69	66.53
2	中融信托	4,395.09	65.61	建信信托	4,045.6	30.97
3	建信信托	4,300.09	30.5	中信信托	3,735.64	26.22
4	华润信托	3,863.87	28.69	上海信托	3,300.97	39.97
5	外贸信托	3,597.18	71.86	平安信托	3,216.04	47.49
6	中航信托	3,474.38	52.82	外贸信托	3,102.97	65.15

续表

排名	2017年			2016年		
	信托公司	集合类规模（亿元）	占比（%）	信托公司	集合类规模（亿元）	占比（%）
7	平安信托	3,453.05	52.9	华能信托	2,548.06	35.92
8	长安信托	3,248.93	54.02	中航信托	2,484.43	52.33
9	交银信托	3,128.52	32.4	五矿信托	2,125.79	51.64
10	上海信托	3,126	34.26	中海信托	2,036.59	58.97
合计	—	38,808.47	39.01	—	31,139.79	43.19

2. 单一资金信托

根据信托业协会公布的数据，截至2017年末，单一资金信托规模达到12万亿元，同比增长11%，虽然仍是信托公司的主要信托业务类型，但其占比却下滑明显（见图2－6）。事实上，单一资金信托规模占比自2013年第3季度达到71.28%的阶段峰值之后，一直呈现出明显的下降趋势。

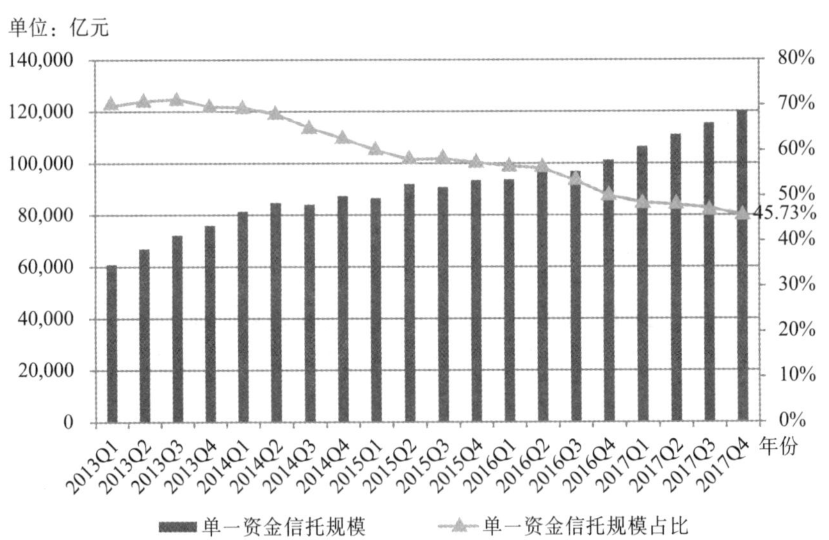

图2－6　2013—2017年单一资金信托规模及其占比的变化趋势

具体到各家信托公司层面，2017年单一资金信托规模行业排名前10位的信托公司期末规模占到全行业的46.81%，较2016年的48.02%略有下降。单一资金信托规模超过5,000亿元的信托公司共有5家，分别是中信信托、建信信托、交银信托、华润信托和兴业信托。其中，中信信托以8, 060. 2 亿元位居行业第 1，建信信托以 7, 870. 27 亿元紧随其后排名第 2；国民信托取代平安信托进入榜单，位居第 8（见表 2 - 5）。不难看出，银行系信托公司在开展单一资金信托业务方面具有天然优势。

表 2 - 5　2016 年和 2017 年单一资金信托规模排名前 10 位的信托公司

排名	2017 年			2016 年		
	信托公司	单一类余额（亿元）	占比（%）	信托公司	单一类余额（亿元）	占比（%）
1	中信信托	8, 060. 2	40. 57	建信信托	8, 255. 4	63. 2
2	建信信托	7, 870. 27	55. 83	兴业信托	6, 205. 67	65. 69
3	交银信托	6, 347. 52	65. 73	中信信托	5, 971. 04	41. 91
4	华润信托	5, 880. 18	43. 66	交银信托	5, 656. 36	79. 23
5	兴业信托	5, 793. 42	62. 15	华润信托	5, 502. 76	68. 08
6	渤海信托	4, 863. 82	64. 42	江苏信托	4, 221. 36	90. 25
7	江苏信托	4, 775. 51	86. 65	华宝信托	3, 910. 9	74. 21
8	国民信托	4, 200. 31	80. 48	上海信托	3, 636. 24	44. 03
9	华宝信托	4, 167. 57	69. 97	平安信托	2, 771. 16	40. 92
10	上海信托	4, 112. 89	45. 08	渤海信托	2, 496. 44	72. 07
合计	—	56, 071. 73	46. 81	—	48, 627. 31	48. 02

3. 财产权信托

财产权信托也称财产管理信托，是以财产权为信托财产设立的信托。根据信托业协会公布的数据，截至 2017 年末，财产权信托规模达到 4. 34 万亿元，较 2016 年增加 1. 58 万亿元，增长率高达 57. 18%，远高于信托资产的总体增速。财产权信托规模占比从 2016 年末的 13. 65% 提升至 16. 53%，增幅明显（见图 2 - 7）。近几年财产权信托增速一直处于较高的水平，远超单一资金信托增速和集合资金信托增速。财产权信托中的资产证券化业务在过去几年发展十分迅速，尤其是其中的银行信贷资产证券化业务规模增长迅速。

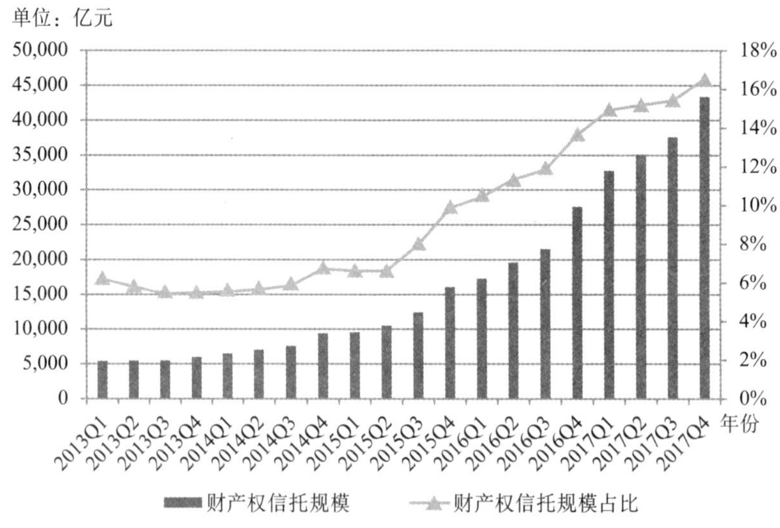

图 2－7　2013—2017 年财产权信托规模及占比变化趋势

具体到各家信托公司层面，财产权信托规模行业排名前 10 位的信托公司该类业务规模合计为 25,624.49 亿元，占到全行业的 59.05%，较 2016 年的 62.94% 略有下降，但行业集中度依然处于较高水平。财产权信托规模超过 1,500 亿元的信托公司共有 7 家，规模超过 3,000 亿元的信托公司共有 3 家。其中，中信信托以 5,585.73 亿元排名行业第 1 位，华能信托和华润信托紧随其后，分列第 2 位和第 3 位。对比 2016 年排名 10 位的榜单，华润信托取代平安信托进入榜单前 10 位，位列第 3。

表 2－6　2017 年和 2016 年财产管理信托规模排名前 10 位的信托公司

排名	2017 年			2016 年		
	信托公司	财产管理类期末余额（亿元）	占比（%）	信托公司	财产管理类期末余额（亿元）	占比（%）
1	中信信托	5,585.73	28.12	中信信托	4,542.21	31.88
2	华能信托	4,615.26	45.68	西藏信托	2,830.39	54.01
3	华润信托	3,725.34	27.66	华能信托	2,139.89	30.17
4	西藏信托	2,101.46	49.51	新时代信托	1,633.37	46.7
5	英大信托	1,943.6	69.01	兴业信托	1,443.16	15.28
6	建信信托	1,926.34	13.67	上海信托	1,320.72	15.99

续表

排名	2017年			2016年		
	信托公司	财产管理类期末余额（亿元）	占比（%）	信托公司	财产管理类期末余额（亿元）	占比（%）
7	上海信托	1,885.02	20.66	英大信托	1,163.58	52.44
8	兴业信托	1,377.19	14.77	平安信托	785.01	11.59
9	北京信托	1,235.75	39.84	建信信托	760.96	5.83
10	新时代信托	1,228.79	37.37	北京信托	743.39	28.74
合计	—	25,624.49	59.05	—	17,362.67	62.94

（三）主动管理类信托规模增加，占比下降

1. 主动管理类信托业务

主动管理类信托业务的规模和增速能够体现信托公司专业管理能力。根据各家信托公司的年报数据，截至2017年末，主动管理类信托业务规模总额为77,310.57亿元，较2016年增长12.37%。规模占比为29.44%，较2016年的33.96%下降了4.52个百分点。虽然规模占比有所下降，但主动管理类信托业务规模的绝对数值却呈现出上涨趋势，说明信托公司在提高主动管理能力方面取得了一定的进展。

具体来看，2017年末，主动管理类信托规模行业排名前10位的信托公司该类业务总额为35,425.79亿元，在全行业中的占比为48.82%，与2016年相比稍有下降。其中，华润信托以6,178.39亿元蝉联行业榜首，规模明显高于行业第2名，中信信托、中融信托分别以4,848.48亿元和4,322.8亿元分列行业第2位和第3位；陕国投信托和长安信托取代上海信托和外贸信托进入榜单，排名行业第9位和第10位；中融信托、陕国投信托主动管理类信托业务规模在总规模的占比超过50%（见表2－7）。值得注意的是，央企背景的华润信托、华能信托等，靠着其在特定领域的专业水平大力推动主动管理业务的发展，华润信托的主动管理业务规模为全行业第1位，华能信托的规模也排在前10位。但就整个行业而言，大部分信托公司还是被动管理业务占据主导地位，主动管理业务占比仍处于较低水平，主动管理业务有待加强。

表 2 - 7　2017 年和 2016 年主动管理类信托规模及其占比排名前 10 位的信托公司

排名	2017 年			2016 年		
	信托公司	主动类规模（亿元）	占比（%）	信托公司	主动类规模（亿元）	占比（%）
1	华润信托	6,178.39	45.87	华润信托	5,643.72	69.83
2	中信信托	4,848.48	24.4	中融信托	4,820.62	70.58
3	中融信托	4,322.8	64.53	建信信托	4,747.49	36.35
4	建信信托	4,200.01	29.79	中信信托	4,255.51	29.87
5	平安信托	3,021.7	46.29	华能信托	3,036.15	42.8
6	华能信托	2,953.99	29.24	平安信托	2,849.63	42.08
7	中航信托	2,930.39	44.55	华宝信托	2,577.16	48.9
8	华宝信托	2,545.47	42.74	中航信托	2,420.97	50.99
9	陕国投信托	2,425.72	53.52	上海信托	2,000.62	24.23
10	长安信托	1,998.84	33.24	外贸信托	1,595.76	33.51
合计	—	35,425.79	45.82	—	33,947.63	49.34

2. 被动管理类信托业务

根据各家信托公司 2017 年年报数据，截至 2017 年末，被动管理类信托业务规模总额为 182,355.18 亿元，较 2016 年增长 36.29%；被动管理类信托规模占比为 69.44%，较 2016 年的 66.04% 增加了 3.4 个百分点。从整个行业分析，2017 年信托行业被动管理类业务规模增速高于主动管理类，依然占据绝对优势，信托去通道化及业务转型仍需要加强。

具体来看，如表 2 - 8 所示，2017 年末，被动管理类信托业务余额行业排名前 10 位的信托公司该类业务总额为 80,090.8 亿元，占比为 43.92%，较 2016 年的 44.74% 略有降低，但幅度很小。中信信托的被动管理类信托业务在过去一年中大幅增长 50.28%，期末余额超过 1.5 万亿元，蝉联行业第 1 位（见表 2 - 8）。由此不难看出银行系背景信托公司中，业务规模贡献额度较高的依然是被动管理业务，其原因是股东的背景带来大量银信合作业务。

表2-8　　2017年和2016年被动管理信托规模及其占比排名前10位的信托公司

排名	2017年			2016年		
	信托公司	被动业务规模（亿元）	占比（%）	信托公司	被动业务规模（亿元）	占比（%）
1	中信信托	15,018.82	75.59	中信信托	9,993.38	70.13
2	建信信托	9,896.69	70.2	兴业信托	8,766.69	92.81
3	兴业信托	8,354.68	89.62	建信信托	8,314.47	63.65
4	交银信托	8,080.86	83.68	交银信托	6,834.31	95.72
5	华润信托	7,291	54.13	上海信托	6,257.32	75.77
6	上海信托	7,199.56	78.9	西藏信托	4,277.27	81.62
7	渤海信托	7,199.28	95.35	江苏信托	4,260.12	91.08
8	华能信托	7,148.54	70.75	华能信托	4,057.75	57.2
9	江苏信托	4,964.9	90.08	平安信托	3,922.58	57.92
10	国民信托	4,936.45	94.58	渤海信托	3,203.48	92.49
合计	—	80,090.8	43.92	—	59,887.36	44.74

三、信托资金投向服务实体，运用方式不断优化

（一）信托财产投资领域分布和变化趋势分析

2017年信托产品仍主要投向基础产业、房地产、证券投资、实业和金融机构五大领域，但各大领域的占比结构已经发生了较明显变化。

1. 信托资金投资领域分布

根据信托业协会公布的数据，投向工商企业的信托资金总额为60,997.88亿元，占比为27.84%；投向基础设施领域的信托资金总额为31,741.45亿元，占比为14.49%；投向房地产领域的信托资金总额为22,828.31亿元，占比为10.42%；投向证券市场的信托资金总额为31,006.55亿元，占比为14.15%；投向金融机构的信托资金总额为41,099.41亿元，占比为18.76%；投向其他领域的信托资金总额为31,394.98亿元，占比为14.33%（见图2-8）。对比2016年末的数据不难发现，房地产信托和工商企业信托规模及占比增长较快，基础产业、证券投资、金融机构等投向的信托资产规模有所增长，但占比较2016年均略有下

降。总体来看，投向工商企业的信托资金占比最大，其次是投向金融机构和证券市场的信托资金，房地产仍然是规模占比最低的信托资金投资领域。

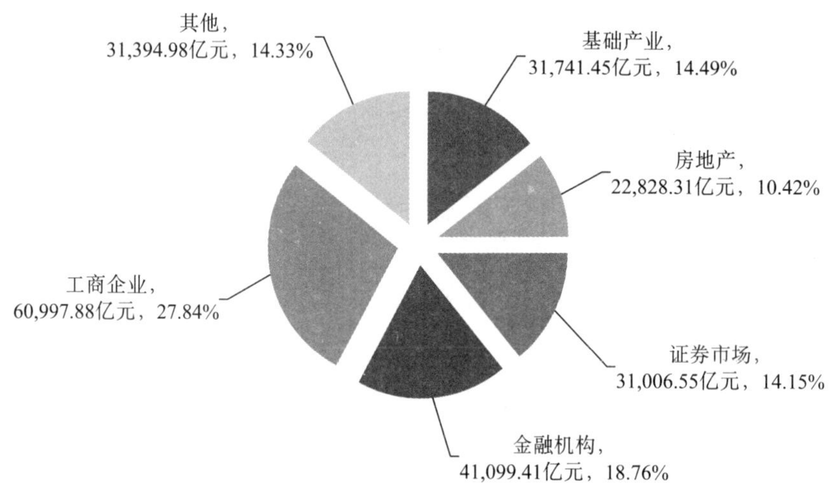

图 2－8　2017 年末信托资金投向分布图

2. 信托资金投向的变动趋势分析

（1）投向工商企业的信托资金占比有所上升

工商企业类信托主要是指为生产、服务和贸易等类型企业提供并购资金、流动资金以及项目资金的信托，可采用股权投资、权益投资、信托贷款等多种投资方式。

自 2012 年第 2 季度以来，工商企业一直是信托资金投向的第一大配置领域。2017 年末，投向于工商企业的信托资金总额为 60, 997. 88 亿元，同比增长 40. 78%，占比为 27. 84%，较 2016 年明显上升。2017 年投向工商企业的信托资金规模之所以高速增长，一方面是由于实体经济发展推动，2017 年工业企业利润同比增速上升明显，并一直处于较高水平。实体经济稳定发展，工商企业的融资需求进一步增加；另一方面则是因为 2016 年以来，监管层对于基金子公司、券商资管等通道业务实施严格的政策监管，资金选择通过信托通道流向实业领域。

（2）投向基础设施的信托资金占比稍有下降

基础设施领域信托项目的融资主体一般是地方融资平台，投资项目也多为服务社会的重点工程。

2017 年末，投向基础产业领域的信托资金总额为 31,741.45 亿元，同比小幅增长 16.27%，占比为 14.49%，较 2016 年稍有下降，但超过证券投资成为第三大配置领域。事实上，投向基础产业领域的信托资金占比在 2013 年达到 27.37% 的阶段峰值之后，就一直呈下降趋势。这可能与监管环境和市场环境的变化有关，监管层对于政信合作的收紧，高成本的信托融资逐步被低成本资金置换，导致投向基础设施领域的信托资金占比逐年降低。

（3）投向房地产领域的信托资金占比上升

房地产信托一直以来就是信托公司的主要业务，也是信托公司业务收入的主要来源。2017 年末，投向房地产领域的信托资金规模达到 22,828.31 亿元，同比增长 59.69%，占比为 10.42%，较 2016 年明显上升，但在配置领域中仍然居于末位。投向房地产领域的信托资金占比在 2013 年达到阶段性峰值的 10.66% 之后一直呈现下降趋势，但在 2017 年出现明显反弹。数据显示，2017 年房地产信托业务较前几年提升显著，规模、增速和占比都为 2014—2017 年最高，是表现最为亮眼的板块。这背后的原因可能在于：2016 年 10 月份以来，一系列地产融资政策收紧，房地产企业资金供给渠道受限，而且信托业务灵活性高，可以依照企业需求设计个性化产品，使得信托公司在该领域得到了机会，房地产信托快速发展，业务规模大幅提高。

需要指出的是，随着房地产调控政策进一步加严，传统的房地产信托业务或将难以支持信托公司资产管理规模和营业收入的高速增长。未来，信托公司需要不断加强主动管理能力，从债务性融资向综合金融服务商转变，通过私募地产基金、真正的股权性投资等方式深入参与房地产项目。

（4）投向金融机构的信托资金占比有所下降

2017 年末，投向金融机构的信托资金总额为 41,099.41 亿元，同比增长 13.69%，占比为 18.76%，较 2016 年明显下降，但仍是信托资金投向的第二大领域。2016 年由于同业业务回流，金融机构超越证券投资，成为信托资金五大投向中的第二大信托资金配置领域。2017 年金融机构业务虽然维持第 2 的位置，但是规模增速显著下降，比重也出现一定程度的下滑。之所以出现这种情况，主要是受 2017 年金融领域强监管以及去杠杆的影响，同业信托监管严格，一系列监管文件的出台要求严格规范层层嵌套、杠杆比例、交叉风险传递等金融乱象。银行表外业务开始逐渐收缩，券商、基金等同业机构也开始逐渐减少对于同业信托的操作，同业增速的放缓影响到同业信托业务发展。

（5）投向证券市场的信托资金占比下降明显

2017年末，投向证券市场的信托资金总额为31,006.55亿元，同比增长9.57%，占比为14.15%，较2016年有所下降。虽然2017年证券投资信托规模绝对数有所提升，但其占比由2016年的16.2%进一步降低至14.15%，延续了自2015年开始的下降趋势。受到股市行情回升影响，投向证券领域的信托规模较2016年有所增加，但由于信托公司相对于证券公司等其他资管机构在证券投资领域的各种资源储备还显得不足，未来仍需继续加强在证券投资领域的主动管理能力。

表2-9　　2013—2017年信托资产投向领域的趋势变化情况　　单位：%

信托资产投向领域	2013年	2014年	2015年	2016年	2017年
基础产业	25.76	21.7	17.42	15.33	14.49
房地产业	9.88	9.46	8.03	7.38	10.42
证券市场	10.46	14.62	18.71	15.78	14.15
工商企业	27.96	23.54	21.92	23.86	27.84
金融机构	11.08	17.82	19.68	21.7	18.76
其他	14.85	12.85	12.82	15.95	14.33

总体而言，越来越多的信托资金投向基础设施建设、房地产业和传统制造业，但与支持实体经济的效用与供给侧结构性改革的要求相比，还存在一定差距。随着供给侧结构性改革的进一步推进，产能过剩的传统制造业将不可避免地受到巨大冲击，已经不能承担支柱性产业的职责。同时，房地产市场迎来严厉调控，监管明确提出要抑制产业泡沫，房地产政策由经济政策转为民生政策，其支柱性产业职责也逐渐淡化。因此，信托行业要回归服务实体经济，实现长足发展，应将眼光投向未来的支柱性产业，包括战略性新兴产业、服务业以及现代制造业等。

3. 各家信托公司业务侧重点分析

经过多年的业务发展，结合自身资源禀赋，各家信托公司逐渐形成了相对明显的业务特征。表2-10中详细列示了信托资金投向各个领域金额占比排名前10位的信托公司情况，以此来观察这些公司的业务偏好。

表 2－10　　各类别投资规模占比排名前 10 位的信托公司　　单位：%

排名	基础产业		房地产业		工商实业	
1	英大信托	57.63	杭工商信托	69.45	新时代信托	87.02
2	湖南信托	55.1	华宸信托	49.04	天津信托	80.5
3	国元信托	41.59	中建投信托	44.39	吉林信托	72.23
4	交银信托	39.45	长城新盛信托	36.47	山西信托	68.88
5	上海信托	38.65	中原信托	34.3	安信信托	63.99
6	光大兴陇信托	37.65	百瑞信托	28.95	国民信托	62.41
7	华澳信托	32.77	大业信托	24.78	中泰信托	57.69
8	陆家嘴信托	26.43	安信信托	23.69	国投泰康信托	54.93
9	万向信托	24.48	华信信托	23.35	中江信托	54.55
10	国联信托	22.84	万向信托	22.49	重庆信托	53.01
排名	金融机构		证券市场		其他信托资产	
1	北京信托	51.03	江苏信托	58.63	国联信托	64.47
2	建信信托	50.33	中海信托	55.74	华能信托	59.84
3	浙金信托	49.57	华润信托	50.46	苏州信托	52.78
4	华融信托	42.49	外贸信托	44.75	云南信托	48.02
5	兴业信托	42.01	陕国投信托	38.06	昆仑信托	48.01
6	中融信托	40.37	粤财信托	33.92	东莞信托	45.24
7	紫金信托	39.64	华宝信托	25.58	金谷信托	43.21
8	西藏信托	37.36	云南信托	24.21	华宝信托	38.51
9	国通信托	37.12	华鑫信托	23.48	民生信托	37.64
10	平安信托	31.62	四川信托	21.21	中铁信托	36.32

从表 2－10 中可以看出，英大信托和湖南信托的基础产业类信托规模占比较高，均在 5 成以上；杭工商信托对于房地产信托的偏好非常明显，投资于房地产领域的信托资金占其全部信托资金的近 7 成；有 6 家信托公司投资于工商企业的信托资金占比超过 6 成，其中新时代信托以 87.02% 的规模占比排名行业第 1 位；北京信托和建信信托在金融机构方面的信托资金占比超过 5 成；有 3 家信托公司投向证券市场的信托资金规模占比超过 5 成，其中，江苏信托以 58.63% 的规模占比排在第 1 位。

（二）信托财产运用方式与变化趋势

1. 信托资金运用方式分布

信托财产按照信托资金的运用方式来划分，可划分为货币资产、贷款及应收款、交易性金融资产、买入返售金融资产、可供出售金融资产、持有至到期投资、长期股权投资以及其他资产运用。截至 2017 年末，货币资产规模为 8, 783. 9 亿元，占比 3. 34%；贷款及应收款规模为 95, 328. 38 亿元，占比 36. 3%，占比最高；交易性金融资产规模为 29, 713. 36 亿元，占比 11. 31%；买入返售金融资产规模为 2, 056. 11 亿元，占比 0. 78%；可供出售金融资产规模为 41, 666. 48 亿元，占比 15. 86%；持有至到期投资规模为 28, 475. 73 亿元，占比 10. 84%；长期股权投资规模为 19, 497. 41 亿元，占比 7. 42%；其他资产运用方式规模为 37, 119. 56 亿元，占比 14. 13%（见图 2 –9）。

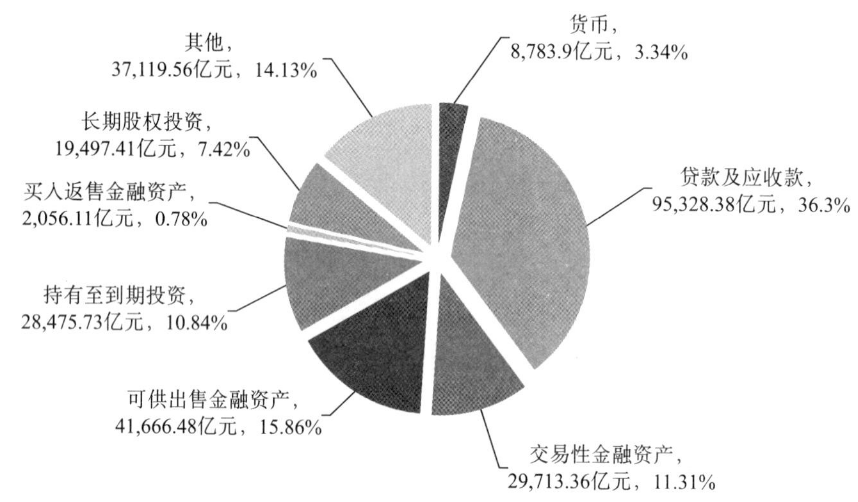

图 2 –9　2017 年信托资产配置情况

2. 信托资金运用方式变化趋势分析

（1）货币资产占比明显下降

货币资产是指持有的现金及将以固定或可确定金额的货币收取的资产，包括现金、应收账款和应收票据以及准备持有至到期的债券投资等。从 2013—2017 年信托资产运用方式的变化趋势来看，以货币资产形式运用的信托财产比例呈明显的下降趋势，从 2014 年的 7. 72% 下降至 2017 年的 3. 34%。

（2）贷款及应收款占比有所上升

贷款及应收款主要是指以债权债务的方式将信托资金融出给融资方，建立债权债务关系。2017年贷款及应收款规模占比有所上升，达到36.30%，相较于2016年的33.87%，有所上升，依旧是最主要的信托资产运用方式。

（3）金融资产占比有所下降

信托资金运用于金融资产主要包括交易性金融资产、买入返售金融资产和可供出售金融资产。从2017年整体来看，资本市场较2015年、2016年的暴涨暴跌更为平稳，信托资金参与资本市场的力度也在加大，尤其是可供出售金融资产规模为41,666.48亿元，同比增长26.68%；但从相对数量来看，可供出售金融资产规模占比从2016年的16.91%下降至2017年的15.86%。

（4）长期股权投资占比变化不大

长期股权投资业务与信托公司逐渐重视私人股权投资业务有密不可分的关系。截至2017年末，近半数信托公司涉足私人股权投资，包括中融信托、民生信托、中航信托在内的部分信托公司在该类业务上已经初具规模（见表2-11）。

表2-11　2013—2017年信托资产运用方式的趋势变化情况　单位：%

信托资产运用方式	2013年	2014年	2015年	2016年	2017年
货币资产	6.93	7.72	6.75	5.4	3.34
贷款及应收款	45.47	39.2	35.14	33.89	36.3
交易性金融资产	8.14	11.9	14.83	13.65	11.31
买入返售金融资产	1.14	1.07	0.82	1.07	0.78
可供出售金融资产	8.94	9.99	13.62	16.91	15.86
持有至到期投资	10.16	10.73	10.13	10.17	10.84
长期股权投资	8.73	7.77	6.82	7.11	7.42
其他	10.49	11.61	11.88	11.75	14.13

四、新增信托规模增速放缓，新增存量规模比值有所下降

（一）新增规模创新高，增速有所放缓

2017年68家信托公司共发行信托产品25,673个，新增实收信托财产规模为151,723.59亿元，较2016年增加27,145.73亿元，实现了21.79%的快速增长，但增速较2016年有所放缓（见图2-10）。

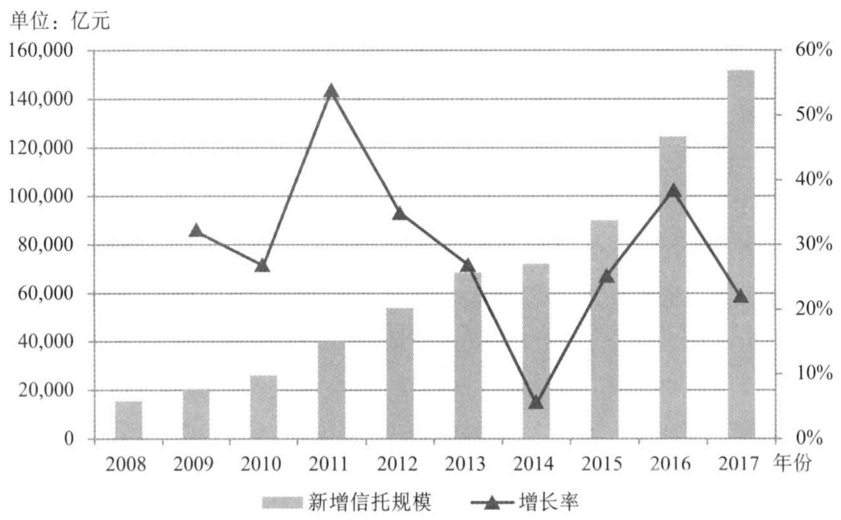

图2-10　2008—2017年全行业新增信托规模变动图

事实上，新增主动管理信托规模相较于新增实收信托规模更有意义，更能反映信托公司的主动管理能力，也被视作衡量信托行业转型进程的重要指标。

（二）信托新增存量规模比值有所下降

如图2-11所示，2008—2017年，信托行业新增信托规模与年底存量信托规模的比值呈现出明显的下降趋势，最低值在2014年，降至52.69%。直到2015年，由于新增信托规模增速反弹，新增信托规模与存量信托规模的比值提升至55.11%。2016年新增信托规模与存量信托规模的比值继续提高至61.52%。2017年，由于新增实收信托财产规模增速较2016年有所放缓，所以新增信托规模与存量信托规模的比值较2016年有所下降。

（三）新增信托规模排名情况

2017年共有3家信托公司的新增实收信托规模超过5,000亿元，其中华能信托以11,425.78亿元排名第1位，中信信托和华润信托分别以10,751.61亿元和8,622.85亿元排名第2位和第3位；新增主动管理信托规模超过1,500亿元的信托公司共有3家，华能信托以4,860.32亿元排名第1位，华润信托、民生信托分列第2位和第3位，但与华能信托的差距较大；新增被动管理类信托规模超过5,000亿元的信托公司共有4家，其中中信信托以9,356.49亿元居第1位（见表2-12）。

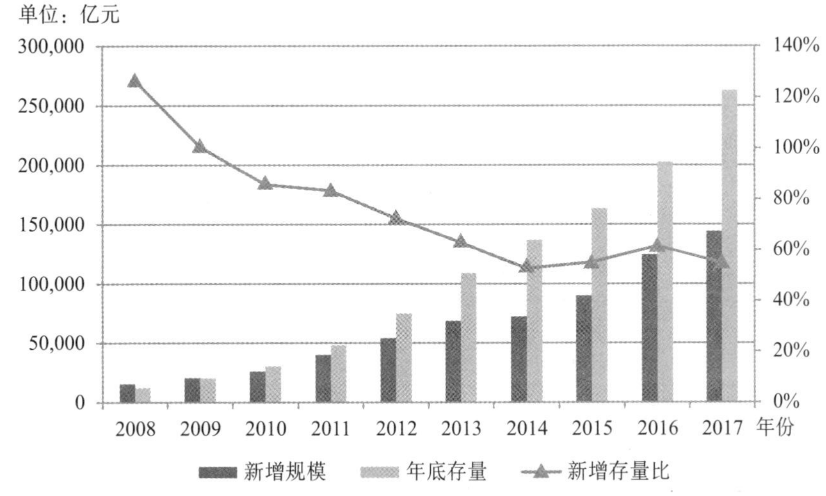

图2-11　2008—2017年新增信托规模与存量规模对比表

表2-12　2017年新增信托规模排名前10位的信托公司 单位：亿元

排名	信托公司	新增实收信托规模	信托公司	新增主动管理信托	信托公司	新增被动管理信托
1	华能信托	11,425.78	华能信托	4,860.32	中信信托	9,356.49
2	中信信托	10,751.61	华润信托	2,182.81	渤海信托	7,289.91
3	华润信托	8,622.85	民生信托	1,643.97	华能信托	6,565.46
4	交银信托	4,693.87	中信信托	1,395.11	华润信托	6,440.04
5	五矿信托	4,534.58	中航信托	1,281.33	国民信托	4,301.27
6	国民信托	4,496.6	陕国投信托	1,279.55	兴业信托	3,654.68
7	兴业信托	4,364.34	云南信托	1,209.8	交银信托	3,526.08
8	中铁信托	4,165.52	新时代信托	1,208.55	中铁信托	3,469.45
9	长安信托	3,730.77	交银信托	1,167.78	五矿信托	3,415.31
10	中航信托	3,620.92	五矿信托	1,119.27	上海信托	3,074.94
合计	—	60,406.88	—	17,348.54	—	51,093.67

表2-13列出了2017年新增集合信托规模、新增单一信托规模和新增财产信托规模分别排名行业前10位的信托公司。可以看出，共有6家信托公司的新增集合信托规模超过2,000亿元，其中华能信托以4,280.36亿元排名第1位，中信信托和五矿信托分列行业第2位和第3位，均表现出良好

的业务扩展能力；在新增单一信托规模方面，渤海信托以 4,463.68 亿元位居行业第 1，中信信托和国民信托分列第 2 和第 3 位；共有 3 家信托公司的新增财产信托规模超过 2,000 亿元，其中，华能信托以 5,021.27 亿元排名行业第 1 位，保持明显领先优势，华润信托和中信信托分列第 2 位和第 3 位。

表 2-13　各类新增业务规模排名前 10 位的信托公司　单位：亿元

排名	信托公司	新增集合信托规模	信托公司	新增单一信托规模	信托公司	新增财产信托规模
1	华能信托	4,280.36	渤海信托	4,463.68	华能信托	5,021.27
2	中信信托	3,063.08	中信信托	3,861.61	华润信托	4,026.67
3	五矿信托	2,967.33	国民信托	3,656.38	中信信托	3,826.92
4	华润信托	2,457.44	交银信托	2,378.41	上海信托	1,561.65
5	交银信托	2,209.48	兴业信托	2,360.78	建信信托	1,456.58
6	中铁信托	2,185.94	华润信托	2,138.75	渤海信托	1,334.25
7	长安信托	1,891.28	华能信托	2,124.15	昆仑信托	1,161.76
8	中航信托	1,888.38	中航信托	1,598.16	兴业信托	1,161.64
9	华融信托	1,695.21	光大兴陇信托	1,547.44	北京信托	1,088.11
10	渤海信托	1,679.97	厦门信托	1,531.53	国投泰康信托	870.67
合计	—	24,318.46	—	25,660.88	—	21,509.53

（四）新增主动管理类信托规模增长明显

2017 年全年，信托全行业共实现新增主动管理类信托规模 38,587.56 亿元，较 2016 年增长 18.63%。但从相对数量上看，新增主动管理类信托在全部新增信托规模中的占比为 25.43%，这一指标近年来一直呈现下降趋势。这说明虽然信托公司已经开始重视发展主动管理类业务，主动管理能力也有所提高，但相对于快速增长的信托资产规模来说，仍显得不足，依然任重而道远（见图 2-12）。

五、关联交易分析

信托公司年报披露，关联交易共有四种类型：信托与关联方交易、信托财产与信托财产之间的关联交易、固有与关联方交易、固有财产与信托财产

之间的关联交易。本章只就信托与关联方交易、信托财产与信托财产之间的

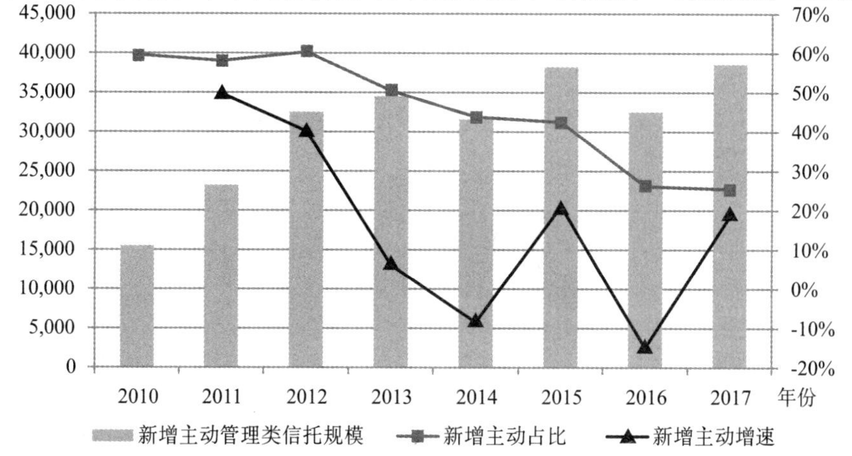

图2-12　2010—2017年新增主动管理类信托的规模、增速与占比

关联交易这两种类型的关联交易进行分析，后两种类型的关联交易将在自营业务篇中进行分析。

（一）两种关联交易规模均明显增长

1. 以信托财产与其关联方发生的交易

信托财产与其关联方发生的交易一般发生于信托公司的单一资金信托业务和集合资金信托业务。对于单一信托业务，尤其是事务类信托而言，信托公司按照单一委托人的指令将单一信托资金用于关联方。对于集合资金信托业务，《信托公司集合资金信托计划管理办法》限制信托公司将信托资金直接或间接运用于信托公司的股东及其关联人，除非信托资金全部来源于股东或其关联人。

2017年末，信托与关联方之间的关联交易期末规模为17,887.81亿元，占全部关联交易期末余额的比重为65.24%，较2016年末的16,398.14亿元增加1,489.67亿元，增长率为9.08%，是信托行业最主要的关联交易方式，这很可能与银行系信托公司开展了大量的银信合作等通道业务有关系。

2. 以不同信托财产进行的关联交易

信托与信托的关联交易主要是指公司受托管理的一个信托项目的资金认购自己管理的另一个信托项目的收益权或项下资产。

2017年末，信托与信托之间的关联交易期末余额为7,359.26亿元，占全部关联交易期末余额的比重为26.84%，较2016年的5,596.37亿元，增加了1,762.89亿元，增长率为31.50%（见图2－13）。

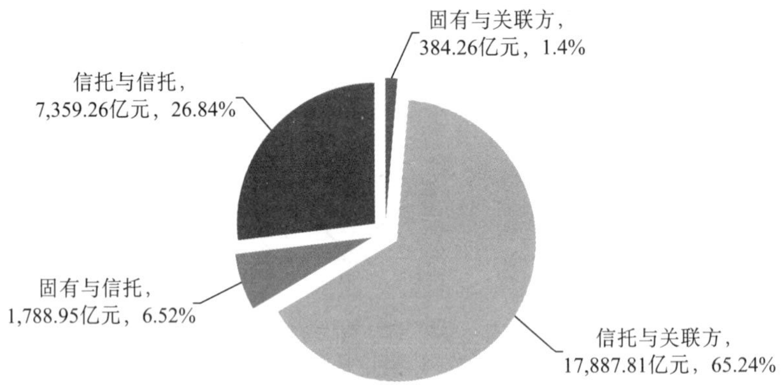

图2－13　2017年关联交易组成结构图

从近年来的各种关联交易余额变化情况中可以发现，四类关联交易中信托与关联方的交易始终占据重要位置，2013—2017年出现明显的快速增长；不同信托财产进行的关联交易余额从2013年开始也有明显增加（见图2－14）。

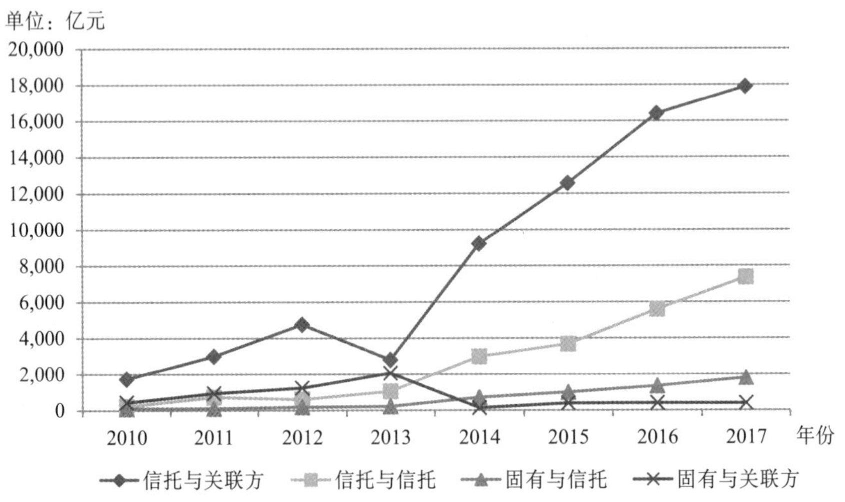

图2－14　2010—2017年各种关联交易期末余额变动示意图

（二）集中度显著提升

2017年信托与关联方的交易余额仍呈现上升趋势。在2017年年报中，共有53家信托公司公布了该类关联交易的期末余额。在集中度方面，排名前10位的信托公司所发生的此类关联交易期末余额为16,390.57亿元，占行业总额的比重为91.63%。其中，建信信托开展的信托与关联方的交易余额为8,246.57亿元，排名行业第1位（见表2-14）。兴业信托、英大信托、光大兴陇信托、华润信托以及中海信托此类业务的期末余额也排名行业前列，原因可能在于建信信托、兴业信托、光大兴陇信托均有强大的银行股东支持，在开展银信合作等通道类信托业务方面具有先天的资源禀赋；英大信托、华润信托和中海信托的大股东均为实力强大的央企集团，也在开展融资类通道业务方面具有优势。可见，信托与关联方交易余额高的信托公司都是具有强大的股东背景，在依托股东资源开展业务的过程中，产生了大量的此类关联交易。

在2017年年报中，共有53家信托公司公布了信托项目之间期末交易余额。该类关联交易的行业集中度也非常高，排名行业前10位的信托公司的发生额为4,622.21亿元，占到行业总额的62.81%，其中建信信托以1,500.93亿元排名行业第1（见表2-14）。

表2-14　2017年两类关联交易期末余额排名前10位的信托公司　单位：亿元

排名	信托公司	信托与关联方	信托公司	信托与信托
1	建信信托	8,246.57	建信信托	1,500.93
2	兴业信托	3,195.94	华宝信托	616.39
3	英大信托	1,908.4	中信信托	518.95
4	光大兴陇信托	979.41	外贸信托	403.11
5	华润信托	614.38	华润信托	396.12
6	中海信托	596.7	交银信托	285.32
7	上海信托	244.15	百瑞信托	246.61
8	渤海信托	220.92	五矿信托	225.25
9	华融信托	213.19	兴业信托	220.08
10	平安信托	170.88	昆仑信托	209.45
合计	—	16,390.57	—	4,622.21

六、总结

总的来看，截至 2017 年末，信托资产管理规模达到 26.25 万亿元。在资产管理规模实现重大突破的同时，增长率也值得注意。2017 年信托资产管理规模的增长率为 29.81%，较 2016 年提高了 6 个百分点。事实上，自 2011 年以来，信托行业资产管理规模的增速一直呈现出明显的下滑趋势，这一指标在 2016 年终于实现反弹，反弹走势在 2017 年得到延续。事务管理类信托规模占比大幅增加 10 个百分点，达到 59.62%。单一资金信托规模占比下降明显，财产权信托规模占比不断上升，达到 16.53%，预计未来仍将保持高速增长态势。信托资金投向持续优化，“脱虚向实”服务实体经济发展态势愈发明显。

取得这些成绩是否就意味着传统信托业务转型已完成，从此进入发展的快车道？我们试着从年报数据中寻找答案。

（一）存量信托业务

1. 信托业务收入增速远低于信托资产规模增速

2017 年 68 家信托公司共实现信托业务收入 817.45 亿元，同比增长 9.44%，增速较上年有一定幅度提高，但远低于信托资产规模的增速。换句话说，资产管理规模的高增长并未带来信托业务收入的高增长，背后的原因在于过去一年信托公司事务管理类信托业务增长较快。

2. 行业加权平均信托报酬率再创新低

信托报酬率是衡量信托公司盈利能力的指标，其变动趋势能够反映信托公司的经营能力和行业整体的变动。2011 年以来，信托行业的加权平均信托报酬率呈现明显的下降趋势，2017 年更是创下新低，低至 0.35%。

信托业务收入和加权平均信托报酬率是一个问题的两个方面，通过这两项指标能够从存量信托业务的整体数据角度分析信托资产规模的增长质量。

（二）新增信托业务

一方面，新增信托业务规模创新高。2017 年全年，68 家信托公司共新增实收信托财产规模 15.17 万亿元，较 2016 年增加 2.71 万亿元，增长率为 21.79%。另一方面，新增规模中主动管理类信托占比较少。2017 年信托行业共实现新增主动管理类信托规模 3.86 万亿元，同比增长 18.77%。新增主动管理类信托在全部新增信托规模中的占比为 25.43%，与 2016 年相比略有下降。虽然新增主动管理类信托的占比稍有下降，但其绝对数值保持较快增长，说明信托行业的主动管理能力有所提高。

通过以上分析可以看出，虽然信托行业的主动管理能力已经有了一定幅度的提高，但相较于26.25万亿元信托资产规模来说，仍显得不足。信托资产规模的增速很大程度上是由于事务管理类信托业务的大幅增长所致。展望2018年，随着通道业务发展逐步受限，信托公司传统的规模竞争难以为继，信托业的粗放增长时代基本结束。信托业只有积极推进信托公司业务转型，坚持服务实体经济，提升主动管理能力，回归信托本源，继续搞好转型升级，才是信托公司实现可持续发展的理性选择。

2017年信托公司年报分析之三：自营业务篇

百瑞观点：

- 行业自营净资产规模突破5,200亿元，27家信托公司增资
- 全行业自营资产收入规模持续下行，行业自营收益率近11年来最低
- 行业自营业务收入集中度持续大幅下降
- 贷款及应收款占比持续上升，货币资产、交易性金融资产持续下降
- 证券市场大幅降低，金融机构大幅增长
- 信托行业自营收益率显著下降，自营收入占比总收入下降
- 业务管理费略有增加，资产减值损失维持高位
- 自营负债率突破20%，预计负债规模维持高位
- 自营产期股权投资仍然以金融机构为主

2017年68家信托公司的年报数据显示，信托全行业的自营净资产规模持续增长，再创历史新高。但是，自营资产的收入规模和收益率再次走低，自营收益率为11年来最低水平。整体来看，2017年信托全行业的自营净资产规模首次突破5,200亿元，而自营收入规模继2016年降低后，继续下降。与此同时，2017年的自营收益率中位数为6.68%，为近11年来最低值。

一、全行业自营规模持续增长，再创历史新高

（一）全行业自营净资产规模有所突破，增幅继续放缓

截至2017年，信托全行业68家信托公司自营净资产总规模为5,239.8亿元，较2016年的4,481.92亿元增长了16.91%。信托全行业的自营资产规模首次突破5,200亿元，继2016年之后，再创新高。与此同时，信托全行业的净资产增长率继续降低，净资产增幅持续放缓，2017年信托全行业的净资产规模增速放缓至16.91%，也是2009年以来的最低值（见表3－1）。

表3－1　2007—2017年行业净资产规模及变化情况表

年份	净资产（亿元）	净资产变动率（%）	净资产变动额（亿元）
2007	732.47	44.5	225.58
2008	774.06	5.6	41.59
2009	1,014.29	31	240.23
2010	1,282.65	26.4	268.36
2011	1630.6	27.1	347.95
2012	2,030.82	24.5	400.22
2013	2,548.57	25.49	517.75
2014	3,197.24	25.45	648.67
2015	3,818.69	19.44	621.45
2016	4,481.92	17.37	663.23
2017	5,239.8	16.91	757.88

总体来看，自2007年以来，信托全行业的净资产规模稳步上涨，从2007年的732.47亿元增长到2017年的5,239.8亿元，增长了615.36%，年均增长19.93%。但是各年度的净资产增长率整体呈下降趋势，2017年的增速下降到16.91%，为2009—2017年九年间的最低水平（见图3－1）。

从具体信托公司2017年的净资产情况来看，排名前15位的信托公司整体变化不大。全行业前6名排序与2016年一致，由大到小依次是平安信托净资产规模为239.14亿元，中信信托净资产规模为215.4亿元，重庆信托净资产规模为206.81亿元，华润信托的净资规模为184.65亿元，中诚信托的净资产规模为165.78亿元，安信信托的净资产规模为161.91亿元。

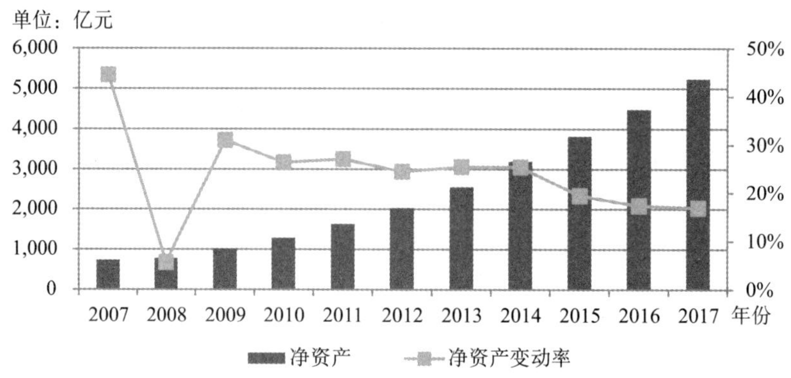

图3－1 2007—2017年信托行业净资产变化图

相较于2016年，净资产规模进入前15位的信托公司为昆仑信托，位列第9，净资产规模达到126.09亿元，渤海信托位列第13，净资产规模达到115.44亿元，五矿信托位列第14，净资产规模达到113.79亿元（见表3－2）。

表3－2 2017年和2016年自营净资产排名前15位的信托公司 单位：万元

排名	2017年		2016年	
	信托公司	净资产	信托公司	净资产
1	平安信托	2,391，441.36	平安信托	2,251，071.4
2	中信信托	2,153，983.02	中信信托	2,008，098.84
3	重庆信托	2,068，087.85	重庆信托	1,845，195.57
4	华润信托	1,846，469.25	华润信托	1,644，345.9
5	中诚信托	1,657，800.4	中诚信托	1,530，727.73
6	安信信托	1,619，148.19	安信信托	1,371，816.66
7	中融信托	1,587，168.66	兴业信托	1,336，499.18
8	兴业信托	1,478，513.81	中融信托	1,281，047.52
9	昆仑信托	1,260，880.07	华信信托	1,197，106.24
10	上海信托	1,226，825.98	华能信托	1,092，864.65
11	华能信托	1,221，452.92	上海信托	1,067，469.83
12	华信信托	1,174，730.76	民生信托	993,239.08
13	渤海信托	1,154，385.92	江苏信托	988,147.31
14	五矿信托	1,137，868.08	建信信托	975,272.28
15	江苏信托	1,137，839.15	中江信托	875,048.86

(二) 27 家信托公司 2017 年增资

根据公开披露的 68 家信托公司年报数据，2017 年信托全行业的注册资本继续大幅增长，总体规模增长至 2,441.28 亿元，再创历史新高。相比 2016 年的 2,038.16 亿元增加了 403.12 亿元，增幅为 19.77%。表 3－3 为 2007 年以来信托全行业注册资本的变动情况。可以看出，2014—2017 年连续 4 年，信托行业全注册资本总额保持近 20% 以上的速度增长。

表 3－3　　2007—2016 年行业注册资本规模及变化情况表

年份	注册资本（亿元）	注册资本变动额（亿元）	注册资本变动率（%）
2007	485.34	40	8.9
2008	552.07	66.73	13.7
2009	601.01	48.94	8.8
2010	687.66	86.65	14.4
2011	871.5	183.84	26.7
2012	980	108.5	12.44
2013	1,142.65	162.65	16.59
2014	1,389.05	246.4	21.56
2015	1,676.33	287.28	20.68
2016	2,038.16	361.83	21.58
2017	2,441.28	403.12	19.77

图 3－2 显示了自 2007 年以来信托全行业注册资本的变化情况。整体来看，2007 年以来，信托全行业的注册资本总额稳步上涨，从 2007 年的 485.34 亿元增长到 2017 年的 2,441.28 亿元，增长了 403%，年均增长 14.96%。从注册资本变动率来看，2007—2011 年，信托行业注册资本变动率从 8.9% 上升到 26.7%，2012 年下降到 12.44%，之后逐年升高，2014—2017 年 4 年间的注册资本变动率一直稳定在 20% 左右。

注册资本的提升能够直接提升信托公司的实力，对于信托公司拓展业务具有显著的拉动作用。表 3－4 显示了 2017 年 27 家信托公司增资情况，从注册资本变动额的情况对 27 家增资信托公司进行排名。从增资幅度上来看，昆仑信托注册资本增加 72.27 亿元，注册资本变动率为 240.9%，注册资本变动额最大。中融信托注册资本增加 60 亿元，注册资本变动率为 100%，

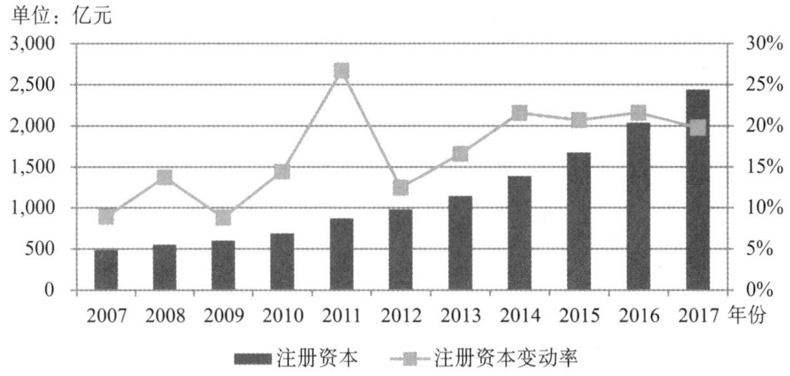

图 3－2　2007—2016 年信托行业注册资本变化图

增资规模排名第 2 位。增资规模超过 20 亿元的信托公司还有五矿信托增资 40 亿元，安信信托增资 24.86 亿元，重庆信托增资 22 亿元，交银信托增资 20 亿元，国通信托增资 20 亿元。

表 3－4　2017 年和 2016 年注册资本变动额排名前 27 位的信托公司

排名	信托公司	2017 年注册资本（亿元）	2016 年注册资本（亿元）	注册资本变动额（亿元）	注册资本变动率（%）
1	昆仑信托	102.27	30	72.27	240.9
2	中融信托	120	60	60	100
3	五矿信托	60	20	40	200
4	安信信托	45.58	20.72	24.86	120
5	重庆信托	150	128	22	17.19
6	交银信托	57.65	37.65	20	53.13
7	国通信托	32	12	20	166.67
8	华澳信托	25	6	19	316.67
9	中铁信托	50	32	18	56.25
10	国联信托	30	12	17.7	143.9
11	湖南信托	24.51	12	12.51	104.28
12	厦门信托	35	23	12	52.17
13	浙金信托	17	5	12	240
14	平安信托	130	120	10	8.33
15	粤财信托	38	28	10	35.71

续表

排名	信托公司	2017 年注册资本（亿元）	2016 年注册资本（亿元）	注册资本变动额（亿元）	注册资本变动率（%）
16	昆仑信托	102.27	30	72.27	240.9
17	中融信托	120	60	60	100
18	五矿信托	60	20	40	200
19	安信信托	45.58	20.72	24.86	120
20	重庆信托	150	128	22	17.19
21	交银信托	57.65	37.65	20	53.13
22	渤海信托	36	26.4	9.6	36.36
23	华融信托	30.36	23.69	6.67	28.14
24	中航信托	46.57	40.22	6.35	15.78
25	山东信托	25.88	20	5.88	29.4
26	华宸信托	8	5.72	2.28	39.86
27	云南信托	12	10	2	20

表 3－5 显示了 2016 年和 2017 年 68 家信托公司中注册资本排名前 15 位的信托公司情况。2017 年注册资本排名前 2 位与 2016 年一致，依次是重庆信托（150 亿元）、平安信托（130 亿元）。此外，注册资本在 100 亿元及以上的信托公司有中融信托（120 亿元）、昆仑信托（102.27 亿元）、中信信托（100 亿元）。2017 年共有 10 家信托公司的注册资本达到或超过 60 亿元。

表 3－5　2017 年和 2016 年注册资本排名前 15 位的信托公司　单位：亿元

排名	2017 年		2016 年	
	信托公司	注册资本	信托公司	注册资本
1	重庆信托	150	重庆信托	128
2	平安信托	130	平安信托	120
3	中融信托	120	中信信托	100
4	昆仑信托	102.27	民生信托	70
5	中信信托	100	华信信托	66
6	民生信托	70	中融信托	60

续表

排名	2017年		2016年	
	信托公司	注册资本	信托公司	注册资本
7	华信信托	66	华润信托	60
8	五矿信托	60	新时代信托	60
9	华润信托	60	上海信托	50
10	新时代信托	60	兴业信托	50
11	交银信托	57.65	华能信托	42
12	中铁信托	50	新华信托	42
13	上海信托	50	中航信托	40.22
14	兴业信托	50	百瑞信托	40
15	中航信托	46.57	交银信托	37.65

二、全行业自营资产收益持续下滑

（一）全行业自营资产收入规模继续下行

继2016年信托行业自营业务收入规模降低后，2017年信托行业自营业务收入继续下行，降至373.98亿元，与2016年相比，下降5.43%。

表3－6显示了2007—2017年11年间信托全行业自营业务收入和变动幅度。

表3－6　2007—2017年信托全行业自营业务收入及变动幅度

年份	自营业务收入（亿元）	变动幅度（%）
2007	180.34	—
2008	86	－52.31
2009	116.11	35.01
2010	127.36	9.69
2011	139.62	9.63
2012	184.57	32.19
2013	225.61	22.24
2014	295.13	30.81
2015	494.85	67.67
2016	395.46	－20.08
2017	373.98	－5.43

图3-3为2007—2017年信托全行业自营业务收入规模和变动情况。整体来看，自2008年以来，信托全行业自营业务收入由86亿元稳步提升至373.98亿元，其中，2009年、2012年、2014年、2015年增长幅度均超过30%。但是，2016年出现了显著下滑，2017年则持续下滑。整体来看，鉴于国内金融去杠杆的持续，2016年和2017年信托行业自营业务的收入水平处在低位。

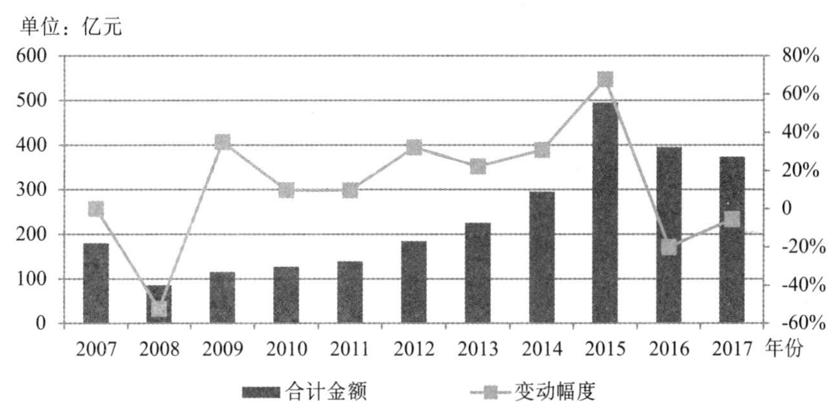

图3-3 2007—2017年信托全行业自营业务收入规模变动图

表3-7显示了2007—2017年11年间各家信托公司自营业务收入的均值和中位数情况。2017年全行业信托公司自营收入均值为5.5亿元，略低于2016年的5.82亿元，中位数则由3.91亿元小幅上升至4.10亿元。实际上，一定程度上反映了信托行业自营收入规模的行业集中度在下降。

表3-7 2007—2017年信托全行业自营业务收入均值和中位数 单位：亿元

年份	平均值	中位数
2007	3.54	1.67
2008	1.69	0.76
2009	2.15	1.32
2010	2.32	1.37
2011	2.18	1.17
2012	2.8	1.78
2013	3.31	2.1

续表

年份	平均值	中位数
2014	4.34	3.06
2015	7.27	4.12
2016	5.82	3.91
2017	5.5	4.1

图 3－4 为 2007—2017 年信托全行业 68 家信托公司自营收入的均值及中位数变化情况。整体来看，2008 年以来信托公司自营收入的均值和中位数基本保持了持续增长的趋势。其中，2014 年和 2015 年出现大幅上涨的趋势，但是均值在 2016 年出现了显著的下滑，2017 年基本与 2016 年持平，中位数则在 2017 年小幅上升。

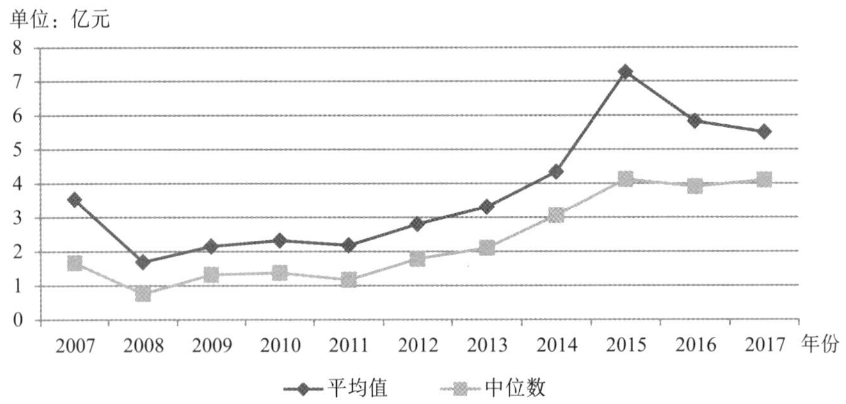

图 3－4　2007—2017 年信托公司自营业务收入均值及中位数变化趋势

（二）信托自营收入行业集中度持续大幅下降

表 3－8 显示了 2007—2017 年 11 年间信托全行业自营业务收入集中度的变化情况。2016 年为信托行业自营业务收入的行业集中度首次由升转降，2017 年则持续下降。2017 年的 CR4 为 23.34%，较 2016 年的 26.82% 降低 3.48 个百分点。2017 年的 CR8 为 36.18%，较 2016 年的 42.71% 降低 6.53 个百分点。2017 年的 CR10 为 41.12%，较 2016 年的 48.01% 降低 6.89 个百分点。

表 3－8　2007—2017 年信托全行业自营业务收入集中度情况　单位:%

年份	CR4	CR8	CR10
2007	33.98	52.31	59.21
2008	39.32	55.85	63.11
2009	34.26	50.45	56.1
2010	36.73	52.08	57.15
2011	33.46	51.75	56.93
2012	25.37	43.01	49.64
2013	24.17	40.96	47.17
2014	22.68	39.03	46.08
2015	33.4	46.74	51.18
2016	26.82	42.71	48.01
2017	23.34	36.18	41.12

图 3－5 显示了 2007—2017 年 11 年间信托全行业自营业务收入集中度的变化趋势。整体来看，信托全行业自营业务收入的集中度呈现下降趋势，2008 年最高，之后逐年下降，2015 年有小幅上升，2016 年又恢复下降趋势，2017 年则持续下降。其中，CR8 和 CR10 的下降趋势显著，2017 年的 CR8 和 CR10 达到了近 11 年的最低值。

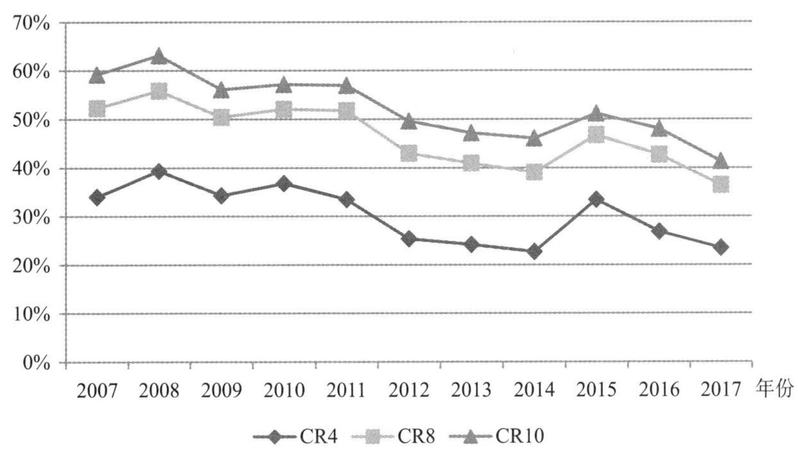

图 3－5　2007—2017 年信托公司自营业务收入集中度变化趋势

表3－9为2017年和2016年自营收入排名前15位的信托公司情况。2017年，自营业务收入排名前3位的信托公司依次是中融信托、平安信托、重庆信托，分别为26.70亿元、23.36亿元和21.09亿元，相较2016年大幅降低。2016年自营业务收入规模超过30亿元的为平安信托，而2017年无信托公司达到此值。2017年自营业务收入规模超过20亿元的为中融信托、平安信托和重庆信托共3家信托公司，而2016年有5家信托公司自营业务收入规模超过20亿元。

表3－9　2017年和2016年自营收入排名前15位的信托公司　单位：万元

排名	2017年		2016年	
	信托公司	自营收入	信托公司	自营收入
1	中融信托	267,016	平安信托	340,621.38
2	平安信托	233,574.53	中江信托	273,180.91
3	重庆信托	210,947.77	华润信托	233,259.27
4	华润信托	161,336.54	中融信托	213,745
5	中诚信托	132,085.15	重庆信托	205,599.35
6	中信信托	130,228.19	中信信托	156,283.84
7	民生信托	117,147.1	华信信托	147,205.57
8	江苏信托	100,693.19	中诚信托	119,243.71
9	华能信托	96,436.43	安信信托	115,187
10	粤财信托	88,538.56	江苏信托	94,346.79
11	兴业信托	87,401	四川信托	89,937.11
12	北京信托	85,326	西部信托	88,568.41
13	上海信托	76,581.7	中铁信托	81,516
14	建信信托	72,500.77	外贸信托	71,783.68
15	昆仑信托	70,480.09	北京信托	68,348

（三）信托自营收入占比总收入下降

表3－10显示了2007—2017年信托公司自营业务收入和占比总收入情况。全行业信托公司自营业务收入占总收入比重由2016年的34.62%显著下降至2017年的31.39%。

表 3－10　2007—2017 年信托公司自营业务收入和占比总收入情况

年份	自营业务收入（亿元）	占比（%）
2007	180.34	69.19
2008	86	48.95
2009	116.11	56.16
2010	127.36	44.47
2011	139.62	31.41
2012	184.57	28.43
2013	225.61	27
2014	295.13	30.56
2015	494.85	41.47
2016	395.46	34.62
2017	373.98	31.39

图 3－6 显示了 2007—2017 年信托公司自营业务收入和占比总收入的情况。整体来看，2007—2015 年信托全行业自营业务收入在稳步提升，而 2007—2013 年，自营业务收入占总收入比重持续下降，2014—2017 年整体维持持续上升趋势。

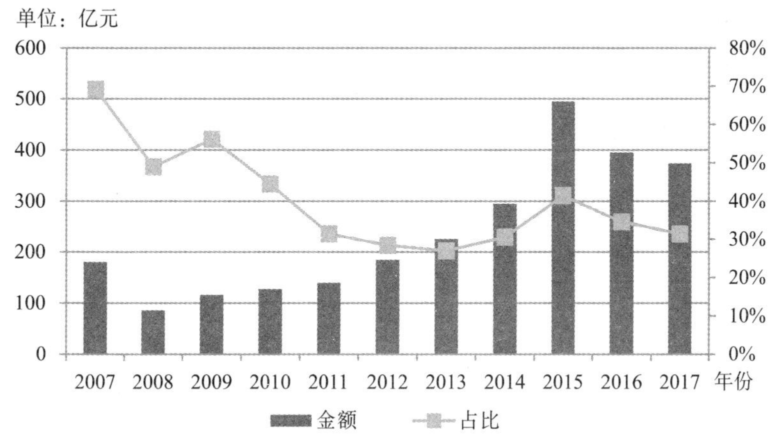

图 3－6　2007—2017 年信托公司自营业务收入和占比总收入变化趋势图

表 3－11 为 2017 年自营业务收入占总收入比重排名前 15 位的信托公司情况。排名前 5 位的信托公司分别是粤财信托、新华信托、中诚信托、华润

信托和中粮信托，分别为75.20%、69.73%、63.18%、61.24%和57.23%。整体来看，共有7家信托公司的自营业务收入占总收入比重超过50%。

表3-11　2017年自营业务收入占比排名前15位的信托公司

排名	信托公司	自有业务收入（万元）	自营业务收入占总收入比重（%）
1	粤财信托	88,538.56	75.2
2	新华信托	57,799.67	69.73
3	中诚信托	132,085.15	63.18
4	华润信托	161,336.54	61.24
5	中粮信托	64,478.14	57.23
6	国元信托	36,697.87	52.92
7	江苏信托	100,693.19	50.14
8	华澳信托	32,037.19	49.97
9	重庆信托	210,947.77	49.74
10	湖南信托	58,494	49.34
11	苏州信托	41,815	49.23
12	天津信托	63,866.39	49.08
13	吉林信托	22,810.09	47.79
14	中海信托	55,835.72	46.94
15	山西信托	15,959.27	46.23

（四）信托行业自营收益率[①]近11年来最低

表3-12为2007—2017年11年间，信托公司自营业务收益率的分布情况。2017年，尽管没有信托公司自营业务收益率在0以下，但有17家信托公司自营业务的收益率在0~5%，为近11年来最多的一年。2017年共有37家信托公司自营业务收益率在5%~10%，有11家信托公司自营业务收益率在10%~15%，仅有4家公司自营业务收益率超过15%。

图3-7显示了2013—2017年5年间信托行业自营业务收益率分布的变化情况。整体来看，2017年自营业务收益率低于5%的信托公司数目明显增

① 信托公司自营业务收益率=自营业务收入×2÷(年初净资产+年末净资产)

表3－12　　2007—2017年信托公司自营业务收益率分布　　单位：家

年份	30%（含）以上	20%（含）~30%	15%（含）~20%	10%（含）~15%	5%（含）~10%	0（含）~5%	0以下
2007	18	8	8	5	8	2	0
2008	2	4	7	10	15	9	4
2009	3	6	5	13	19	7	1
2010	0	2	5	17	26	5	0
2011	0	3	2	14	26	14	5
2012	1	1	5	20	29	10	0
2013	0	1	3	11	43	10	0
2014	1	0	6	14	38	8	1
2015	1	7	5	22	30	2	1
2016	2	0	4	13	36	13	0
2017	0	0	3	11	37	17	0

多，相应的自营业务收益率高于10%的信托公司数目明显减少。相较于2016年，收益率在30%以上内的信托公司减少了2家，收益率在20%～30%区间内的信托公司无变化，收益率在15%～20%区间内的信托公司减少了1家，收益率在10%～15%区间内的信托公司减少了2家，收益率在5%～10%区间内的信托公司增长了1家，收益率在0～5%区间内信托公司增长了4家，收益率在0以下的信托公司无变化。

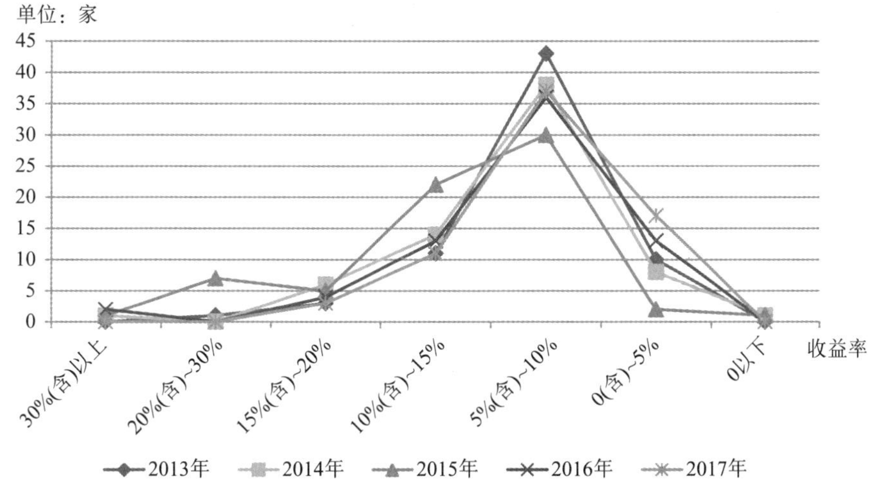

图3－7　2013—2017年信托行业自营业务收益率分布的变化趋势图

表3－13反映了信托公司收益率的整体水平，整体来看，2017年信托行业自营业务收益率有较大幅度的下滑。2017年信托行业自营收益率的均值为7.35%，较2016年的8.98%下降了2.63个百分点，2017年信托行业自营收益率的中位数为6.68%，较2016年的7.42%下降了0.74个百分点。

表3－13　2007—2017年68家信托公司自营业务收益率情况　单位：%

年份	最大值	最小值	中位数	均值
2007	76.67	0.75	23.73	29.83
2008	36.9	－5.91	9.83	10.7
2009	38.96	－3.62	9.76	12.83
2010	21.75	0.66	9.46	11.03
2011	26.89	－6.99	7.96	8.03
2012	33.63	0.57	9.27	9.64
2013	28.07	0.78	7.81	8.85
2014	40.05	－11.8	8.53	8.94
2015	38.36	－7.93	10.08	11.62
2016	42.18	1.27	7.42	8.98
2017	18.62	1.32	6.68	7.35

图3－8反映了2008—2017年信托公司自营业务收益率的均值和中位数变化的趋势情况。整体来看，2009年的收益率均值最高，之后连续两年下降，2011—2015年整体呈现上升趋势，而2016年和2017年有明显的下滑趋势。其中2017年全行业自营业务收益率的均值和中位数都达到近11年来的最低水平。

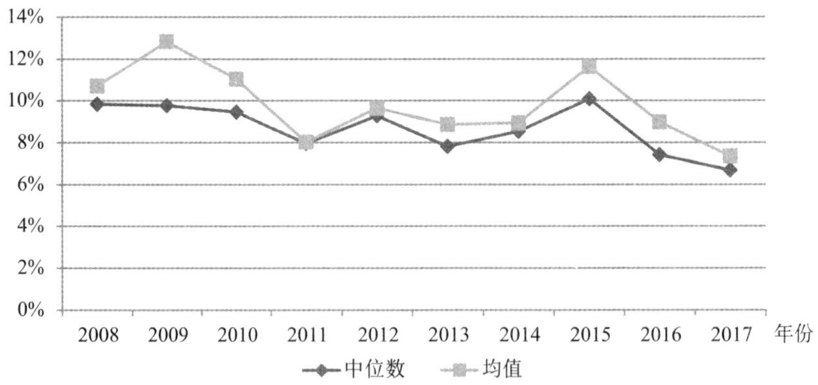

图3－8　2008—2017年信托行业自营业务收益率情况变化趋势图

从具体信托公司自营业务的收益率变化来看，行业排名靠前的信托公司自营业务收益率均有不同幅度的下降。表3－14显示了2017年和2016年信托行业自营业务收益率排名前15位的信托公司情况。2017年，自营业务收益率高于15%的仅有3家信托公司，分别是中融信托、粤财信托和中粮信托，分别为18.62%、17.14%和15.15%。自营业务收益率高于10%的仅有14家信托公司。

表3－14　　2017年和2016年信托行业自营业务收益率排名前15位的信托公司

单位：%

排名	2017年		2016年	
	信托公司	自营业务收益率	信托公司	自营业务收益率
1	中融信托	18.62	长城新盛信托	42.18
2	粤财信托	17.14	中江信托	39.9
3	中粮信托	15.15	中融信托	17.72
4	天津信托	14.9	四川信托	16.82
5	华澳信托	13.85	华信信托	15.26
6	中海信托	12.15	平安信托	15.04
7	湖南信托	11.71	中海信托	14.68
8	民生信托	11.17	华润信托	14.02
9	重庆信托	10.78	中铁信托	13.76
10	北京信托	10.73	粤财信托	13.32
11	万向信托	10.24	天津信托	13.23
12	金谷信托	10.14	重庆信托	11.88
13	华鑫信托	10.14	厦门信托	11.64
14	平安信托	10.06	安信信托	11.5
15	苏州信托	9.94	国投泰康信托	11.01

三、自营资产配置变化显著

（一）贷款及应收款占比持续上升，货币资产、交易性金融资产持续下降

根据68家信托公司公布的年报数据，将信托公司自营资产的运用分为货币资产、贷款及应收账款、交易性金融资产、可供出售金融资产、持有至到期投资、长期股权投资和其他资产运用共7类。在数据处理中，自营固定

资产、自营买入返售资产、自营金融资产和自营应收账款类投资归入自营其他资产。

表 3 -15 显示了 2017 年和 2016 年全行业信托公司自营资产的配置规模和占比情况。总体来看，2017 年各类资产配置情况较 2016 年均发生了不同程度的变化。其中，货币资产的占比由 2016 年的 12.61% 减少到 2017 年的 10.20%；贷款及应收款的占比由 2016 年的 12.06% 增加到 2017 年的 14.46%；交易性金融资产占比由 2016 年的 4.52% 略微减少到 2017 年的 4.45%；可供出售金融资产的占比由 2016 年的 42.31% 增长到 2017 年的 44.11%；持有至到期投资的占比由 2016 年的 2.07% 增加到 2017 年的 2.48%；长期股权投资的占比由 2016 年的 12.55% 增加到 2017 年的 13.48%；其他资产运用由 2016 年的 13.87% 减少到 2017 年的 10.74%。

表 3 -15　2017 年和 2016 年信托公司自营资产配置金额及占比*

资产运用	2017 年		2016 年	
	金额（亿元）	占比（%）	金额（亿元）	占比（%）
货币资产	640.75	10.2	715.31	12.61
贷款及应收款	908.5	14.46	683.91	12.06
交易性金融资产	279.64	4.45	256.55	4.52
可供出售金融资产	2,771.78	44.11	2,399.73	42.31
持有至到期投资	156.03	2.48	117.4	2.07
长期股权投资	847.09	13.48	711.66	12.55
其他资产运用	674.74	10.74	786.72	13.87
自营资产总计	6,284.46	100	5,671.29	100

注：2017 年安信信托、大业信托、山东信托 3 家信托公司未披露自营资产运用及投向分布，在统计中忽略以上样本，取余下的 65 家信托公司为样本。

2017 年，信托公司自营资金配置的情况如图 3 -9 所示。总体来看，信托公司自营资金配置比例最大的是可供出售金融资产（44.11%），其次是贷款及应收账款（14.46%），然后依次是长期股权投资（13.48%）、其他资产运用（10.74%）、货币资产（10.20%）、交易性金融资产（4.45%）和持有至到期投资（2.48%）。

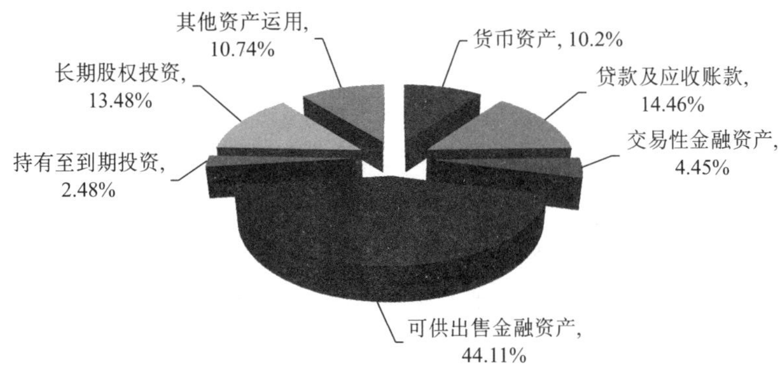

图3－9　2017年信托公司自营资产配置情况

图3－10显示2011—2017年7年间全行业信托公司自营资产配置分布的变化情况。整体来看，可供出售金融资产从2012年开始占比逐年显著上升，其占比从2012年的23.68%稳步增长到2017年的44.11%。相应的，其他类别的资产占比均有不同程度的减少。其中，长期股权投资的占比呈现不断降低趋势，其占比从2011年的占比24.77%逐步减少到2016年的12.55%，2017年占比提升至13.48%；货币资产的占比不断降低，从2011年的21.56%逐步减少到2017年的10.20%，在2017年降至最低值；其他资产的占比基本持平，从2011年的7.31%小幅增加到2016年的13.87%，2017年又降低至10.74%；贷款及应收款的占比7年间的变化区间为［12.06%，17.4%］；交易性金融资产的占比7年间的变化区间为［3.54%，6.3%］；持有至到期投资的占比7年间的变化区间为［2.07%，4.8%］。

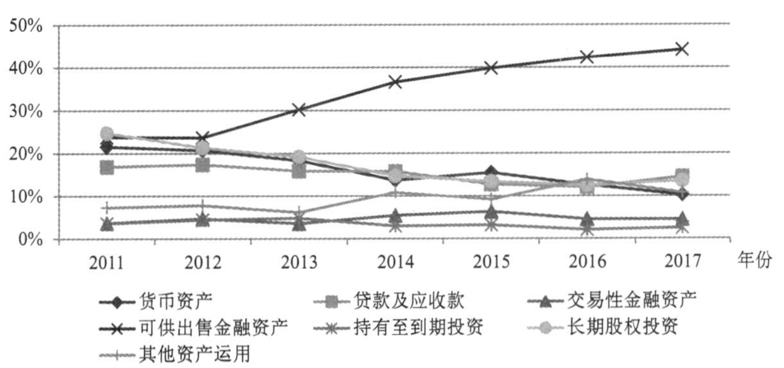

图3－10　2011—2017年信托公司自营资产配置比例变化图

（二）证券市场占比大幅降低，金融机构占比大幅增长

信托公司自营资产的投向分布主要包括基础产业、房地产业、证券市场、实业、金融机构和其他资产共 6 类。在数据处理中，信托公司年报披露的基础产业、房地产业、证券市场、实业、金融机构之外的自营投向归入自营其他资产。表 3 – 16 显示了 2017 年和 2016 年信托公司自营资产投向分布的规模和占比情况。整体来看，相较于 2016 年，2017 年自营资产投向发生了不同程度的变化。其中，基础产业的占比由 2016 年的 1. 22% 增加到 2017 年的 2. 10%；房地产业的占比由 2016 年的 4. 75% 增加到 2017 年的 5. 59%；证券市场占比由 2016 年的 13. 35% 减少到 2017 年的 10. 37%；实业的占比由 2016 年的 5. 49% 增加到 2017 年的 6. 58%；金融机构的占比由 2016 年的 44. 01% 增长到 2017 年的 50. 91%；其他资产由 2016 年的 31. 18% 减少到 2017 年的 24. 35%。

表 3 – 16　2017 年和 2016 年信托公司自营资产配置金额及占比

投向分布	2017 年		2016 年	
	金额（万元）	占比（%）	金额（万元）	占比（%）
基础产业	1, 320, 632. 26	2. 1	691, 602. 6	1. 22
房地产业	3, 515, 079	5. 59	2, 693, 738. 22	4. 75
证券市场	6, 517, 933. 61	10. 37	7, 570, 026. 56	13. 35
实业	4, 134, 607. 96	6. 58	3, 110, 917. 54	5. 49
金融机构	31, 993, 723. 2	50. 91	24, 959, 957. 41	44. 01
其他资产	15, 302, 597. 04	24. 35	17, 686, 642. 63	31. 18
合计	62, 844, 580. 12	100	56, 712, 884. 96	100

注：2017 年安信信托、大业信托、山东信托 3 家信托公司未披露自营资产运用及投向分布，在统计中忽略以上样本，取余下的 65 家信托公司为样本。

图 3 – 11 为 2017 年自营资金投向的占比情况，信托公司自营资产的投向分布主要包括基础产业、房地产业、证券市场、实业、金融机构和其他资产共 6 类。其中，投向金融机构的占比最大为 50. 91%，往下依次是其他资产（24. 35%）、证券市场（10. 37%）、实业（6. 58%）、房地产业（5. 59%）和基础产业（2. 10%）。

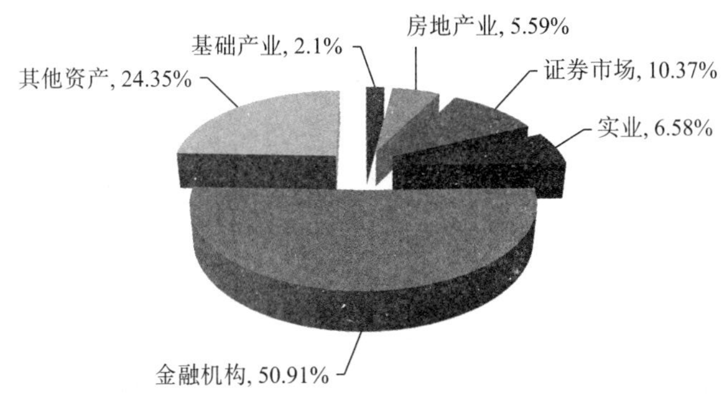

图 3－11　2017 年信托公司自营资产投向分布图

图 3－12 显示了 2011—2017 年 7 年间信托公司自营资产投向分布的变化情况。整体来看，金融机构的占比持续升高，而房地产业、实业和基础产业的占比较低。其中，金融机构的占比呈上升趋势，2017 年达到最高值即 50.91%；其他资产 2017 年的占比较 2016 年有所下降，降至 24.35%；证券市场的占比存在一定波动性，2015 年较高，2016 年则较低，为 13.35%，2017 年持续下降至 10.37%，为 7 年间的最低值；房地产业的占比变化区间为［4.75%，7.77%］，在 2016 年达到近 7 年来的最低水平后，2017 年略有回升；实业的占比变化区间为［4.45%，7.84%］，2015 年为最低值，2016 年有所回升，2017 年持续回升；基础产业则占比最低，且一直不断降低，2016 年达到最低水平后，2017 年略有回升。

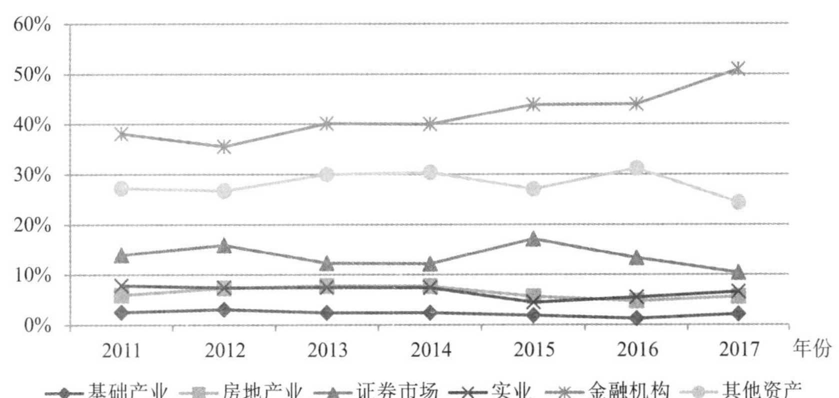

图 3－12　2011—2017 年信托公司自营资产投向比例变化图

四、业务管理费略有增加，资产减值损失维持高位

（一）自营资产的业务管理费略有增加

信托公司自营业务的营业支出主要包括营业税金及附加、业务管理费、资产减值损失和其他业务成本四类。其中业务及管理费情况反映了信托公司在业务经营和管理过程中所发生的各项费用，相当于非金融企业的销售费用和管理费用。2017年信托公司自营资产的规模持续扩张，但是信托公司的自营业务管理费仅略有增长。2017年自营业务管理费总额为248.98亿元，仅比2016年的241.39亿元增加了7.59亿元。2017年信托行业自营业务管理费的均值为3.77亿元，高于2016年，自营业务管理费的中位数为2.93亿元，高于2016年。表3-17反映了2011—2017年信托全行业自营业务管理费的变化情况。

表3-17　2011—2017年信托全行业自营业务管理费情况　单位：亿元

年份	合计金额	最大值	平均值	中位数	最小值
2011	102.91	13.42	1.61	0.98	0.12
2012	144.81	15.32	2.19	1.47	0.22
2013	182.92	18.52	2.69	1.9	0.4
2014	247.5	23.16	3.64	2.47	0.6
2015	241.13	24.37	3.55	2.44	0.44
2016	241.39	24.83	3.55	2.53	0.33
2017	248.98	20.16	3.77	2.93	0.3

注：吉林信托和山东信托年报未披露自营业务管理费，在统计中忽略以上样本，取余下的66家信托公司为样本。

图3-13为2011—2017年7年间信托行业自营业务及管理费的变化趋势情况。整体来看，随着信托行业的持续扩张，信托自营业务管理费也不断增长。但是，从2014年起，信托自营业务及管理费的均值及中位数变化不大，并没有出现显著增长。

（二）资产减值损失规模维持高位

2014年信托全行业的资产减值损失仅为2.90亿元；而2015年，上升为113.93亿元，资产减值损失额大幅度增长；2016年信托全行业的资产减

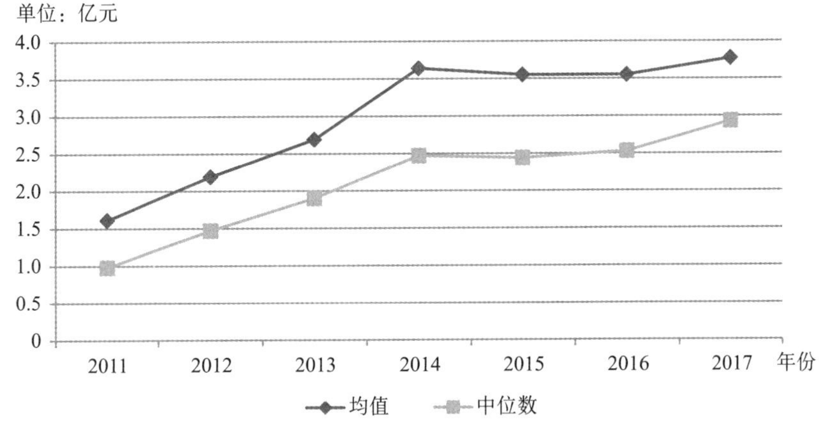

图 3－13　2011—2017 年信托行业自营业务管理费变化趋势

值损失总额为 42.27 亿元，维持在较高的水平；2017 年信托全行业的资产减值损失为 42.04 亿元，与 2016 年基本持平。表 3－18 为 2016 年和 2017 年信托行业自营资产减值损失规模排名前 15 位的信托公司情况。2017 年中信信托的资产减值损失规模最大，为 13.78 亿元，中原信托排名第 2（4.5 亿元），陕国投信托排名第 3（3.81 亿元），华融信托排名第 4（3.65 亿元），金谷信托排名第 5（2.7 亿元）。

表 3－18　　2017 年和 2016 年信托公司自营资产减值损失情况　　单位：万元

排名	2017 年		2016 年	
	信托公司	资产减值损失	信托公司	资产减值损失
1	中信信托	137,832.57	中铁信托	58,384.4
2	中原信托	44,951.5	天津信托	49,522.08
3	陕国投信托	38,104.13	华润信托	43,503.11
4	华融信托	36,448.25	五矿信托	38,244.13
5	金谷信托	27,023.12	中信信托	33,625.42
6	山东信托	22,845.8	华融信托	28,030.84
7	昆仑信托	22,147.47	外贸信托	24,634.1
8	天津信托	20,106.82	陆家嘴信托	21,993.76
9	中铁信托	19,971.25	新华信托	19,491
10	五矿信托	17,496.69	中原信托	17,750

续表

排名	2017年		2016年	
	信托公司	资产减值损失	信托公司	资产减值损失
11	长安信托	17,416.8	华鑫信托	11,730.48
12	新时代信托	15,906.75	方正信托	10,656.28
13	四川信托	8,219.49	中诚信托	9,367.19
14	渤海信托	7,441.73	北方信托	8,976.06
15	爱建信托	6,249.92	金谷信托	5,673.27

五、信托公司自营负债率持续上升

（一）2017年全行业自营资产负债率超过20%

表3－19为2011—2017年7年间信托全行业自营总资产、净资产及负债情况。伴随着信托行业的快速发展，信托全行业的自营总资产、净资产和负债规模均不断提升。全行业自营总资产规模从2011年的1,815.77亿元增长到2017年的6,470.88亿元，与此同时，全行业自营负债规模从2011年的198.81亿元增长到2017年的1,344.87亿元，自营的负债率也提升至20.78%，达到7年来的新高。尽管，信托公司自营负债率持续上升，但是，相较于银行、保险、券商等，信托公司自营的杠杆率依然处于较低水平。

表3－19　2011—2017年自营净资产、总资产、负债情况

年份	净资产（亿元）	总资产（亿元）	负债（亿元）	负债率（%）
2011	1,616.96	1,815.77	198.81	10.94
2012	2,030.82	2,293.48	262.66	11.45
2013	2,548.57	2,854.06	305.49	10.7
2014	3,197.24	3,601.63	404.38	11.23
2015	3,810.21	4,646.78	836.57	18
2016	4,481.92	5,568.47	1086.55	19.51
2017	5,126.02	6,470.88	1344.87	20.78

图3－14为2011—2017年7年间的信托公司净资产、总资产和负债率变化趋势情况。整体来看，净资产、总资产规模都稳步提升。但是，信托自营资产的负债率在2011—2014年处于平稳状态，2015—2017年则显著提

升，2017年达到最高值20.78%。

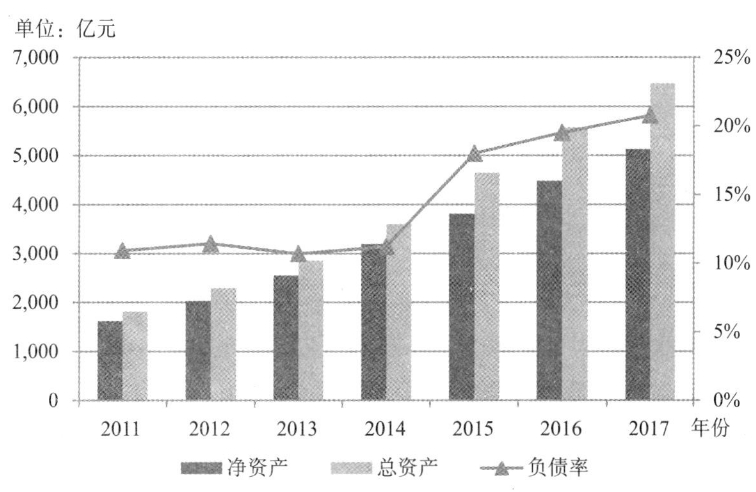

图3-14　2011—2017年信托行业资产及负债率变化趋势图

表3-20显示了2017年和2016年信托公司自营负债规模排名前15位的信托公司情况。2017年自营负债规模最大的5家信托公司由大到小依次为重庆信托（74.53亿元）、安信信托（64.14亿元）、中海信托（59.73亿元）、中诚信托（55.49亿元）和中铁信托（52.40亿元）。

表3-20　2017年和2016年自营负债规模排名前15位的信托公司　单位：万元

排名	2017年		2016年	
	信托公司	负债规模	信托公司	负债规模
1	重庆信托	745,329.27	重庆信托	728,462.79
2	安信信托	641,354.9	中海信托	628,583.32
3	中海信托	597,260.82	中融信托	575,236.71
4	中诚信托	554,902.39	中铁信托	473,597.65
5	中铁信托	523,959.74	安信信托	413,516.72
6	中融信托	511,783.24	中信信托	410,135.44
7	中信信托	500,770.7	中诚信托	375,009.57
8	上海信托	440,191.33	华能信托	373,699.61
9	兴业信托	417,686.79	平安信托	360,188.69
10	平安信托	399,361.7	华融信托	339,101.15

续表

排名	2017 年		2016 年	
	信托公司	负债规模	信托公司	负债规模
11	山东信托	375, 450. 7	上海信托	320, 528. 32
12	外贸信托	357, 908. 26	吉林信托	279, 225. 98
13	华宝信托	331, 138. 91	新时代信托	271, 825. 32
14	华润信托	324, 946. 35	民生信托	271, 454. 8
15	华融信托	296, 372. 71	中航信托	240, 618. 97

（二）预收账款大幅降低，预计负债、其他应付款及其他负债大幅上升

表 3－21 显示了 2015—2017 年 3 年间全行业信托公司主要自营负债项目金额及占比变化情况。整体来看，预收账款占比由 2016 年的 9. 82% 降低至 2017 年的 4. 43%。而预计负债、其他应付款及其他负债大幅上升。2017 年，从自营负债的细分科目来看，规模最大的依然是其他负债，规模为 485. 73 亿元，较 2016 年的 33. 15 亿元大幅增长，占比由 8. 68% 上升至 33. 45%。预计负债的规模有所上升，由 2016 年的 1. 68 亿元上升至 2017 年的 23. 93 亿元。应付职工薪酬的规模由 2016 年的 104. 42 亿元增加至 2017 年的 177. 21 亿元，占比则由 2016 年的 27. 34% 减少至 2017 年的 12. 20%。其他科目变化不大。

表 3－21　2015—2017 年主要自营负债项目金额及其占比情况

负债项目	2017 年		2016 年		2015 年	
	金额（亿元）	占比（%）	金额（亿元）	占比（%）	金额（亿元）	占比（%）
向中央银行借款	42. 9	2. 95	0. 4	0. 1	0. 4	0. 04
代理业务	0. 16	0. 01	0. 16	0. 04	0. 16	0. 02
拆入资金	100. 95	6. 95	15. 4	4. 03	113. 86	10. 48
预收账款	64. 26	4. 43	37. 5	9. 82	71. 12	6. 55
应付职工薪酬	177. 21	12. 2	104. 42	27. 34	163. 32	15. 03
应交税费	117. 55	8. 1	89. 46	23. 43	104. 37	9. 61
应付利息	1. 16	0. 08	0	0	0. 57	0. 05
应付股利	8. 59	0. 59	19. 39	5. 08	22. 38	2. 06

续表

负债项目	2017年		2016年		2015年	
	金额（亿元）	占比（%）	金额（亿元）	占比（%）	金额（亿元）	占比（%）
其他应付款	244.44	16.83	41.16	10.78	146.13	13.45
预计负债	23.93	1.65	1.68	0.44	31.06	2.86
应付账款	0.02	0	0.03	0.01	1.72	0.16
递延所得税负债	32.29	2.22	39.15	10.25	43.73	4.02
其他负债	485.73	33.45	33.15	8.68	387.74	35.68

表3－22显示了2017年、2016年信托公司计提预计负债情况。整体来看，2017年共有10家信托公司计提预计负债，相较于2016年少1家。2017年计提预计负债规模排名前5位的信托公司依次是中江信托（8.21亿元）、天津信托（5.13亿元）、华润信托（5.12亿元）、安信信托（4.03亿元）和四川信托（2.89亿元）。

表3－22　2017年和2016年信托公司自营资产计提预计负债情况　单位：万元

排名	2017年		2016年	
	信托公司	预计负债	信托公司	预计负债
1	中江信托	82,112	华润信托	139,281.5
2	天津信托	51,290	安信信托	44,064.05
3	华润信托	51,191.98	中江信托	38,382.59
4	安信信托	40,315.11	百瑞信托	21,447.13
5	四川信托	28,866	北方信托	19,333.8
6	山西信托	14,868.12	天津信托	15,000
7	大业信托	13,200	山西信托	14,498.3
8	中航信托	4,564.96	粤财信托	10,000
9	华宸信托	2,530.78	湖南信托	4,044
10	厦门信托	1,506	四川信托	3,000
11	—	—	华宸信托	1,578.26
合计	—	290,444.95	—	310,629.6

（三）7家信托公司杠杆率超过1.5倍

从信托全行业的杠杆率[①]水平来看，2011—2014年信托全行业的杠杆率水平维持在1.13左右，2015年的杠杆率有了显著提升，达到1.22，随后2016年和2017年继续小幅提升（见图3-15）。尽管如此，相较于证券等其他金融行业，信托公司的杠杆率水平依然处于较低的水平。

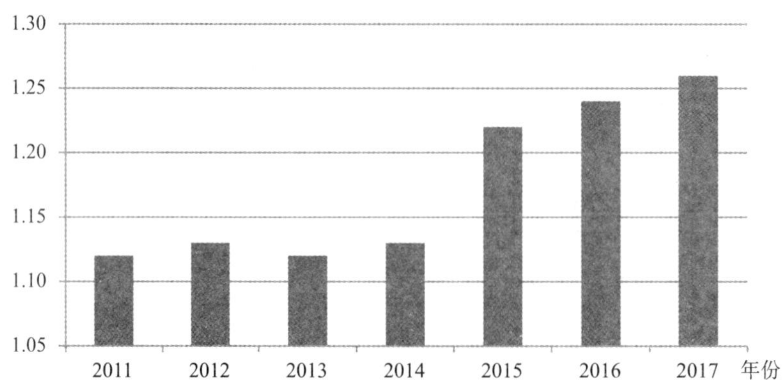

图3-15　2011—2017年信托行业自营资产杠杆率变化图

表3-23显示了2017年和2016年信托公司自营资产杠杆率的排名情况。2017年，杠杆率排名前5位的信托公司依次是中海信托、国民信托、长城新盛信托、吉林信托和中铁信托，杠杆率分别为2.258、1.765、1.758、1.732和1.685。共有7家信托公司的杠杆率高于1.5倍。

表3-23　　2017年和2016年自营资产杠杆率排名前15位的信托公司

排名	2017年		2016年	
	信托公司	杠杆率	信托公司	杠杆率
1	中海信托	2.258	中海信托	2.413
2	国民信托	1.765	吉林信托	1.728
3	长城新盛信托	1.758	国民信托	1.727
4	吉林信托	1.732	中铁信托	1.726
5	中铁信托	1.685	华澳信托	1.693
6	万向信托	1.669	湖南信托	1.526

① 此处杠杆率的计算公式为“杠杆率=自营总资产÷净资产”。

续表

排名	2017年		2016年	
	信托公司	杠杆率	信托公司	杠杆率
7	爱建信托	1.572	华融信托	1.5
8	华宝信托	1.459	万向信托	1.486
9	陆家嘴信托	1.432	中融信托	1.449
10	华澳信托	1.417	长城新盛信托	1.429
11	山东信托	1.41	中建投信托	1.407
12	外贸信托	1.4	大业信托	1.407
13	安信信托	1.396	重庆信托	1.395
14	浙金信托	1.393	中航信托	1.381
15	天津信托	1.381	新时代信托	1.369

六、信托公司长期股权投资情况

本部分基于68家信托公司公布的2017年年报数据，选取各家信托公司中自营资金投资金额排名前5位的长期股权投资汇总。整体来看，2017年银行、证券公司和基金公司仍为信托公司自营投资的主要目标，同时也为信托公司贡献的投资收益较多。此外，自营资金主要投向还是以金融和类金融机构为主，如资产管理公司、融资租赁、保理公司等。

（一）信托公司参股银行

表3-24显示了2017年信托公司参股银行的情况。截至2017年末，共有14家信托公司参股银行，相较于2016年的12家信托公司多了2家。2017年参股银行比例不低于10%的共有4家，分别为重庆信托参股重庆三峡银行股份有限公司（28.99%的股权），重庆信托参股合肥科技农村商业银行股份有限公司（24.99%的股权），湖南信托参股华融湘江银行股份有限公司（20%的股权），吉林信托参股吉林德惠农村商业银行股份有限公司（10%的股权）。从披露的投资收益来看，江苏信托投资江苏银行股份有限公司的投资收益最高，为9.18亿元；重庆信托投资重庆三峡银行股份有限公司的收益排名第2，为5.25亿元；中原信托投资郑州银行股份有限公司的收益排名第3，为1.89亿元。

表3-24　　2017年信托公司参股银行情况

信托公司	参股银行	持股比例（%）	投资收益（万元）
重庆信托	重庆三峡银行股份有限公司	28.99	52,537.34
重庆信托	合肥科技农村商业银行股份有限公司	24.99	18,014.46
湖南信托	华融湘江银行股份有限公司	20	32,558
吉林信托	吉林德惠农村商业银行股份有限公司	10	1,250
山西信托	长治银行股份有限公司	9.97	2,216.61
中融信托	哈尔滨农村商业银行股份有限公司	9.9	4,629.41
吉林信托	九台农村商业银行	9.61	11,487.89
国联信托	无锡农村商业银行股份有限公司	9	2,495
江苏信托	江苏银行股份有限公司	7.73	91,836.65
北方信托	天津津南村镇银行股份有限公司	6.67	40
百瑞信托	河南汴京农村商业银行股份有限公司	6.64	246.08
国联信托	江苏宜兴农村商业银行股份有限公司	6.35	345
江苏信托	江苏民丰农村商业银行股份有限公司	6	324
江苏信托	江苏如皋农村商业银行股份有限公司	4.99	216
中原信托	郑州银行股份有限公司	4.5	18,934.27
中航信托	新余农村商业银行股份有限公司	4.42	297
中航信托	南昌农村商业银行股份有限公司	4.42	177.27
安信信托	营口银行股份有限公司	4.27	—
山东信托	德州银行股份有限公司	3.42	—
北方信托	天津滨海农村商业银行股份有限公司	2.86	—
百瑞信托	郑州银行股份有限公司	2.16	2,523.34
吉林信托	吉林银行股份有限公司	1.42	1,000

（二）信托公司参股证券公司

表3-25显示了信托公司参股证券公司的情况。2017年共有12家信托公司参股证券公司。参股证券公司比例超过20%的有：四川信托参股宏信证券有限责任公司60.37%的股权；平安信托参股平安证券有限责任公司55.66%的股权；华润信托参股国信证券股份有限公司25.15%的股权；国联信托参股国联证券股份有限公司20.51%的股权。

表3-25　2017年12家信托公司参股证券公司持股占比及投资收益情况

信托公司	参股证券公司	持股占比（%）	投资收益（万元）
四川信托	宏信证券有限责任公司	60.37	12,075.23
平安信托	平安证券有限责任公司	55.66	—
华润信托	国信证券股份有限公司	25.15	115,055.1
国联信托	国联证券股份有限公司	20.51	7,412
华宝信托	华宝证券有限责任公司	16.93	158.17
国元信托	国元证券股份有限公司	13.54	18,153.55
中诚信托	国都证券有限责任公司	13.33	9,694.98
吉林信托	东北证券股份有限公司	11.8	2,760.74
中铁信托	华西证券股份有限公司	4.67	1,425
中航信托	天风证券股份有限公司	4.29	—
英大信托	英大证券有限责任公司	3.33	55.32
紫金信托	南京证券股份有限公司	0.35	87.36

从年报披露的投资收益来看，华润信托投资国信证券股份有限公司收益最高，为11.50亿元；国元信托投资国元证券股份有限公司的投资收益排名第2位，为1.81亿元；四川信托投资宏信证券有限责任公司的收益排名第3位，为1.21亿元。

（三）信托公司参股保险公司

表3-26显示了信托公司参股保险公司的情况。2017年，共有7家信托公司参股保险公司，与2016年持平，参股保险公司比例超过10%的为：国民信托参股汇丰人寿保险有限公司50.00%的股权；中泰信托参股都邦财产保险股份有限公司19.07%的股权；江苏信托参股利安人寿保险股份有限公司10.85%的股权。

表3-26　2017年信托公司保险证券公司情况

信托公司	参股保险公司	持股占比（%）	投资收益（万元）
国民信托	汇丰人寿保险有限公司	50	—
中泰信托	都邦财产保险股份有限公司	19.07	206.04
江苏信托	利安人寿保险股份有限公司	10.85	—
山东信托	泰山财产保险股份有限公司	9.85	—
北方信托	渤海财产保险股份有限公司	6.77	—
吉林信托	中融人寿保险股份有限公司	6.15	—
爱建信托	天安保险股份有限公司	0.12	—

从年报披露的投资收益来看，仅中泰信托参股都邦财产保险股份有限公司 2017 年获得 206.04 万元收益。

（四）信托公司参股信托公司

表 3－27 显示了信托公司参股信托公司的情况。与 2016 年一样，仅有 1 家信托公司参股信托公司，即中海信托参股四川信托，持股比例为 30.25%，2016 年投资收益为 2.39 亿元。

表 3－27　　2017 年信托公司参股信托公司情况

信托公司	参股信托公司	持股比例（%）	投资收益（万元）
中海信托	四川信托有限公司	30.25	23,869.41

（五）信托公司参股期货公司

表 3－28 显示了 2017 年信托公司参股期货公司的情况。2017 年共有 6 家信托公司参股保险公司，与 2016 年持平，参股期货公司比例超过 50% 的为：兴业信托持股兴业期货有限公司 100% 的股权；建信信托参股建信期货有限责任公司 80% 的股权。

表 3－28　　2017 年信托公司参股期货公司情况

信托公司	参股信托公司	持股比例（%）	投资收益（万元）
兴业信托	兴业期货有限公司	100	—
建信信托	建信期货有限责任公司	80	273.35
外贸信托	冠通期货经纪有限公司	48.72	1,233.34
中海信托	国联期货股份有限公司	39	1,792.8
东莞信托	华联期货有限公司	25.02	630.91
英大信托	英大期货有限公司	23	—

从年报披露的投资收益来看，中海信托参股国联期货股份有限公司 2017 年获得投资收益 1792.80 万元，外贸信托参股冠通期货经纪有限公司 2017 年获得 1233.34 万元收益。

（六）信托公司参股基金公司

表 3－29 显示了 2017 年信托公司参股基金公司的情况。2017 年共有 25 家信托公司参股 27 家基金公司。参股基金公司持股比例均超过 50% 的分别为中铁信托持有宝盈基金管理有限公司 75% 的股权；平安信托持有平安大

华基金管理有限公司 60.7% 的股权；国投泰康信托持有国投瑞银基金管理有限公司 51% 的股权；华宝信托持有华宝兴业基金管理有限公司 51% 的股权；华润信托持有华润元大基金管理有限公司 51% 的股权；厦门信托持有圆信永丰基金管理有限公司 51% 的股权；山西信托持有汇丰晋信基金管理有限公司 51% 的股权；上海信托持有上投摩根基金管理有限公司 51% 的股权。

表 3－29　　2017 年信托公司参股基金公司情况

信托公司	参股信托公司	持股比例（%）	投资收益（万元）
中铁信托	宝盈基金管理有限公司	75	3,000
平安信托	平安大华基金管理有限公司	60.7	—
国投泰康信托	国投瑞银基金管理有限公司	51	6,120
华宝信托	华宝基金管理有限公司	51	8,014.29
华润信托	华润元大基金管理有限公司	51	—
厦门信托	圆信永丰基金管理有限公司	51	0
山西信托	汇丰晋信基金管理有限公司	51	4,678.69
上海信托	上投摩根基金管理有限公司	51	11,526
中泰信托	大成基金管理有限公司	50	11,150.46
英大信托	英大基金管理有限公司	49	—
中信信托	中信保诚基金管理有限公司	49	54,266.07
重庆信托	益民基金管理有限公司	49	—
山东信托	泰信基金管理有限公司	45	—
中海信托	中海基金管理有限公司	41.59	－9,680.81
华宸信托	华宸未来基金管理有限公司	40	－1,643.6
外贸信托	诺安基金管理公司	40	11,077.42
中诚信托	嘉实基金管理有限公司	40	44,224.01
新华信托	新华基金管理有限公司	35.31	4,398.65
国元信托	金信基金管理有限公司	31	－389.19
长安信托	长安基金管理有限公司	29.63	1,310.23
外贸信托	宝盈基金管理公司	25	1,260.67
粤财信托	易方达基金管理有限公司	25	34,980.81

续表

信托公司	参股信托公司	持股比例（%）	投资收益（万元）
昆仑信托	国联产业投资基金管理（北京）有限公司	20.83	-122.39
北方信托	长城基金管理有限公司	17.65	882.35
中原信托	长城基金管理有限公司	17.65	882.35
天津信托	天弘基金管理有限公司	16.8	44,512.03
山东信托	富国基金管理有限公司	16.68	5,502.8
厦门信托	南方基金管理有限公司	15	14,100
国元信托	安徽国元基金管理有限公司	12.5	-5.03

从年报披露的投资收益来看，中信信托投资中信保诚基金管理有限公司的收益排名第1位，为5.43亿元；天津信托投资天弘基金管理有限公司的收益排名第2位，为4.45亿元；中诚信托投资嘉实基金管理有限公司的收益排名第3位，为4.42亿元；粤财信托投资易方达基金管理有限公司的收益排名第4位，为3.5亿元；中泰信托投资大成基金管理有限公司的收益排名第5位，为1.11亿元。

（七）信托公司参股其他公司情况

表3-30显示了信托公司参股其他金融企业的情况。其中，持股比例超过90%的有：华融信托持有华融发展投资有限公司100%的股权，华融信托持有华融（克拉玛依）发展投资管理有限公司100%的股权，华润信托持有深圳红树林创业投资有限公司100%的股权，建信信托持有建信（北京）投资基金管理公司100%的股权，交银信托持有交银国信资产管理有限公司100%的股权，平安信托持有深圳市平安创新资本投资有限公司100%的股权，山西信托持有太原晋信卓惠城建投资中心（有限合伙）100%的股权，上海信托持有上信资产管理有限公司100%的股权，兴业信托持有兴业国信资产管理有限公司100%的股权，长城新盛信托持有新疆长城创新投资管理有限公司100%的股权，中诚信托持有北京三侨物业管理有限责任公司100%的股权，中信信托持有中信聚信（北京）资本管理有限公司100%的股权，中信信托持有中信信惠国际资本有限公司100%的股权，建信信托持有建信平潭股权投资合伙企业99.5%的股权，山西信托持有山西卓融投资有限公司98%的股权，四川信托持有四川川信物业管理有限责任公司95%

的股权。

表 3－30　　2017 年信托公司参股其他公司情况

信托公司	参股金融企业名称	持股比例（%）	投资收益（万元）
华融信托	华融发展投资有限公司	100	0
华融信托	华融（克拉玛依）发展投资管理有限公司	100	0
华润信托	深圳红树林创业投资有限公司	100	—
建信信托	建信（北京）投资基金管理公司	100	0
交银信托	交银国信资产管理有限公司	100	—
平安信托	深圳市平安创新资本投资有限公司	100	104，000
山西信托	太原晋信卓惠城建投资中心（有限合伙）	100	0
上海信托	上信资产管理有限公司	100	0
兴业信托	兴业国信资产管理有限公司	100	27，000
长城新盛信托	新疆长城创新投资管理有限公司	100	0
中诚信托	北京三侨物业管理有限责任公司	100	0
中信信托	中信聚信（北京）资本管理有限公司	100	0
中信信托	中信信惠国际资本有限公司	100	0
建信信托	建信平潭股权投资合伙企业	99.5	－9.79
山西信托	山西卓融投资有限公司	98	0
四川信托	四川川信物业管理有限责任公司	95	0
中建投信托	宁波梅山保税港区如创股权投资合伙企业（有限合伙）	69.33	0
平安信托	平安利顺国际货币经济有限责任公司	67	3，015
上海信托	上海国利货币经纪有限公司	67	6，700
长安信托	上海淳璞投资管理中心（有限合伙）	62.5	—
昆仑信托	北京昆仑创元投资管理有限公司	51	—
建信信托	建信股权投资基金（有限合伙）	50.91	1，221.1
国元信托	合肥海臻房地产有限责任公司	50	0
杭工商信托	杭州万科蓝桂投资管理有限公司	50	23.26
杭工商信托	杭州蓝迪投资管理有限公司	50	62.89
建信信托	海南建银建信专项基金一号合伙企业	49.96	－2.81
北京信托	天津京津文化传媒发展有限公司	49	0

续表

信托公司	参股金融企业名称	持股比例（%）	投资收益（万元）
中融信托	深圳铧融股权投资基金管理有限公司	49	8.49
重庆信托	国泓资产管理有限公司	49	—
百瑞信托	郑州百瑞创新资本创业投资有限公司	48	—
中信信托	天津信唐货币经纪有限责任公司	48	4,388.59
昆仑信托	融源广达（天津）股权投资管理合伙企业（有限合伙）	47.5	-391.19
杭工商信托	鸿杭投资管理（杭州）有限公司	47	-0.06
华澳信托	重庆易用物资有限公司	45.33	—
华澳信托	永泰能源股份有限公司	45.33	—
国投泰康信托	国投万和资产管理有限公司	45	-974
昆仑信托	海通昆仑股权投资管理（上海）有限公司	45	147.2
苏州信托	苏州保信商业保理有限公司	45	216
中信信托	中信信诚资产管理有限公司	45	37,537.46
苏州信托	苏州苏信元和股权投资有限公司	42.86	-0.4
中诚信托	北京银汉兴业创业投资中心（有限合伙）	42.55	1,640.71
杭工商信托	杭州杭信惠宸投资管理有限公司	42.5	-1.73
北京信托	天津众创资产管理有限公司	40	0
长安信托	西安财金合作发展基金投资管理有限公司	40	-214.34
长安信托	青岛溢源润达投资管理有限公司	40	1.46
中诚信托	北京丰悦泰和股权投资合伙企业（有限合伙）	40	-100.56
中融信托	上海融欧股权投资基金管理有限公司	40	18.98
北京信托	中合供销（上海）股权投资基金管理有限公司	40	200
华信信托	大通证券股份有限公司	37.42	5,358.55
爱建信托	柏瑞爱建资产管理（上海）有限公司	35.67	-56.39
安信信托	大童保险销售服务有限公司	35	—
杭工商信托	德清润桂投资管理合伙企业（有限合伙）	35	-19.17
昆仑信托	安阳中油销售有限责任公司	34	350.05
国元信托	安徽国滨物业管理有限公司	30	-30
山东信托	山东豪沃汽车金融有限公司	30	—

续表

信托公司	参股金融企业名称	持股比例（%）	投资收益（万元）
中铁信托	上海中胜达资产管理公司	30	-1，402
中建投信托	国泰元鑫资产管理有限公司	24.3	1，318.32
北方信托	长城嘉信资产管理有限公司	22	455.05
山西信托	山西农业产业发展基金（有限合伙）	20.25	0
厦门信托	厦门华夏国际电力发展有限公司	20	-46
爱建信托	天堂硅谷银嘉股权投资合伙企业（有限合伙）	17.46	—
百瑞信托	广发信德（珠海）医疗产业投资中心（有限合伙）	16.86	—
百瑞信托	中金佳盟（天津）股权投资基金合伙企业（有限合伙）	16.43	2，339.29
中原信托	上海临芯投资管理有限公司	15	0
江苏信托	江苏国投衡盈创业投资中心（有限合伙）	14.12	—
长安信托	西安股权托管交易中心有限公司	13.16	-56.12
中融信托	中国信托业保障基金有限责任公司	13.04	12，297.32
重庆信托	中国信托业保障基金有限责任公司	13.04	12，243.91
爱建信托	上海正浩资产管理有限公司	12.75	—
英大信托	山东阳谷电缆股份有限公司	11.32	—
交银信托	中国航油集团财务有限公司	10	—
中原信托	洛银金融租赁股份有限公司	10	2，084.37
中原信托	河南资产管理有限公司	10	141.71
华澳信托	浙江博安投资管理有限公司	9.34	—
中航信托	中国信托业保障基金有限责任公司	8.7	4，800
爱建信托	上海汇付互联网金融信息创业股权投资中心（有限合伙）	6.45	—
交银信托	陕西煤业化工集团财务有限公司	6.07	—
中铁信托	中国信托业保障基金有限责任公司	4.35	2，400
上海信托	中国信托登记有限责任公司	3.33	0
中航信托	中国信托登记有限责任公司	3.33	0
华融信托	新疆金新信托投资股份有限公司	0.9	0
英大信托	云南煤化工集团有限公司	0.59	—

续表

信托公司	参股金融企业名称	持股比例（%）	投资收益（万元）
中融信托	中国信托登记有限责任公司	0.0333	184.3
陕国投信托	宁波梅山保税港区鼎石投资管理有限公司	—	-3.74
陕国投信托	前海鹏安健康产业股权投资基金管理（深圳）有限公司	—	-32.12

七、信托公司自营资产关联交易情况

（一）自营资产与关联方交易规模与去年持平

2017年信托全行业自营资产与关联方交易期末数总额为384.26亿元，与2016年的399.82亿元基本持平。表3-31显示了2017年和2016年信托公司自营资产与关联方交易期末数排名前15位的情况。2016年平安信托的自营资产与关联方交易期末数最大为58.43亿元，华信信托排名2为56.82亿元，中融信托排名3为49.24亿元，重庆信托排名4为48.81亿元，中信信托排名5为33.34亿元。

表3-31　2017年和2016年自营资产与关联方交易期末数前15位的信托公司

单位：万元

排名	2017年		2016年	
	信托公司	自营资产与关联方交易期末数	信托公司	自营资产与关联方交易期末数
1	平安信托	584,372.37	平安信托	579,924.92
2	华信信托	568,176.41	中融信托	493,520
3	中融信托	492,367.93	光大兴陇信托	490,843.83
4	重庆信托	488,085	重庆信托	458,085
5	中信信托	333,407.84	华信信托	456,719.41
6	中诚信托	276,134.44	中信信托	338,137.21
7	长安信托	233,834.59	长安信托	295,462.66
8	光大兴陇	194,962.55	中诚信托	289,063.45
9	建信信托	170,208.87	兴业信托	163,506.83
10	北京信托	110,062	国投泰康信托	90,948.27

续表

排名	2017年		2016年	
	信托公司	自营资产与关联方交易期末数	信托公司	自营资产与关联方交易期末数
11	国投泰康信托	76,339.47	新华信托	78,049.29
12	厦门信托	56,339	上海信托	77,656.37
13	华润信托	50,159.53	华润信托	74,807.54
14	金谷信托	46,004.25	山东信托	68,419.35
15	华融信托	45,907.3	北京信托	54,477

（二）自营资产与信托交易规模加速增长

2017年信托全行业自营资产与信托关联交易期末数总额为1,788.95亿元，2016年信托全行业自营资产与信托关联交易期末数总额为1,350.27亿元，而2015年仅有399.82亿元。自营资产与信托交易规模加速增长。表3－32显示了2017年和2016年信托公司自营资产与信托交易期末数排名前15位的情况。2017年重庆信托的自营资产与关联方交易期末数最大，为127.66亿元。五矿信托排名第2，为105.59亿元。上海信托排名第3，为87.87亿元。昆仑信托排名第4，为85.84亿元。中航信托排名第5，为75.18亿元。

表3－32　2017年和2016年自营资产与信托交易期末数前15位的信托公司

单位：万元

排名	2017年		2016年	
	信托公司	自营资产与信托交易期末数	信托公司	自营资产与信托交易期末数
1	重庆信托	1,276,577	新时代信托	1,004,032
2	五矿信托	1,055,941.8	重庆信托	671,744
3	上海信托	878,676.04	上海信托	621,882.47
4	昆仑信托	858,371.42	民生信托	544,474.1
5	中航信托	751,753.66	华融信托	517,170
6	外贸信托	741,541.2	中建投信托	505,450
7	华润信托	670,290.92	安信信托	443,000
8	兴业信托	659,816.08	华宝信托	410,921
9	华融信托	634,387	中信信托	394,053.72

续表

排名	2017年		2016年	
	信托公司	自营资产与信托交易期末数	信托公司	自营资产与信托交易期末数
10	民生信托	544, 778	陆家嘴信托	391, 322. 89
11	华宝信托	532, 428	山东信托	389, 174
12	中建投信托	512, 291. 8	中航信托	383, 585. 81
13	中诚信托	492, 894. 91	兴业信托	335, 969. 36
14	山东信托	469, 532	外贸信托	334, 781
15	交银信托	468, 520	东莞信托	323, 898. 95

2017年信托公司年报分析之四：人力资源篇

百瑞观点：

- 截至2017年末，信托行业从业人员达到20,142人，人数明显增加
- 从业人员增速和信托业务收入增速之间存在较强的相关性
- 增员呈现出年龄集中化、高学历化和服务于业务质量提升三大特征
- 新增主动信托高绩效信托公司的30~39岁职工占比显著高于低绩效信托公司
- 新增主动信托高绩效信托公司的40岁以上职工占比显著低于低绩效信托公司
- 新增主动信托高绩效信托公司的专科以下学历职工占比显著低于低绩效信托公司
- 薪酬水平与新增主动管理信托规模正相关

一、信托从业人员总量及变化

（一）行业历年总人数及其变化

根据68家信托公司年报数据，从行业整体看，截至2017年末，信托行业从业人员达到20,142人，较2016年末的18,401人增加1,741人，增幅

为9.46%，显著超过2016年4.83%的增长水平。图4-1列示了自2009年以来信托行业从业人员数量及增长率的变化，可以看出，从业人员整体上保持了增长的态势，但各年增速差异较大。2009—2013年，从业人员呈现快速增长趋势，2011年从业人员增速达到32%，这与经济环境变化带来的信托业快速发展密切相关；2013—2015年，从业人员增速由24%降至4.6%，这与2013年以来信托业面临的外部环境和转型压力有一定关系；2016年人员增速与2015年基本持平，而2017年增速却明显提升，扭转之前的下降趋势。

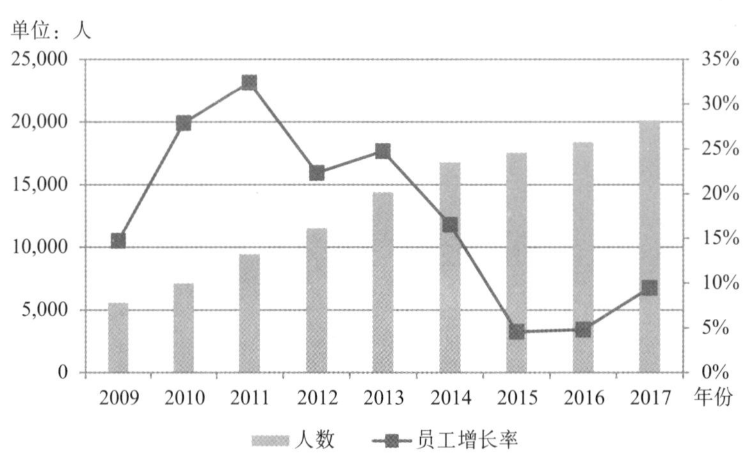

图4-1　2009—2017年信托行业从业人员及其增长率走势图

信托行业从业人员增速的变化与行业发展阶段相关。2009—2013年信托行业处于扩张阶段，信托公司数量、从业人员、管理资产规模和经营业绩都取得极大发展。例如，2011年有8家信托公司重组开业，是这一年人员大幅增长的主要原因。2013年以来，信托行业进入结构调整和转型升级阶段，人员扩张随之趋缓，并且人员增加到一定规模后，基数的增大也会对增速产生影响。但2017年信托行业从业人员增幅明显提升，增速的逆转在一定程度上反映了信托行业积极通过人力资本建设寻求转型升级。

通过研究信托公司平均员工数量，可以看出2009—2010年信托公司平均员工数量增幅平稳。2011年信托公司加大招聘力度，平均员工数量从2010年的113人增至145人，增幅达28.32%；2013年以后进入小幅稳步增长阶段，而在2017年呈现抬头趋势；2017年末，信托公司平均员工数量为

296人，较2013年末的平均数212人增加39.6%（见图4-2）。

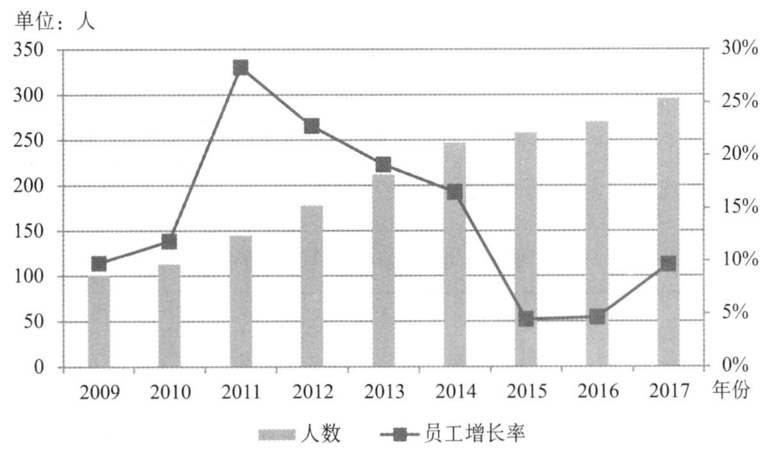

图4-2　2009—2017年信托公司平均员工数量及增长率走势图

数据显示，从业人员增速和信托业务收入增速之间存在较强的相关性，两者均在2011年达到峰值，并在以后的3年内持续降低。除此以外，图4-3显示信托行业员工增长率近年来一直低于信托业务收入增长率（仅2009年、2014年例外）。上述现象表明，大部分信托公司对于增员较谨慎，在信托业务收入下降的情况下，尽量控制员工增速。

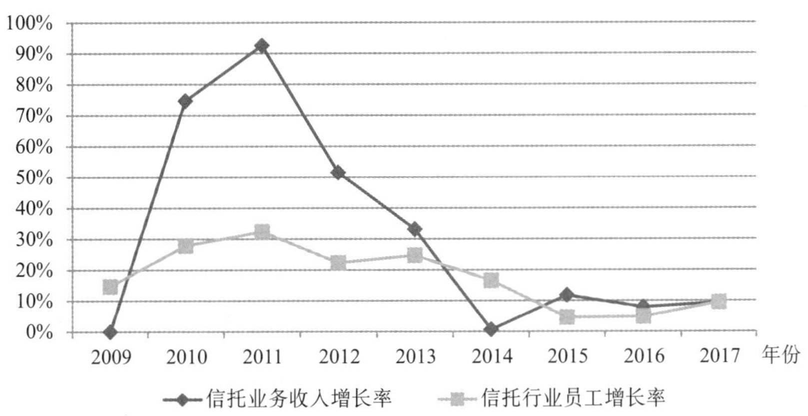

图4-3　员工增长率和信托业务收入增长率对比图

（二）2017年人员变动最多和最少的信托公司

虽然信托行业2017年末总人数较2016年末有一定增加，但不同信托公司之间差异较大。总体来看，68家信托公司中59家员工数量增加，9家员工数量减少。2016年员工数量增幅最高的长城新盛信托在2017年员工数量增幅为28%。表4－1和表4－2分别列示了2017年员工数量增幅、增员排名前10位和减幅、减员排名前9位的信托公司。

表4－1　2017年员工数量增幅排名前10位和增员排名前10位的信托公司

排名	信托公司	增幅（%）	增加人数（人）	信托公司	增加人数（人）	增幅（%）
1	浙金信托	166	227	浙金信托	227	166
2	江苏信托	54	50	陕国投信托	131	36
3	爱建信托	40	81	中信信托	129	25
4	西部信托	39	72	民生信托	109	38
5	民生信托	38	109	爱建信托	81	40
6	陕国投信托	36	131	西部信托	72	39
7	长城新盛信托	28	23	外贸信托	67	19
8	北方信托	27	35	中诚信托	55	20
9	云南信托	25	54	云南信托	54	25
10	中信信托	25	129	江苏信托	50	54

表4－2　2017年员工数量减幅排名前9位和减员排名前9位的信托公司

排名	信托公司	减幅（%）	减少人数（人）	信托公司	减少人数（人）	减幅（%）
1	平安信托	24	229	平安信托	229	24
2	中泰信托	19	41	中泰信托	41	19
3	华宸信托	17	16	华澳信托	31	16
4	华澳信托	16	31	新华信托	17	9
5	新华信托	9	17	华宸信托	16	17
6	华信信托	7	13	华信信托	13	7
7	新时代信托	5	12	新时代信托	12	5
8	昆仑信托	3	8	昆仑信托	8	3
9	国联信托	3	2	国联信托	2	3

注：2017年有9家信托公司员工数量减少。

从增幅上看，浙金信托以166%高居第1位，其次为江苏信托、爱建信托和西部信托。从增量上看，浙金信托以增员227人排第1位，远超2016年增员第1位的中建投信托的90人，结合浙金信托2015年已经增加42人，足见其2016年、2017年采取扩张的人才策略。此外，连续两年出现在增员前10位名单中的还有民生信托，其增幅由2016年的25%增长到2017年的38%。

由表4-2可以看出，员工数量减幅和减员最多的均为平安信托，减员229人，其在2016年的员工数量减幅也居第一位，可见其人员收缩的趋势仍在延续。减员数量排名在平安信托后依次为中泰信托和华澳信托。其中，中泰信托减员数量在2016年减员幅度为8.1%，排名第6；华澳信托自2014年以来连续三年员工数量减少，2017年首次进入前3。员工数量减少排名前4的人员减幅均达到15%以上。员工数量的减少一方面与公司战略发展规划有关，另一方面也可能与业务结构调整带来的组织架构调整有关。

通过比较2017年各家信托公司的人员变化情况，可以发现，各家公司的用人策略和员工数量呈现差异化。2017年，59家增员的信托公司共增加员工1,741人，大多数信托公司增员数量在20~50人，其中增员排名前10的信托公司员工数量共增加975人，占增加总人数的56%。表4-3为2017年员工数量增加情况分布表。新增员工数量可以在一定程度上反映信托公司的综合实力。

表4-3　　2017年信托公司增员情况分布表

增员（人）	信托公司数量（家）	信托公司
≥50	10	江苏信托、云南信托、中诚信托、外贸信托、西部信托、爱建信托、民生信托、中信信托、陕国投信托、浙金信托
20~49	27	五矿信托、厦门信托、百瑞信托、中海信托、粤财信托、大业信托、长城新盛信托、四川信托、中原信托、北京信托、建信信托、华能信托、中融信托、华融信托、北方信托、中航信托、长安信托、光大兴陇信托、中粮信托、万向信托、华宝信托、上海信托、山西信托、国通信托、安信信托、兴业信托、华润信托

续表

增员（人）	信托公司数量（家）	信托公司
10～19	14	东莞信托、天津信托、渤海信托、紫金信托、中江信托、中建投信托、交银信托、西藏信托、杭工商信托、金谷信托、苏州信托、国投泰康信托、湖南信托、中铁信托
1～10	8	国元信托、华鑫信托、重庆信托、陆家嘴信托、吉林信托、国民信托、山东信托、英大信托

2017 年 9 家信托公司员工数量减少，共减员 369 人。其中，减员 100 以上的仅平安信托 1 家，减员 30～50 人的信托公司有 2 家，多数公司人员减少集中在 20 人以内。人员增减 20 人以内属于相对稳定的调整，绝大部分公司人员处于稳定或增长态势。但也有个别公司近年来持续减员，例如平安信托、新华信托、华宸信托和华澳信托。2017 年员工数量变动情况分布表如表 4－4 所示。

表 4－4　　2017 年信托公司减员情况分布表

减员（人）	信托公司数量（家）	信托公司
≥100	1	平安信托
30～99	2	中泰信托、华澳信托
10～29	4	新华信托、华宸信托、华信信托、新时代信托
1～9	2	昆仑信托、国联信托

二、信托行业从业人员结构及变化

为了进一步研究 2017 年信托行业从业人员的增员特点，后文分别对年龄结构、学历结构和岗位结构的变化进行比较。经分析发现，信托行业 2017 年增员具备年龄集中化、高学历化和服务于业务质量提升三大特点。

（一）年龄结构

近几年来，随着信托资产规模的不断扩大，信托行业人员快速增长，信托公司员工年轻化的趋势十分明显。2017 年，64 家信托公司（共 18,200 人）在年报中公布了员工年龄结构。其中 30 岁（不含）以下的员工 5,685 人，占比 31.24%；30～39 岁员工 8,857 人，占比 48.66%；40 岁及以上的员工 3, 658 人，占比 20. 10% 。

图 4 -4 列示了 2008—2017 年各年龄段员工占比走势。可以看出，30 ~ 39 岁年龄组员工占比稳定多年后，自 2014 年开始上升，到 2017 年末接近 50% ，说明信托公司吸纳的年轻人员越来越多，30 多岁有一定工作经验的青壮年成为信托行业的主力军；30 岁以下员工占比快速下降，2017 年末降至 31. 24% ，较历史最高点下降 9 个百分点；40 岁及以上员工占比整体呈下降趋势，2014 年达到最低点 20% 以后有略微上升的趋势，但在 2017 年末又开始出现下降。这种变化趋势一方面可能是由于近年行业整体学历水平的提升提高了员工平均入职年龄，另一方面也可能与跨行业人员流动有关。近年来，信托行业从银行、证券公司和基金公司等机构招揽资深团队或员工来扩充业务条线，提高了员工平均年龄。

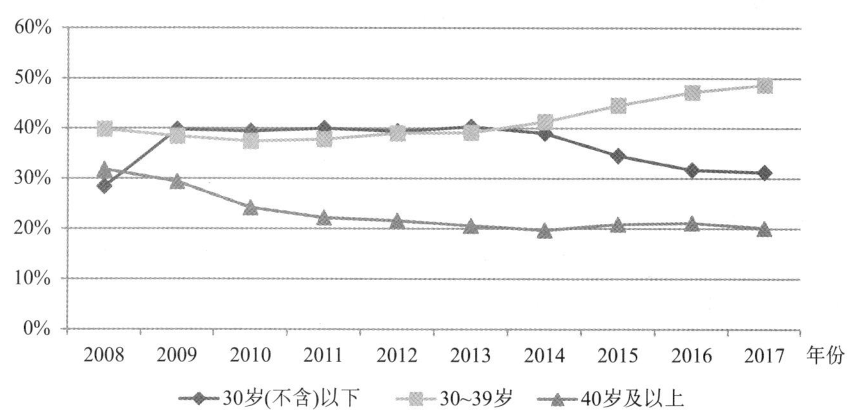

图 4 -4　2008—2017 年信托行业从业人员年龄结构分布变化图

表 4 -5 列示了 2017 年末各年龄组占比排名前 10 位的信托公司。可以看出，40 岁及以上员工占比高的信托公司以地方性信托公司为主，并且人员规模均较小。排名前 10 位的信托公司中，除了中江信托、新时代信托和昆仑信托以外，其余员工数量均在 200 人以下，这些公司普遍成立时间较长并且人员一直处于稳定态势。40 岁以下员工占比高的信托公司集中在北京、上海以及东部沿海地区，并且 30 岁（不含）以下员工占比高的信托公司多数属于近几年人员增幅较多的公司。总体来看，位于一线城市以及东部沿海地区的信托公司员工较位于中西部地区的信托公司员工更加年轻化。

40 岁及以上员工占比最低的信托公司是五矿信托和中建信托，均不足

10%；30～39岁占比最低的信托公司是江苏信托和厦门信托，分别是18.3%和23.7%；30岁以下员工占比最低的信托公司是天津信托和北方信托，分别是14.7%和15.5%；另外有7家信托公司占比不足20%。

表4－5　2017年末各年龄组占比排名前10位的信托公司　单位：%

排名	信托公司	<30岁	信托公司	30～39岁	信托公司	≥40岁
1	陕国投信托	81.12	民生信托	62.69	天津信托	52.35
2	外贸信托	47.23	兴业信托	60.07	国元信托	51.61
3	西藏信托	46.53	中融信托	58.87	北方信托	43.11
4	万向信托	41.39	华鑫信托	58.08	山西信托	42.92
5	上海信托	41.01	紫金信托	56.33	英大信托	40.88
6	厦门信托	40.81	光大兴陇信托	55.66	吉林信托	37.21
7	五矿信托	40.62	交银信托	55.50	中江信托	33.21
8	苏州信托	40.28	陆家嘴信托	55.37	新华信托	32.93
9	中建投信托	39.31	渤海信托	54.00	新时代信托	31.2
10	国投泰康信托	39.13	国民信托	53.85	昆仑信托	31.02

在2017年信托从业人员普遍增加这一大背景下，我们选取了中信信托、民生信托、爱建信托、西部信托和江苏信托5家2017年人员增幅较显著的信托公司做进一步分析。图4－5列示了2017年这5家信托公司增员的年龄结构分布。可以看出，这5家信托公司除爱建信托外，新增员工的年龄主要集中在30～39岁，与行业整体变化类似。

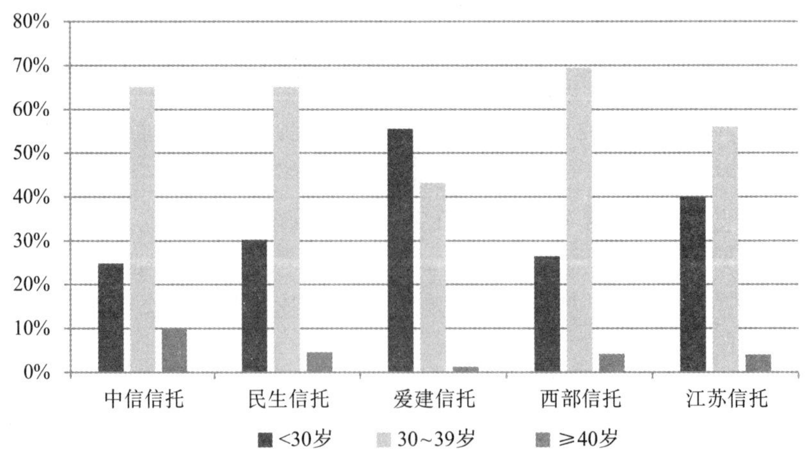

图4－5　2017年代表性信托公司增员年龄结构分布

（二）学历结构

2017年共有67家信托公司公布了学历结构表。与信托行业整体人数快速上升相呼应，高学历员工的数量不断增加。其中博士研究生学历人数395人，较2016年增加18人，占信托行业总人数的2%；硕士研究生学历人数9,519人，较2016年增加733人，占总人数的49%；本科学历人数8,363人，较2016年增加366人，占总人数的43%；专科及其他学历人数1,119人，较2016年减少122人，占总人数的6%。表4－6列示了2008—2017年信托从业人员学历结构表，可以看出，2013年以来，硕士研究生学历人数开始超过本科学历人数，成为信托行业的主力军。

表4－6　　2008—2017年信托行业从业人员学历结构表　　单位：人

年份	2008	2009	2010	2011	2012	2013	2014	2015	2016	2017
博士研究生学历	111	123	164	237	287	339	379	355	377	395
硕士研究生学历	1,423	1,847	2,488	3,621	4,865	6,539	7,642	8,137	8,786	9,519
本科学历	2,340	2,655	3,432	4,388	5,155	6,317	7,367	7,779	7,997	8,363
专科学历	986	950	829	940	880	988	1,112	1,081	1,068	960
其他			216	254	359	221	235	202	173	159
总人数	4,860	5,575	7,129	9,440	11,546	14,404	16,753	17,554	18,401	19,396

图4－6列示了2008—2017年各学历结构人员占比情况走势图。可以看出，2008—2017年，代表较高学历水平的硕博人员占比呈现持续上升的趋势。2012年硕博人数占比开始超越本科人员占比，截至2017年末，硕博人员占比已超过总人数的50%。并且自2013年起，有硕士学位的人数始终多于本科从业人员人数，说明高学历已经成为信托公司人才战略的重点。本科学历人员占比自2010年以来即呈现稳中微降的趋势，2017年末降至43%，较2010年末下降了5个百分点。专科和其他学历人员在信托人员总人数中的占比不断下降。随着整个人才市场学历结构的提高以及信托公司人才战略的实施，可以预见，硕博人员仍会是信托行业的主力军，信托公司作为人力资本密集型的行业对专业知识的要求不断增加，硕博人员占比可能呈现进一步提升的趋势。

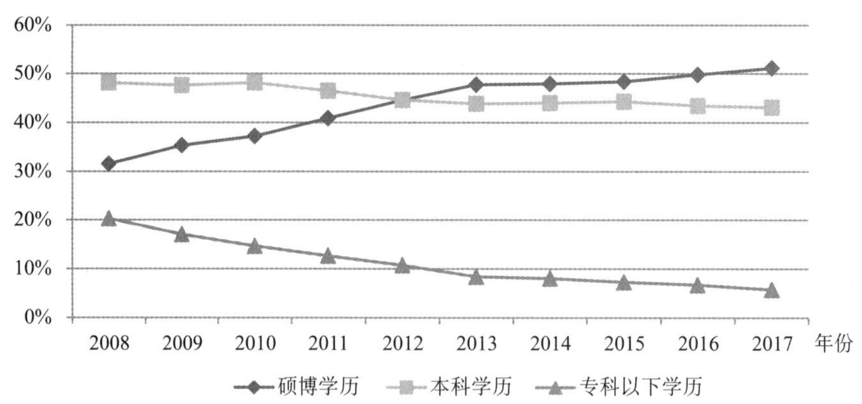

图 4－6　2008—2017 年各学历人员占比走势图

从具体的公司来看，硕博人员占比超过行业平均数 50% 的公司有 38 家，其中硕博人员占比最高的为百瑞信托，占比为 74.3%，其次为中原信托，占比为 72.37%，和中诚信托，占比为 70.86%。从排名表另一端看，硕博人员占比最低的为中江信托和新时代信托，均为 23%。

表 4－7　　2017 年末硕博人数和占比排名前 10 位的信托公司

排名	信托公司	人数（人）	占比（%）	信托公司	占比（%）	人数（人）
1	中融信托	571	28.93	百瑞信托	74.3	159
2	中信信托	447	69.2	中原信托	72.37	186
3	长安信托	354	53.72	中诚信托	70.86	231
4	兴业信托	323	57.07	山东信托	70.85	141
5	陕国投信托	304	61.04	北京信托	69.62	181
6	外贸信托	265	63.86	中信信托	69.2	447
7	上海信托	252	63.8	重庆信托	66.89	101
8	四川信托	246	32.84	华润信托	66.67	240
9	中建投信托	246	60.44	英大信托	66.67	106
10	华融信托	245	62.66	华鑫信托	66	132

纵观多年来信托行业从业人员的学历结构可以发现，人员学历水平呈现稳步提升的趋势。考虑到信托从业人员在职学习的可能性较小，学历水平提高的原因主要在于高学历人才的加入，人才市场结构的变化，以及信托行业的快速发展带来的良好发展平台和较高薪酬水平。由于硕博人员已经成为信

托行业的主力军，因此从数据上看，硕博人员占比与信托行业经营业绩没有直接关系，但实际上两者是相辅相成、互相促进的。

在2017年信托从业人员普遍增加这一大背景下，我们选取了中信信托、民生信托、爱建信托、西部信托和江苏信托5家2017年人员增幅较显著的信托公司做进一步分析。图4－7列示了2017年这5家信托公司增员的学历结构分布。可以看出，这五家信托公司除民生信托和爱建信托外，增员主要集中在硕士研究生学历层次，而民生信托和爱建信托的硕士研究生学历和本科学历基本持平。

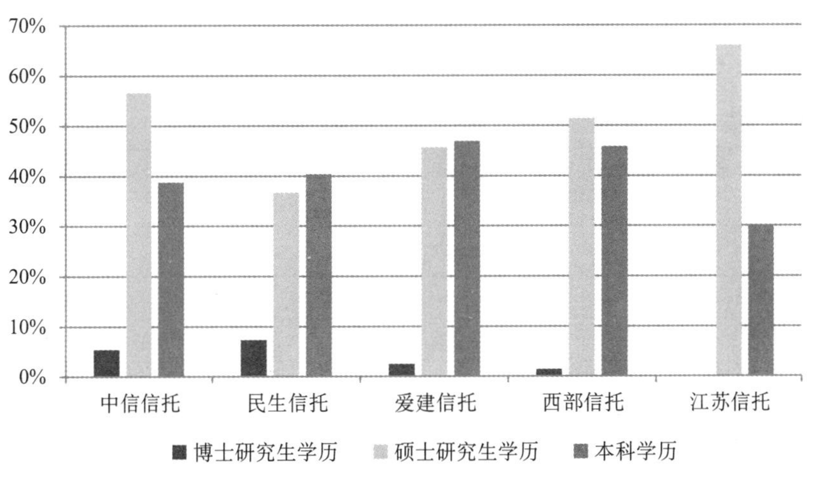

图4－7　2017年代表性信托公司增员学历结构分布

（三）岗位结构

2017年共有62家信托公司公布了员工岗位分布情况，其中董监高617人，自营业务人员733人，信托业务人员9,930人①，其他人员7,225人，共计20,142人。具体占比如图4－8所示。

表4－8列示了2008年以来各岗位从业人员数量，但由于每年披露岗位结构的信托公司数量不同，因此单纯人数上的对比意义并不大，更有意义的可能是不同岗位人员占比的变化。

① 华融信托、万向信托、五矿信托和安信信托仅公布了业务人员数，未区分自营业务人员和信托业务人员，为了研究的方便，本书将其纳入信托业务人员进行统计，为保证研究的精确性，这些信托公司也不参与之后的岗位结构比较。

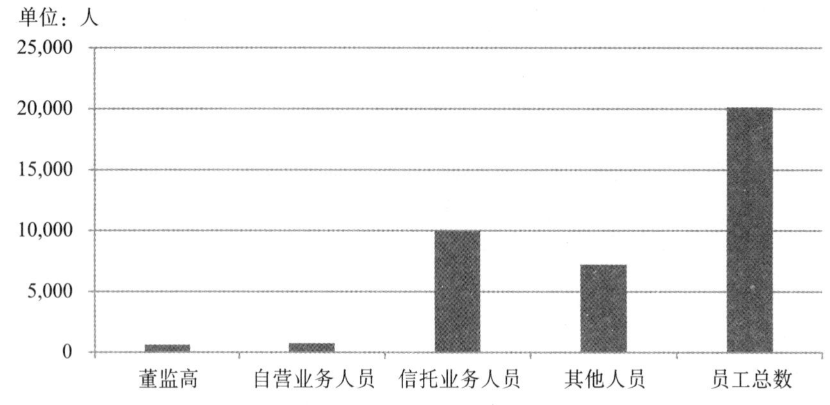

图 4－8　2017 年末信托从业人员岗位分布图

表 4－8　　2008—2017 年信托行业各岗位从业人员数量　　单位：人

岗位	2008 年	2009 年	2010 年	2011 年	2012 年	2013 年	2014 年	2015 年	2016 年	2017 年
董监高	331	359	419	420	530	608	591	561	596	617
自营业务人员	515	479	468	490	590	752	1, 025	566	586	488
信托业务人员	1, 819	2, 379	3, 542	4, 448	5, 910	7, 331	9, 042	9, 079	9, 761	10, 175
其他人员	1, 358	1, 497	1, 865	2, 582	3, 517	4, 518	5, 380	5, 763	6, 435	7, 225
合计	4, 023	4, 714	6, 294	7, 940	10, 547	13, 209	16, 038	15, 969	17, 378	18, 505

图 4－9 展示了 2008—2017 年信托从业人员岗位分布比例变化情况。可以看出，自 2010 年以来，各岗位人员占比基本维持在相对稳定的水平，信托业务人员占比在 55% 左右，中后台人员占比在 40% 左右。2017 年信托业务人员占比出现下降，而其他人员占比持续提升。在信托公司整体增员大背景下，其他人员的增幅要大于信托业务人员，其他人员尤其是风控、合规和研发人员比重的提升，一定程度上说明了信托业更加注重质的提升。

从行业发展的情况来看，2008 年以来，董监高的人数一直保持小幅上升趋势，董监高人员的增加符合银监会提出的形成科学的公司治理机制，从而实现各司其职，形成运行有效、制衡有效、激励有效、约束有效的良性机制。从年报公布的数据看，68 家信托公司董监高的平均人数为 9 人，各家公司差异较大。其中，重庆信托和中融信托的人数最多，分别为 25 人和 20 人；建信信托最少，为 4 人。

表 4－9 列示了 2017 年自营业务人员数量和占比排名前 10 位的信托公

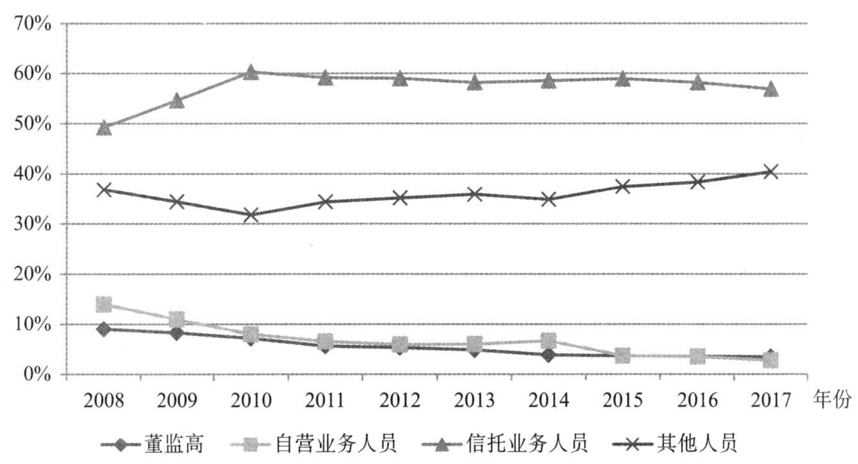

图4-9 2008—2017年信托从业人员岗位分布比例走势图

司。从具体信托公司来看，自营业务人员占比10%以上的公司有2家，分别是天津信托和江苏信托，自营业务人员分别是22人和16人。西藏信托2016年自营业务人员占比也在10%以上，但2017年占比降至7.45%。68家信托公司公布的数据显示，自营业务人员的人数为0~22人，平均人数为7人，其中天津信托和中诚信托的自营业务人员人数最多，分别为22人和20人。信托公司的业务主要有信托资产管理业务和自营业务，从自营资产和信托资产的对比来看，自营资产远远小于信托资产，相应的人员配备也较少。从自营业务人员占比排名与自营业务收入排名的关系看，两者并无必然的联系，原因可能在于自营业务人员数量及占比对于自营收入的影响较自营资金规模以及自营资金投资领域和运用方式要小很多。

信托业务人员占比自2010年以来呈现震荡下滑趋势，其数量由2016年的9761人增加至2017年的10175人。信托公司信托业务人员平均占比为56.4%，较2016年有所下滑。超过行业平均数56%的有28家信托公司，超过70%的有6家；不足40%的有5家。表4-10列示了2017年信托业务人员数量和占比排名前10位的信托公司。从数量看，信托业务人员最多的前3大信托公司分别是中融信托、四川信托和中信信托，都超过500人规模，分别为761人、681人和546人。从占比看，信托业务人员占比最高的前4大信托公司分别是四川信托、中信信托、北京信托和长城新盛信托，占比均超过了80%。

表4-9　2017年末部分信托公司自营业务人员数量及其占比排名前10位的信托公司

排名	信托公司	人数（人）	占比（%）	信托公司	占比（%）	人数（人）
1	天津信托	22	15.6	天津信托	15.6	22
2	中诚信托	20	6.41	江苏信托	11.76	16
3	兴业信托	18	3.23	重庆信托	9.27	14
4	中信信托	18	2.87	吉林信托	8.54	14
5	江苏信托	16	11.76	百瑞信托	7.8	16
6	百瑞信托	16	7.8	西藏信托	7.45	7
7	重庆信托	14	9.27	长城新盛信托	7.14	7
8	吉林信托	14	8.54	北方信托	6.83	11
9	华能信托	14	4.27	粤财信托	6.45	8
10	中原信托	13	5.35	中诚信托	6.41	20

表4-10　2017年末信托业务人员数量和占比排名前10位的信托公司

排名	信托公司	人数（人）	占比（%）	信托公司	占比（%）	人数（人）
1	中融信托	761	38.87	四川信托	92.53	681
2	四川信托	681	92.53	中信信托	86.94	546
3	中信信托	546	86.94	北京信托	86.22	219
4	陕国投信托	325	66.87	长城新盛信托	80.61	79
5	长安信托	295	45.81	交银信托	75.47	160
6	外贸信托	283	69.7	华信信托	73.33	121
7	上海信托	251	65.03	外贸信托	69.92	165
8	兴业信托	245	43.91	昆仑信托	69.7	283
9	建信信托	241	65.49	华润信托	68.55	85
10	华润信托	237	67.14	华能信托	68.29	224

2017年信托公司其他人员平均占比为39.7%，较2016年的37.03%有小幅上升。2017年其他人员占比超过行业平均数的信托公司有30家，超过50%的有15家；不足30%的有13家。表4-11列示了其他人员数量和占比排名前10位的信托公司。从数量看，其他人员最多的前5大信托公司分别是中融信托、长安信托、兴业信托、民生信托和中信建投信托，都超过200人规模。从占比看，其他人员占比最多的前3大信托公司分别是国联信托、

民生信托和中融信托，占比均超过了60%。

表4－11　2017年末其他人员数量和占比排名前10位的信托公司

排名	信托公司	人数（人）	占比（%）	信托公司	占比（%）	人数（人）
1	中融信托	1,187	60.62	国联信托	67.14	47
2	长安信托	345	53.57	民生信托	63.78	243
3	兴业信托	295	52.87	中融信托	60.62	1,187
4	民生信托	243	63.78	华澳信托	59.49	94
5	中建投信托	218	55.05	中泰信托	56.89	95
6	华宝信托	164	49.85	新华信托	55.63	89
7	国通信托	159	51.29	爱建信托	55.11	151
8	陆家嘴信托	152	52.6	中建投信托	55.05	218
9	陕国投信托	152	31.28	杭工商信托	54.84	102
10	爱建信托	151	55.11	长安信托	53.57	345

在2017年信托从业人员普遍增加这一大背景下，我们选取了中信信托、民生信托、爱建信托、西部信托和江苏信托5家2017年人员增幅（增幅比例）较显著的信托公司做进一步分析。图4－10列示了2017年这5家信托公司增员的岗位结构分布。可以看出，这5家信托公司增员主要集中在信托业务人员和其他人员。其中，中信信托、西部信托和江苏信托增加了更多的信托业务人员，而民生信托和爱建信托增加了更多的其他人员。

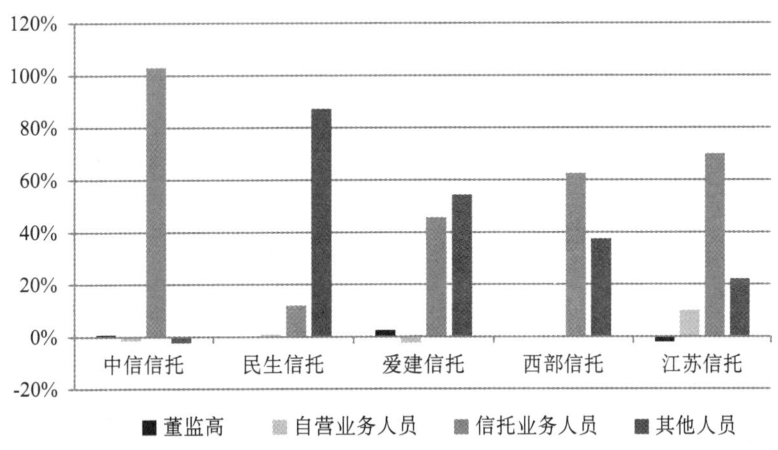

图4－10　2017年代表性信托公司增员岗位结构分布图

三、人力资源的结构与绩效

本节对人力资源的结构与绩效之间的关系进行了探索，利用2017年68家信托公司年报数据[①]，通过 t 检验方法，分析了信托公司员工的年龄、学历、岗位结构与人均净利润和人均新增主动管理信托规模之间的关联。

（一）新增主动管理信托规模、人均净利润与年龄结构

为了更加直观地揭示要素之间的内在联系，本书对信托公司按照新增主动管理信托规模和人均净利润进行简易标记，新增主动管理信托规模或人均净利润排名前50%的信托公司标记为1，其余标记为0。以上二分法将信托公司分为两类，前50%（类别1）为新增主动信托高绩效公司或人均净利润高绩效公司，后50%（类别0）为新增主动信托低绩效公司或人均净利润低绩效公司。

基于新增主动管理信托规模对信托公司进行分类后，对其年龄结构进行了统计（见表4-12）。对比发现，对于30岁以下的员工群体，新增主动信托高绩效公司（类别1）群体比重为0.3012，高于新增主动信托低绩效公司（类别0）群体比重（0.272）。对于30~39岁的员工群体，新增主动信托高绩效公司（类别1）群体比重为0.4853，高于新增主动信托低绩效公司（类别0）群体比重（0.4413）。对于40岁以上的员工群体，新增主动信托高绩效公司（类别1）群体比重为0.2135，低于新增主动信托低绩效公司（类别0）群体比重（0.251）。

在对统计结果进行进一步的 t 检验后发现，在30~39岁和40岁以上这两个年龄层次，新增主动信托高绩效和低绩效公司差异显著（$P<0.05$），并说明了如下事实：新增主动信托高绩效信托公司30~39岁员工占比要显著高于低绩效信托公司，新增主动信托高绩效信托公司40岁以上员工占比要显著低于低绩效信托公司。

① 为保证分析结果的精确，我们在分析年龄结构时，剔除了安信信托、光大兴陇信托、华宸信托、平安信托、苏州信托、万向信托、云南信托、浙金信托、中海信托和中铁信托；在分析学历结构时，剔除了安信信托、平安信托和中海信托；在分析岗位结构时，剔除了安信信托、华宸信托、平安信托、万向信托、云南信托、浙金信托和中铁信托。

表4-12　　新增主动管理信托规模的年龄结构

年龄段	类别	N	比重平均数	标准偏差	标准错误平均值	显著性（t检验）
30岁以下	1	29	0.3012	0.0597	0.0111	0.396
	0	28	0.272	0.0919	0.0174	
30~39岁	1	29	0.4853	0.0654	0.0121	0.039
	0	28	0.4413	0.1219	0.0230	
40岁以上	1	29	0.2135	0.0635	0.0118	0.004
	0	28	0.251	0.1299	0.0246	

对信托公司基于人均净利润进行分类后，本书对其年龄结构进行了统计（见表4-13）。对比发现，对于30岁以下的员工群体，人均净利润高绩效公司（类别1）群体比重为0.2859，低于人均净利润低绩效公司（类别0），其群体比重0.2879。对于30~39岁的员工群体，人均净利润高绩效公司（类别1）群体比重为0.4496，低于人均净利润低绩效公司（类别0），其群体比重0.4973。对于40岁以上的员工群体，人均净利润高绩效公司（类别1）群体比重为0.23，低于人均净利润低绩效公司（类别0），其群体比重0.2327。

表4-13　　人均净利润的年龄结构

年龄段	类别	N	比重平均数	标准偏差	标准错误平均值	显著性（t检验）
30岁以下	1	29	0.2859	0.0924	0.0172	0.195
	0	29	0.2879	0.0560	0.0111	
30~39岁	1	29	0.4496	0.1142	0.0212	0.417
	0	29	0.4793	0.0785	0.0146	
40岁以上	1	29	0.23	0.1135	0.0211	0.862
	0	29	0.2327	0.0904	0.0168	

但在对统计结果进行进一步的t检验后发现，以上差异并不显著，这可能是由于相对于当年新增主动信托规模，员工年龄差异对利润的影响更为长期。年龄结构的调整，例如提高30~39年龄层次员工比重、降低40岁以上年龄比重可能有助于信托公司快速扩大主动管理信托规模，但对信托公司净

利润的影响还有待长期观察。

（二）新增主动管理信托规模、人均净利润与学历结构

沿用上一节的分析思路，表4-14对信托公司基于新增主动管理信托规模进行分类后，对其学历结构进行了统计，对比发现，对于硕士研究生及以上学历员工群体，新增主动信托高绩效公司（类别1）群体比重为0.5586，高于新增主动信托低绩效公司（类别0），其群体比重为0.4933。对于本科学历员工群体，新增主动信托高绩效公司（类别1）群体比重为0.3962，低于新增主动信托低绩效公司（类别0），其群体比重为0.4353。对于专科以下学历的员工群体，新增主动信托高绩效公司（类别1）群体比重为0.0452，低于新增主动信托低绩效公司（类别0），其群体比重为0.0714。

在对统计结果进行进一步的 t 检验后发现，在专科以下这一学历层次，新增主动信托高绩效和低绩效公司差异显著（$P<0.05$），说明新增主动信托高绩效信托公司的专科以下学历的员工占比显著低于低绩效信托公司。

表4-14　新增主动管理信托规模的学历结构

学历	类别	N	比重平均数	标准偏差	标准错误平均值	显著性（t检验）
硕士研究生及以上	1	32	0.5586	0.1193	0.02109	0.304
	0	32	0.4933	0.12857	0.02273	
本科	1	32	0.3962	0.106	0.01874	0.876
	0	32	0.4353	0.10361	0.01832	
专科以下	1	32	0.0452	0.03096	0.00547	0.000
	0	32	0.0714	0.05251	0.00928	

基于人均净利润对信托公司进行分类后，对其年龄结构进行了统计（见表4-15）。对比发现，对硕士研究生及以上学历员工群体，人均净利润高绩效公司（类别1）群体比重为0.5623，高于人均净利润低绩效公司（类别0），其群体比重为0.4845。对于本科学历员工群体，人均净利润高绩效公司（类别1）群体比重为0.3879，低于人均净利润低绩效公司（类别0），其群体比重为0.4477。对于专科以下学历的员工群体，人均净利润高绩效公司（类别1）群体比重为0.0498，低于人均净利润低绩效公司（类别0），其群体比重为0.0678。

表 4－15　人均净利润的学历结构

学历	类别	N	比重平均数	标准偏差	标准错误平均值	显著性（t 检验）
硕士研究生及以上	1	34	0.5623	0.11964	0.02052	0.885
	0	31	0.4845	0.123	0.02209	
本科	1	34	0.3879	0.10931	0.01875	0.408
	0	31	0.4477	0.09225	0.01657	
专科以下	1	34	0.0498	0.03248	0.00557	0.006
	0	31	0.0678	0.05359	0.00963	

在对统计结果进行进一步的 t 检验后发现，与新增主动管理信托规模类似，在专科以下这一学历层次，人均净利润高绩效公司和低绩效公司差异显著（$P<0.05$），人均净利润高绩效信托公司的专科以下学历的职工比重显著低于低绩效信托公司，降低专科以下学历比重能够显著提升公司绩效。

（三）新增主动管理信托规模、人均净利润与岗位结构

沿用上一节的分析思路，本书分别基于新增主动管理信托规模和人均净利润对信托公司进行分类后，对其岗位结构进行了统计（见表 4－16 和表 4－17）。然而相对于年龄结构和学历结构，人均净利润高绩效公司和低绩效公司的岗位结构差异较小，且未通过显著性检验，因而无法对岗位结构对于绩效的影响进行分析。这或许是由于各家信托公司岗位结构依赖于经营模式，而不像年龄和学历具备普适性。

表 4－16　新增主动管理信托规模的岗位结构

岗位	类别	N	比重平均数	标准偏差	标准错误平均值	显著性（t 检验）
自营业务人员	1	30	0.0313	0.02384	0.00435	0.38
	0	30	0.0411	0.02932	0.00535	
信托业务人员	1	30	0.5452	0.15138	0.02764	0.912
	0	30	0.5238	0.14352	0.0262	
其他人员	1	30	0.3529	0.13445	0.02455	0.661
	0	30	0.3912	0.14317	0.02614	

（四）经营业绩与人员数量

信托资产规模是衡量一个公司资产管理能力的指标，也被看作为衡量信托公司的指标，信托项目分为单一信托、集合信托和财产权信托。单一信托

表4－17　　人均净利润的岗位结构

岗位	类别	N	比重平均数	标准偏差	标准错误平均值	显著性（t检验）
自营业务人员	1	31	0.0393	0.03223	0.00579	0.113
	0	31	0.0313	0.02032	0.00365	
信托业务人员	1	31	0.5467	0.16657	0.02992	0.558
	0	31	0.5013	0.15238	0.02737	
其他人员	1	31	0.3388	0.14195	0.02549	0.901
	0	31	0.3984	0.14643	0.0263	

主要依赖于信托公司的资源，与人员数量的相关性并不大；集合资金信托属于信托公司主动管理的信托项目，无论是前台和中后台都需要付出较多的人力和物力。因此本部分分别比较了资产规模和人均集合信托资产规模的情况，表4－18列示了2017年人均信托资产规模和人均集合信托资产规模排名前10位的信托公司。

2017年，整个信托行业的人均信托资产规模为13亿元，超过平均数的有30家信托公司。由表4－18可以看出，人均信托资产规模排名前10位的信托公司均超过20亿元，人均信托资产规模最高的为交银信托，高达44亿元，排在第2位和第3位的分别是西藏信托和江苏信托。人均信托资产规模最低的是华宸信托，仅4,957万元，其次是山西信托和中泰信托，为2亿元。可以发现，信托公司之间人均信托资产规模差距较大。

从人均集合信托资产规模来看，2017年的行业平均值为6.8亿元，有21家信托公司超过平均值，其中最高的为华宸信托，高达34亿元，中铁信托以27亿元位居第2。有3家信托公司人均集合资产规模不足1,000万元，其余公司均在1,000万元以上。近50%的信托公司人均集合信托资产规模在2亿~9亿元。此外，部分信托公司为了控制人员总数，招聘了一些外包人员，但未计算在员工数量范围之内，所以人均管理规模的数据也仅具有参考的意义。

人均总收入是反映人均收入状况的指标，2017年信托行业人均总收入为590.5万元，较2016年的635万元减少45万元，降幅为7%。从表4－19可以看出，2017年人均总收入排名第1的是重庆信托，高达2,808.52万元，但较2016年的3,107.59万元仍有所下降。排在第2位和第3位的是安

表4－18　　2017年人均信托资产规模和人均集合信托资产规模排名前10位的信托公司

排名	信托公司	人均信托资产规模（万元）	信托资产规模排名	信托公司	人均集合信托资产规模（万元）	集合信托资产规模排名	信托资产规模排名
1	交银信托	442, 949.34	5	华宸信托	348, 078.42	11	68
2	西藏信托	420, 255.65	21	中铁信托	270, 494.13	1	20
3	江苏信托	388, 129.59	14	吉林信托	250, 005.10	3	61
4	建信信托	378, 943.54	2	国联信托	243, 875.68	18	60
5	华润信托	374, 149.83	3	天津信托	241, 421.74	5	43
6	中信信托	307, 543.31	1	江苏信托	220, 318.54	9	14
7	渤海信托	301, 989.94	8	中粮信托	204, 422.78	2	47
8	华能信托	296, 261.99	4	中海信托	184, 807.22	6	22
9	上海信托	230, 985.18	7	中泰信托	124, 058.02	16	66
10	中海信托	222, 693.12	22	云南信托	122, 140.14	8	24

信信托和国联信托，有6家公司人均总收入超过千万元，较2016年减少3家。从人均总收入排名与总收入排名的关系来看，国联信托、江苏信托、粤财信托和渤海信托等因为人员数量少，人均排名较总收入排名更靠前；平安信托、中信信托、民生信托和上海信托等因为人员数量较多，人均总收入排名明显落后于总收入排名。人均总收入最低的是华宸信托，仅57.09万元，人均总收入不足300万元的信托公司有10家。

表4－19　　2017年人均总收入排名前10位和后10位的信托公司

排名	信托公司	人均总收入（万元）	总收入排名	排名	信托公司	人均总收入（万元）	总收入排名
1	重庆信托	2, 808.52	5	59	吉林信托	277.49	63
2	安信信托	2, 231.75	4	60	西部信托	259.67	59
3	国联信托	1, 535.19	40	61	中泰信托	258.26	64
4	江苏信托	1, 414.33	22	62	国通信托	248.96	54
5	中铁信托	1, 093.77	14	63	陕国投信托	231.04	39
6	华能信托	1, 059.58	6	64	云南信托	207.65	61
7	渤海信托	991.4	16	65	国民信托	151.69	65
8	粤财信托	891.99	37	66	浙金信托	148.53	62
9	中信信托	890.09	3	67	山西信托	148.15	67
10	天津信托	873.32	32	68	华宸信托	57.09	68

从人均信托业务收入来看，排在第1位的是安信信托的2,052.38万元，比排在第2位的重庆信托高出600多万元，光大兴陇信托以1,171.55万元位列第3。表4-20列示了人均信托业务收入前10位和后10位的信托公司。可以看出，人均信托业务收入排名前10位的公司中，有5家公司信托业务收入也在前10位，但总收入在前10位的仅重庆信托5家。江苏信托的信托业务收入只占总收入的49%，导致信托业务收入排名较总收入相对靠后，但因其人员少，人均信托业务收入排名仍然靠前。总体来看，人均信托业务收入高，通常与员工数量少以及信托报酬率有关。人均信托业务收入低的信托公司，其总收入排名和信托业务收入排名也相对靠后。

表4-20　2017年人均信托业务收入排名前10位和后10位的信托公司

排名	信托公司	人均信托业务收入（万元）	信托业务收入排名	总收入排名	排名	信托公司	人均信托业务收入（万元）	信托业务收入排名	总收入排名
1	安信信托	2,052.38	1	4	59	陕国投信托	188.6	31	39
2	重庆信托	1,411.52	8	5	60	云南信托	172.37	55	61
3	光大兴陇信托	1,171.55	33	33	61	西部信托	161.26	58	59
4	中铁信托	830.14	14	14	62	新华信托	150.24	63	52
5	华能信托	776.78	5	6	63	吉林信托	144.88	64	63
6	渤海信托	769.23	12	16	64	中泰信托	142.8	65	64
7	中航信托	728.5	6	8	65	浙金信托	126.95	54	62
8	江苏信托	705.23	30	22	66	国联信托	82.71	66	40
9	中信信托	688.5	2	3	67	山西信托	79.67	67	67
10	西藏信托	619.35	49	57	68	华宸信托	34.52	68	68

四、信托公司人力成本分析

（一）薪酬水平与新增主动管理信托规模正相关

资产负债表中的负债项——“应付职工薪酬”是指截至期末应付而未付的职工薪酬。由于各公司的薪酬机制不同，该指标并不能客观地反映各公司上一年的人均薪酬。但是，全行业68家信托公司人均应付职工薪酬变化的截面数据在一定程度上涵盖了整个行业的人均薪酬信息。

本书分析2013—2017年各家信托公司人均应付薪酬及标准差后发现，2017年人均应付薪酬为88万元，与2016年的89万元持平，但标准差为69万元，较2016年的77万元下降显著（见图4－11）。标准差的下降说明信托公司薪酬水平呈现趋同趋势，这可能与行业内人员流动有关，在转型压力下，人员的高学历化、年龄集中化和服务于业务质量提升一定程度上加剧了信托行业内部竞争，使得收入更加平均。

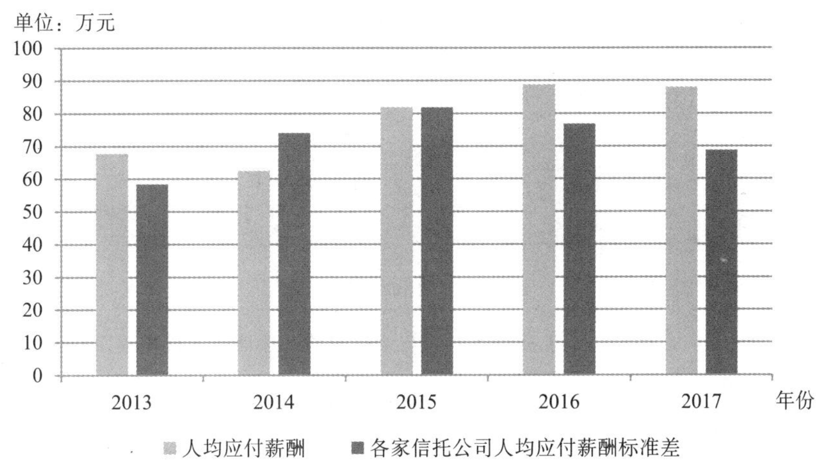

图4－11　各家信托公司人均应付薪酬及标准差

为了更加深入地理解信托公司主动管理能力与人力资源之间的关系，我们利用2017年68家信托公司人均应付职工薪酬增长率（wage）和新增主动管理信托规模增幅（scale）数据，采用简单的计量经济学方法，对两者的关系进行了分析。

首先对新增主动管理信托规模增幅和人均应付职工薪酬增长率两列数据进行处理，因为主动管理信托规模变动幅度是百分比数据，而信托人均薪酬水平是绝对值数据，故两列数据的量纲不匹配，所以对人均应付职工薪酬增长率取对数值，这样做使得两列数据能够摒除量纲的限制，放在最小二乘模型里进行回归分析，从而研究两者之间存在的联系。

通过对两列数据进行最小二乘法的计量分析，拟合出的模型形式为 $scale = 0.0497 \times wage + 0.1414$，其中模型的可决系数 R－squared 为 98.89%，这说明模型的拟合效果优良。解释变量 wage 的 t 检验 P 值为

0.026，小于临界值0.05，拒绝了解释变量wage不显著的原假设，这说明在0.05的显著性水平下，人均应付职工薪酬增长率对因变量人均应付职工薪酬增长率的影响是显著为正的。拟合图形如图4－12所示：

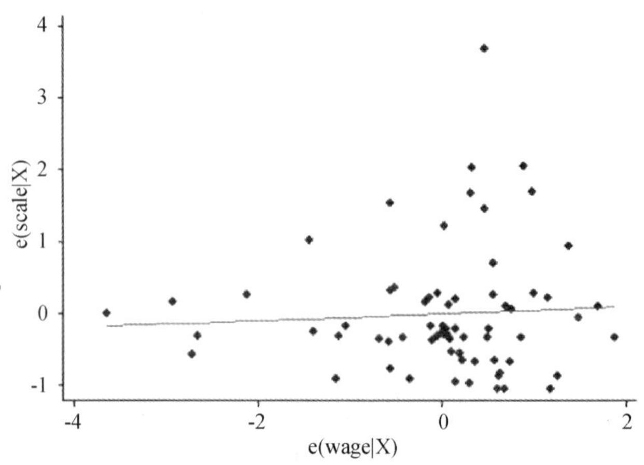

图4－12　人均应付职工薪酬增长率与新增主动管理信托规模增幅回归图

上述计量分析结果一定程度上反映了薪酬水平之与信托公司主动管理能力的重要意义，适当的激励能够有效地提高信托公司主动管理信托规模，提高信托公司的行业竞争力。这个结论也与之前所讨论的信托人员扩张特点相互印证，与低学历、缺乏资历和业务粗放扩张比较，人员结构的高学历化、年龄集中化和服务于业务质量提升要求更高的人力成本，但为了有效提升主动管理能力，信托公司将票投给了后者。

（二）从现金流量表看信托公司用人成本

2017年有7家信托公司公布了现金流量表，其中“支付给职工以及为职工支付现金”这一项指标反映了企业实际支付给职工以及为职工支付的现金，包括本期实际支付给职工的工资、奖金、各种津贴和补贴等，以及为职工支付的其他费用等。以这一数据除以年均员工数量，可以反映当年企业为员工支付现金的平均数，但由于该指标包含五险一金以及税收、福利费用、职工教育费等其他费用，这一数据应该远远高于员工的实际薪酬，可以视作信托公司的用人成本。

由图4－13可以看出，第一，信托公司之间为员工支付资金水平差别较大，以2017年人均实付为例，7家公司中有3家超过100万元，有2家在

60万元左右，还有2家在40万元水平。第二，人均应付资金普遍高于人均实付资金，在人均应付资金较高的几家公司中更为明显，这表明多数公司的薪酬可能采取了延期支付的方式。以苏州信托为例，2017年人均应付152万元，人均实付资金65万元。薪酬水平相对低的几家公司中，人均实付和人均应付的差异不大。第三，信托公司的股东背景对薪酬水平影响较大，如民营背景的中江信托薪酬相对较高。

鉴于绝大部分的信托公司没有公布现金流量表，并且财务报表中披露的数据还包含实际薪酬之外的其他很多费用，因此，对于整个信托行业以及各公司人均薪酬并没有办法进行确切的统计，以上数据应当远远高于员工实际拿到的工资，这仅是大概估算。

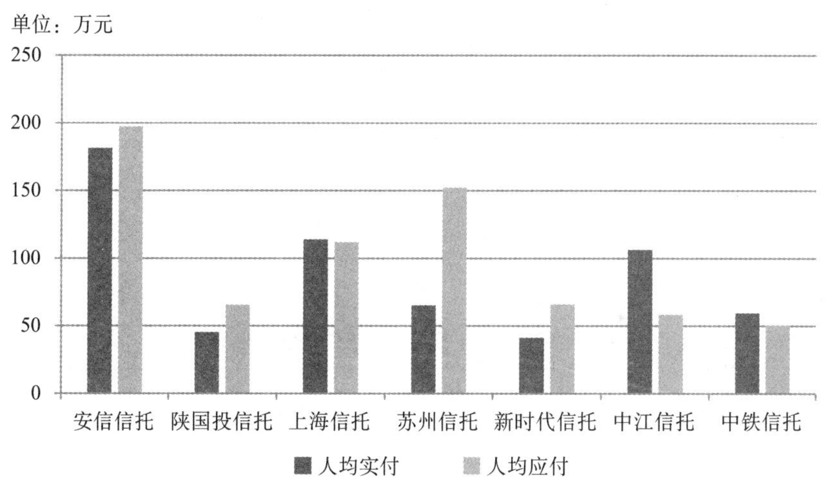

图4－13　部分信托公司2017年人均实付资金和人均应付资金情况

（三）从应付职工薪酬看行业发展

应付职工薪酬是企业根据有关规定应付给职工的各种薪酬，按照“工资、奖金、津贴、补贴”“职工福利”“社会保险费用”“住房公积金”“工会经费”“职工教育经费”“解除职工劳动关系补偿”“非货币性福利”“其他与获得职工提供服务相关的支出”等费用，在资产负债表中负债项下的应付职工薪酬项目进行明细核算。由于各公司的薪酬机制不同，以该指标除以人均数量的人均应付薪酬排名并不一定客观地反映各公司上一年的人均薪酬。但是，整个行业应付职工薪酬以及人均应付职工薪酬的变化可以在一定程度上反映整个行业薪酬水平的变化。

2017 年末，68 家信托公司应付职工薪酬总计 1,772,140.8 万元，较 2016 年末的 1,633,267.5 万元增加 8.5%。2017 年末，信托公司人均应付薪酬 84.2 万元，较 2016 年末的 90.9 万元下降 7.4%。行业应付职工薪酬变化幅度大于人均应付薪酬增速，表明应付职工薪酬的增加在一定程度上受行业人员数量的影响，同时也得益于行业创造价值的增加。

从具体公司看，不同信托公司之间人均应付职工薪酬差距较大，人均应付职工薪酬最高的为重庆信托的 367.7 万元，其次为华能信托和北京信托。人均应付职工薪酬 10 万元以下的公司有 6 家，分别是国民信托、英大信托、华信信托、百瑞信托、昆仑信托和外贸信托。这几家公司均属于央企背景的信托公司，薪酬应当采用当年支付的方式，因此，资产负债表中体现的期末应付职工薪酬较低。这也充分说明人均应付职工薪酬排名并不能反映各公司的薪酬水平。

表 4－21 列示了 2017 年人均应付职工薪酬排名前 20 位的信托公司，对比其 2016 年排名可以发现整体变动不大，不过国联信托、新华信托和东莞信托排名有较大提升，进入前 20 位，北京信托、陆家嘴信托和中诚信托在前 20 位内排名亦有所提升。

表 4－21　　2017 年人均应付职工薪酬排名前 20 位的信托公司

排名	信托公司	人均应付职工薪酬（万元）	人均净利润排名	人均业务管理费用排名
1	重庆信托	367.7	1	65
2	华能信托	306.92	8	7
3	北京信托	246.64	31	8
4	民生信托	221.7	11	6
5	安信信托	197.33	2	2
6	中信信托	182.03	22	9
7	中诚信托	177.73	23	18
8	苏州信托	152.22	29	46
9	陆家嘴信托	150.3	54	14
10	中海信托	137.94	21	45

续表

排名	信托公司	人均应付职工薪酬（万元）	人均净利润排名	人均业务管理费用排名
11	国联信托	135.33	28	1
12	紫金信托	134.32	46	30
13	大业信托	119.51	40	3
14	中融信托	118.8	57	44
15	西藏信托	112.32	15	20
16	上海信托	112.02	24	12
17	新华信托	107.1	64	4
18	天津信托	104.53	26	35
19	东莞信托	103.43	48	21
20	爱建信托	99.36	27	16

2017 年信托公司年报分析之五：客户服务篇

百瑞观点：

- 信托项目净利润整体上涨，超八成公司实现正增长
- 信托项目收入上涨，贷款利息和投资收益仍是主要来源
- 信托项目销售净利率稳中有升，客户投资获益水平持续稳定
- 信托项目支出同比下降，受托人报酬占比近六成
- 已清算信托项目规模增速下滑，财产权信托规模增长较快
- 已清算信托项目加权收益率整体下滑，各分项均出现不同程度下降
- 信托提供增值服务能力未显著提升，项目净利润未来增长动力不足
- 满足委托人和实体经济需求是信托业发展的基本条件
- 新兴产业及二级市场投资的增加对信托公司风控体系提出新的要求
- 立足差异化发展，加强品牌的可识别性是获得客户关注的有效途径
- 信托公司需要借助新科技为客户提供更高质量、专业化的金融服务
- 加强投资者的教育及保护是信托行业不容忽视的重点

2017年我国经济稳中向好，继续保持健康发展态势。全国GDP达到82.7万亿元，同比增长6.7%，较2016年提升0.2个百分点，同比增速实现了自2011年以来的首次正增长。我国信托行业与宏观经济发展趋势基本保持一致，信托资产规模实现稳步增长。未来，在我国经济发展动力转换以及信托业回归本源的背景下，信托公司需要进一步提升核心竞争力，严控金融风险，以更好地服务实体经济为着力点，加快推进业务转型，积极回归业务本源，高效尽责地为客户提供优质的金融服务。

一、信托项目净利润增长，为客户创造价值增加

（一）信托项目净利润整体上涨，超八成公司实现正增长

1. 行业角度

截至2017年末，信托项目净利润出现较大幅度上升，总额达到1.26万亿元，较2016年增长31.46%。自2011年以来，信托净利润一直表现出不断上涨的趋势，且增速始终保持在50%以上，2012年甚至接近150%。但从2015年开始，净利润增长率大幅下滑，到2016年首次出现负增长（见图5-1）。在信托资产规模持续走高的情况下，净利润的负增长说明信托为客户提供增值服务的能力并没有显著提升，信托业展业面临较大压力。2017年净利润增速增长率虽然重回正值，但由于全行业被动管理类规模占比持续走高，特别是被动事务管理类在2017年已占到总规模的47.34%，在监管政策加严、通道业务受限的情况下，2018年信托资产规模很可能出现负增长，未来信托项目净利润的增长动力明显不足。

2017年，68家信托公司共向客户分配信托项目利润11,865.45亿元，未分配信托项目利润3,661.34亿元，与2016年相比增长率分别为18.22%、26.67%。信托项目分配率为94.06%，符合历年信托利润分配水平（2010—2017年信托利润分配率基本维持在80%～100%）。从历年已分配利润指标看，2010—2015年该指标呈现不断上升的趋势，但是从2016年开始，这种长期增长趋势戛然而止，受净利润下滑影响，该指标也出现下降。但是在2017年该指标已经恢复至2015年同期水平（见表5-1）。

2. 信托公司角度

2017年68家信托公司中，中信信托蝉联信托项目净利润榜首，实现净利润699.21亿元，同比增加1.8个百分点，建信信托和兴业信托分列第2

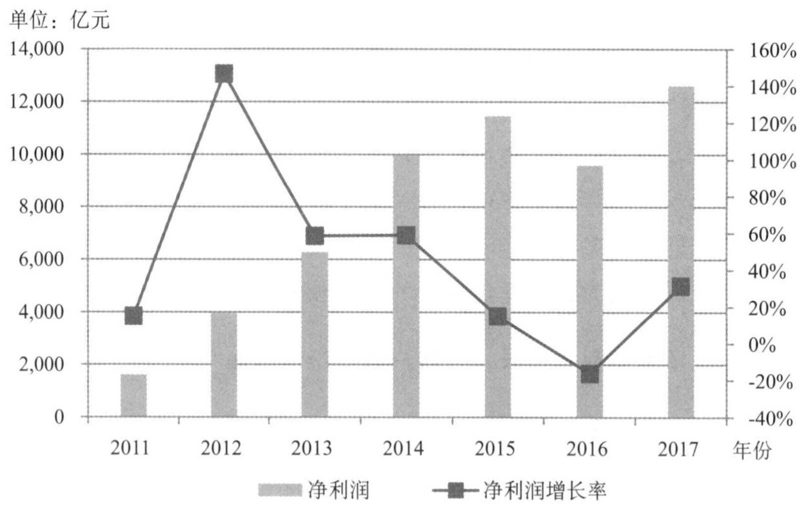

图5-1 2011—2017年信托项目净利润变化情况

表5-1 2010—2017年信托项目收益及其分配情况

年份	净利润（亿元）	可供分配利润（亿元）	本期已分配利润（亿元）	期末未分配利润（亿元）	利润分配率（%）
2010	1,397.29	1,585.64	1,247.52	338.11	89.3
2011	1,606.6	1,942.66	1,950.37	-7.11	121.4
2012	3,960.35	3,893.11	3,537.67	490.45	89.3
2013	6,273.66	6,474.81	6,004.09	732.53	95.7
2014	9,966.69	10,461.09	8,483.15	2,330.32	85.11
2015	11,458.07	14,679.02	11,337.78	3,341.24	98.95
2016	9,596.7	12,746.63	10,037.07	2,890.45	104.59
2017	12,615.36	15,526.79	11,865.45	3,661.34	94.06

位和第3位，净利润分别为586.83亿元、552.7亿元，上海信托、华能信托、华润信托、平安信托、中融信托、外贸信托、交银信托位列第4位至第10位。其中，外贸信托净利润增速明显，从2016年的第39位跃升至2017年的第9位，增速高达381%。中信信托、建信信托、兴业信托连续两年稳坐前3把交椅。上海信托、华能信托、中融信托较上年相比排名变化不大，华润信托由于净利润涨幅超过130%，排名从12位上升到第6位。平安信托、交银信托虽然业绩有所增长，但是增幅较小，所以排名较上年有所下

滑，分别从第 4 位、第 8 位下降至第 7 位、第 10 位。2016 年排名第 9 位、第 10 位的西藏信托、四川信托同样由于业绩增幅小纷纷在 2017 年跌出行业排名前 10 位，位列第 13、第 16。

表 5 - 2　　2017 年信托项目净利润排名前 10 位的信托公司

信托公司	2017 年		2016 年	
	排名	净利润（亿元）	排名	净利润（亿元）
中信信托	1	699.21	1	686.96
建信信托	2	586.83	3	457.39
兴业信托	3	552.7	2	475.91
上海信托	4	551.57	5	415.7
华能信托	5	526.5	6	374.05
华润信托	6	510.11	12	219.07
平安信托	7	439.7	4	421.62
中融信托	8	432.62	7	343.26
外贸信托	9	411.98	39	85.66
交银信托	10	411.97	8	308.91
行业平均值	—	185.52	—	141.13
行业求和	—	12,615.36	—	9,596.7

从数值上看，2017 年有 10 家公司信托项目净利润超过 400 亿元，比上年增加 5 家。中信信托依旧一枝独秀，成为唯一一家净利润逼近 700 亿元的信托公司。46 家信托公司信托净利润超过 100 亿元，比 2016 年增加 10 家。净利润不足 10 亿元的公司由 2016 年的 3 家减少到 2017 年的 1 家。行业排名前 10 位的信托公司信托项目净利润总额 5,123.19 亿元，占全行业总额的 40.61%，较 2016 年下降 0.8 个百分点。排名后 10 位的信托公司项目净利润达到 291.85 亿元，占行业净利润总额的 2.31%，较 2016 年上升 0.17 个百分点。从行业整体看，2017 年信托公司两极分化的态势虽然较 2016 年略有收敛，但强弱分明的局面依旧维持。

图 5 - 2 显示了 2011—2017 年信托项目净利润行业集中度变化情况。整体上，集中度呈现先降后升再降的趋势，但是无论趋势如何变动，CR8 始终没有超过 40%，CR4 也没有超过 30%，说明各家公司的信托业务开展处

于较为充分的竞争状态，且集中度多年保持在相对平稳的状态，历年的CR4、CR8、CR10分别维持在17%～23%、30%～38%、35%～44%，并从2016年开始，随着行业竞争日趋激烈，净利润集中度重新出现缓慢下滑的趋势。

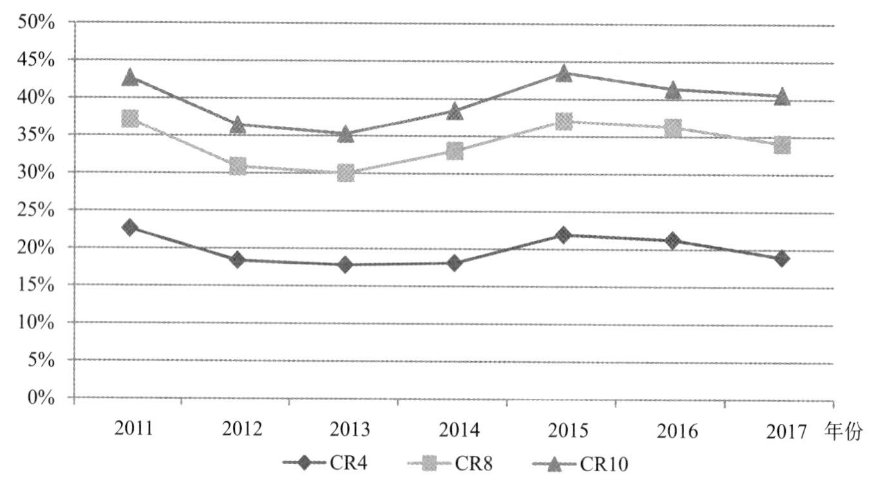

图5－2　2011—2017年信托项目净利润集中度变化情况

2017年57家信托公司出现净利润同比上涨，11家出现同比下滑。其中，浙金信托、外贸信托、长城新盛信托、山西信托、华润信托、渤海信托、新华信托、光大兴陇信托、国民信托、国投泰康信托增长率排名前10位，浙金信托以437.42%的涨幅拔得头筹（见表5－3）。信托项目净利润下滑的11家公司中，3家公司跌幅超过20%，最大跌幅达到45.93%（见图5－3）。

表5－3　2017年信托项目净利润增长率排名前10位的信托公司

排名	信托公司	2017年净利润（亿元）	2016年净利润（亿元）	增长率（%）
1	浙金信托	70.41	13.1	437.42
2	外贸信托	411.98	85.66	380.97
3	长城新盛信托	11.91	4.44	168.33
4	山西信托	25.46	9.9	157.27
5	华润信托	510.11	219.07	132.85
6	渤海信托	309.65	148.69	108.25

续表

排名	信托公司	2017 年净利润（亿元）	2016 年净利润（亿元）	增长率（%）
7	新华信托	176. 9	94. 22	87. 75
8	光大兴陇信托	229. 42	124. 51	84. 25
9	国民信托	226. 56	123. 84	82. 95
10	国投泰康信托	182. 31	100. 04	82. 23

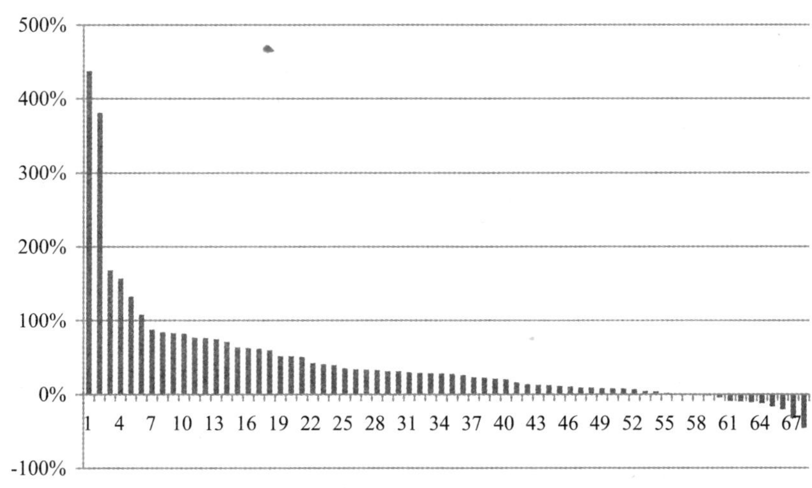

图 5－3　2017 年 68 家信托公司信托项目净利润增长率分布图

2017 年信托项目净利润实现增长的公司中，外贸信托、华润信托、渤海信托绝对增量排名前 3，分别增长 326. 32 亿元、291. 04 亿元、160. 96 亿元。与 2016 年相比，前 10 名中，只有中铁信托和光大兴陇信托还留在榜上，其余 8 位全部重新洗牌，且上榜的 10 家公司净利润增长额全部超过 100 亿元，外贸信托增长额甚至超过 300 亿元（见表 5－4）。信托项目净利润减少的公司中，减幅超过 20 亿元的公司仅有 3 家。与 2016 年相比（9 家公司减幅超过 100 亿元），2017 年信托项目整体净利润水平有所回升。另外，信托项目净利润增长也体现出强者恒强的特征，增长额度排名前 10 位的公司与净利润排名前 10 位的公司重合度较高，分别为建信信托、上海信托、华能信托、华润信托、外贸信托、交银信托 6 家公司。

从已分配利润看，2017 年中信信托向客户分配信托项目利润 732. 46 亿元，排名第 1，同比增加 30. 52%。上海信托向客户分配 518. 49 亿元，排名

表5-4　2017年信托项目净利润增长额度排名前10位的信托公司　单位：亿元

排名	信托公司	2017年净利润	2016年净利润	增长额度
1	外贸信托	411.98	85.66	326.32
2	华润信托	510.11	219.07	291.04
3	渤海信托	309.65	148.69	160.96
4	华能信托	526.5	374.05	152.45
5	上海信托	551.57	415.7	135.86
6	建信信托	586.83	457.39	129.44
7	中航信托	340.09	224.33	115.76
8	中铁信托	246.56	139.46	107.1
9	光大兴陇信托	229.42	124.51	104.91
10	交银信托	411.97	308.91	103.06

第2。对比2016年、2017年，已分配利润排名前10位的公司中，有9家公司重合，华宝信托在2017年跌出前10位，中航信托凭借313.23亿元跻身第10位（见表5-5）。2017年排名前10位的公司累计向客户分配利润达到4,651.77亿元，占全行业已分配利润总额的39.2%，较2016年下降1.04个百分点。排名后10位的信托公司向客户累计分配信托项目利润292.56亿元，占整个行业的2.47%，较2016年上升0.24个百分点，强弱分化趋势依旧显著，但分化程度略有下降。

表5-5　2017年本期已分配信托项目利润排名前10位的信托公司　单位：亿元

排名	信托公司	2017年本期已分配信托利润
1	中信信托	732.46
2	上海信托	518.49
3	建信信托	509.79
4	兴业信托	491.39
5	中融信托	483.25
6	华能信托	477.23
7	交银信托	388.1
8	华润信托	377.93
9	平安信托	359.92
10	中航信托	313.23

从利润分配率角度看，2017 年 23 家公司超额分配了信托利润（即分配给客户的信托项目利润超过本年度公司信托项目净利润总额），较 2016 年减少 14 家。对比 2016 年和 2017 年，华宝信托、重庆信托、云南信托、中海信托均连续两年进入利润分配率榜单前 10 位。其中，华宝信托分配率达到 161.73%，由 2016 年的第 2 位上升至 2017 年第 1 位（见表 5 -6）。2017 年排名后 10 位的公司中，仅 1 家公司的利润分配率不足 50%，该公司 2016 年利润分配率为 254.63%，当年排名第 1 位。

表 5 -6　　2017 年信托项目利润分配率排名前 10 位的信托公司　　单位:%

排名	信托公司	2017 年信托项目利润分配率
1	华宝信托	161.73
2	重庆信托	157.07
3	云南信托	156.64
4	天津信托	124.36
5	中诚信托	124.07
6	厦门信托	117.84
7	华鑫信托	113.37
8	华宸信托	113.04
9	华澳信托	111.97
10	中海信托	111.84

（二）信托项目收入上涨，贷款利息和投资收益仍旧是主要来源

2017 年信托项目营业收入达到 1.4 万亿元，同比增长 27.88%，与信托资产规模增速相当（29.83%）。其中，利息收入和投资收益依旧是营业收入占比最大的两项，合计占比 95.03%。对比 2016 年、2017 年，利息收入在两项收入中的占比略降，降幅达到 1.59 个百分点，符合监管层鼓励加强主动管理类投资的监管导向。2017 年利息收入和投资收益两项合计占比较 2016 年有所下滑，降低 3.88 个百分点，主要体现在公允价值变动损益上，由 2016 年的损失变为 2017 年的 325.5 亿元收益，占比变动 5.04 个百分点。这说明 2017 年信托公司在二级市场的投资及风控能力有所加强，相比 2016 年在证券投资方面有所盈利（见表 5 -7）。

表 5－7　2017 年和 2016 年信托项目营业收入结构

类别	2017 年		2016 年	
	金额（亿元）	占比（%）	金额（亿元）	占比（%）
利息收入	7, 190. 06	51. 18	6, 024. 9	54. 85
投资收益	6, 159. 73	43. 85	4, 840. 33	44. 06
公允价值变动损益	325. 5	2. 32	－299. 15	－2. 72
租赁收入	0. 09	0	0. 93	0. 01
汇兑损益	－1. 26	－0. 01	3. 67	0. 03
手续费及佣金收入	1. 63	0. 01	2. 39	0. 02
财务顾问收入	0	0	0. 17	0
其他收入	371. 84	2. 65	411. 94	3. 75
营业收入合计	14, 047. 58	100	10, 985. 09	100

图 5－4 显示了 2011—2017 年信托项目营业收入集中度变化情况。与信托项目净利润集中度表现类似，七年中营业收入集中度整体呈现平稳震荡趋势，CR4、CR8、CR10 的波动范围分别为 18%～22%、30%～37% 和 35%～42%。信托项目营业收入集中度总体保持稳定，但是历年的集中度都没有超过 2011 年，说明虽然信托项目营业收入集中度总体稳定但还是表现出微弱的下降趋势。

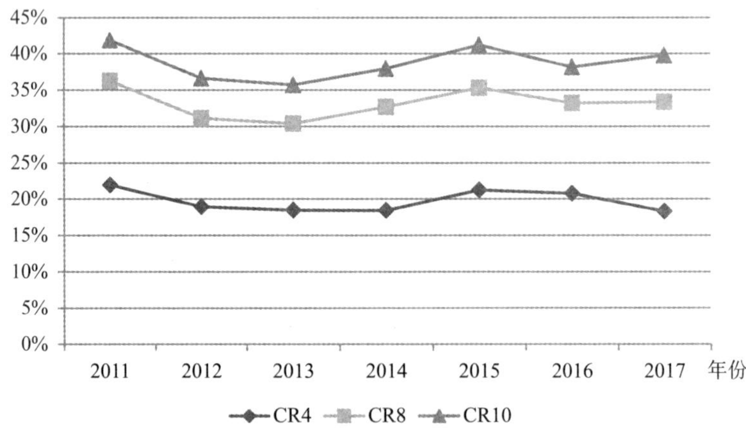

图 5－4　2011—2017 年信托项目营业收入集中度变化情况

（三）信托项目销售净利率稳中有升，客户投资获益水平持续稳定

2017年信托项目销售净利率达到89.8%，较2016年上升2.44个百分点。事实上除了2011年以外，2010—2017年各年销售净利率均维持在80%~90%，且呈现震荡上行的趋势，2017年达到历年最高点，说明信托公司能有效地将大部分信托收入转化为信托利润向客户分配，以最大限度实现投资者收益最大化（见图5-5）。

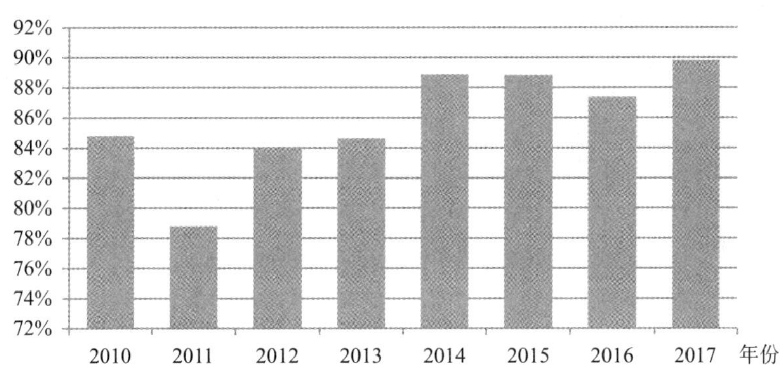

图5-5　2010—2017年信托项目销售净利率

从公司角度看，45家信托公司销售净利率高于行业平均水平，建信信托以95%排名第1，华宸信托、兴业信托分列第2位、第3位，销售净利率分别为94.64%和94.46%。排名居后的公司中有6家销售净利率低于70%，最低为58.31%。

表5-8　2017年信托项目销售净利率排名前10位的信托公司

排名	信托公司	净利润（亿元）	营业收入（亿元）	销售净利率（%）
1	建信信托	586.83	617.73	95
2	华宸信托	5.08	5.37	94.64
3	兴业信托	552.7	585.09	94.46
4	江苏信托	229.58	243.47	94.29
5	上海信托	551.57	586.13	94.1
6	新华信托	176.9	188.59	93.8
7	国元信托	102.11	108.99	93.69
8	西部信托	127.65	136.64	93.42
9	英大信托	134.41	143.89	93.41
10	光大兴陇信托	229.42	245.63	93.4

（四）信托项目支出同比下降，受托人报酬占比近六成

2017年68家信托公司的信托项目支出合计达到1,435.94亿元，占信托项目营业收入的10.22%，同比下降1.05个百分点。从行业整体看，2015—2017年信托项目支出在营业收入中的占比呈震荡下降趋势。2017年68家信托公司中有39家公布了8项信托项目支出明细，即营业税金及附加、受托人报酬、托管费、投资管理费、销售服务费、交易费用、资产减值损失和其他费用，其余公司仅列出“营业支出”“营业费用”等一级会计科目，或者仅列出业务及管理费1项明细，没有具体划分，因此本处对上述公司暂不做分析。另外，通过对比2017年的39家公司与2016年的37家公司发现，有37家公司互相重合，为了保证可比性，此处以37家公司为分析对象（见表5－9）。

表5－9　2017年和2016年37家公司信托项目支出结构对比

项目	2017年		2016年	
	金额（亿元）	占比（%）	金额（亿元）	占比（%）
营业税金及附加	0.49	0.07	5.56	0.85
受托人报酬	418.76	58.14	379.64	58.3
托管费	47.48	6.59	49.66	7.63
投资管理费	30.86	4.28	15.14	2.32
销售服务费	33.48	4.65	33.41	5.13
交易费用	11.75	1.63	5.63	0.86
资产减值损失	1.68	0.23	7.77	1.19
其他费用	175.77	24.4	154.34	23.7
支出合计	720.26	100	651.2	100

37家公司中，信托项目总支出720.26亿元，受托人报酬依然是信托项目支出的最主要部分，以58.14%的占比排名第1位，同比下降0.16%；其他费用占比24.4%，排名第2位，同比上升0.7%；托管费占比6.59%，同比下降1.04%，位居第3；销售服务费、投资管理费、交易费用各自占比4.65%、4.28%、1.63%，分列第4、5、6位，较2016年的占比变动分别为－0.48%、1.96%、0.77%。资产减值损失、营业税金及附加两项占比最小，且均较2016年出现下滑，降幅分别达到0.96%和0.78%（见图5－6）。

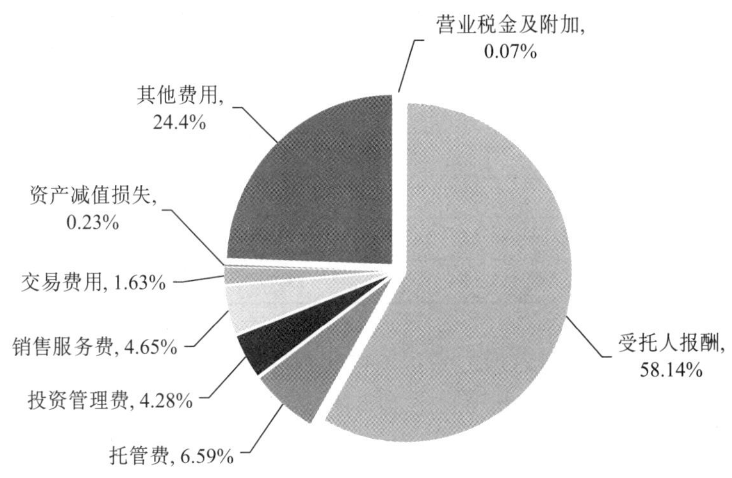

图 5-6　2017 年 37 家公司信托项目支出细项占比元

1. 受托人报酬占比微降，14 家公司受托人报酬超 10 亿元

受托人报酬是信托项目支出的主要构成部分。根据 2017 年数据显示，68 家公司中有 40 家披露了受托人报酬数据，总额达到 429. 38 亿元，同比上涨 10. 53%，受托人报酬占总支出比重 58. 73%，同比下降 0. 1%。40 家公司中，平均受托人报酬 10. 73 亿元，高于行业平均水平的有 14 家公司，排名前 3 位的依次是安信信托、中融信托和华能信托，其中安信信托以绝对优势占据第 1 位，报酬总额达到 61. 7 亿元，是第 2 位的 1. 89 倍。安信信托受托人报酬占比也出现大幅上涨，从 2016 年的 76. 18% 上升至 2017 年的 91. 75%（见表 5-10）。排名居后的信托公司中受托人报酬不足 3 亿元的共 3 家，最低仅为 2, 764. 13 万元。信托公司受托人报酬超半数（58%）落于 2 亿至 9 亿元之间，另有 23% 落于 9 亿至 16 亿元之间。

表 5-10　2017 年受托人报酬支出排名前 10 位的信托公司

排名	信托公司	支出（亿元）	受托人报酬（亿元）	受托人报酬占比（%）
1	安信信托	67. 25	61. 7	91. 75
2	中融信托	66. 17	32. 65	49. 34
3	华能信托	49. 06	22. 36	45. 59
4	中航信托	32. 71	20. 86	63. 77
5	上海信托	34. 57	19. 91	57. 59

续表

排名	信托公司	支出（亿元）	受托人报酬（亿元）	受托人报酬占比（%）
6	重庆信托	26.23	19.84	75.64
7	建信信托	30.9	17.38	56.27
8	民生信托	26.52	15.42	58.14
9	交银信托	32.84	13.69	41.69
10	百瑞信托	15.62	13.21	84.58

2. 营业税金及附加大幅下降，全行业合计7,513.07万元

营业税金及附加在信托项目总支出中占比较小。2017年全行业68家信托公司中仅有18家公司存在营业税金及附加项数据，总金额7,513.07万元，较2016年32家公司的9.6亿元出现大幅下降，占信托总支出比重的0.05%，支出占比同比下滑0.73%。主要原因在于：首先，信托项目是一项合同安排和财富管理手段，并非税法意义上的纳税主体，因此在信托项目支出中营业税金及附加占比较小；其次，2016年开始，国家财税部门关于资管产品营改增问题出台一系列文件，明确资管产品的增值税应税收入需要由管理人缴纳增值税，因此，会计科目的变化也是导致营业税及附加项2017年大幅下降的原因。

在列出该项的18家公司中，上海信托营业税金及附加项支出2,813.67万元，位列第1（见图5-11）；华能信托紧随其后，支出1,005.47万元，排名第2；中诚信托以987.12万元排名第3。从营业税金及附加在总支出的占比情况看，中诚信托占比最高，达到0.84%，超出行业平均水平0.77个百分点；上海信托、国元信托分别占比0.81%、0.66%，分列第2位、第3位（见表5-11）。

表5-11　信托项目营业税金及附加支出排名前10位的信托公司

排名	公司简称	支出（亿元）	营业税金及附加（万元）	占总支出比重（%）
1	上海信托	34.57	2,813.67	0.81
2	华能信托	49.06	1,005.47	0.2
3	中诚信托	11.78	987.12	0.84
4	国元信托	6.88	452	0.66
5	中信信托	82.57	442.49	0.05

续表

排名	公司简称	支出（亿元）	营业税金及附加（万元）	占总支出比重（%）
6	中海信托	18.96	313.92	0.17
7	紫金信托	8.86	311.62	0.35
8	杭工商信托	7.93	294	0.37
9	大业信托	14.26	266.04	0.19
10	平安信托	54.95	242.22	0.04

3. 信托公司托管费降幅较大，上海信托跃居首位

2017年68家信托公司中38家公布了托管费支出项，共计47.49亿元，较2016年下降15.03亿元，降幅达到24.04%。38家公司平均每家托管费用1.25亿元，同比下降19.87%。超过行业平均水平的信托公司有13家，上海信托以4.27亿元从2016年的第4位跃居第1位，交银信托、华能信托分列第2位、第3位（见表5-12）。排名居后的公司中，9家托管费不足5,000万元，最低仅为25.75万元。从全行业看，托管费多集中于0.5亿~2亿元，公司数量占比达到57.89%。对比2016年和2017年托管费支出前10名榜单，上海信托、交银信托、华能信托、建信信托、中航信托、国投泰康信托、中融信托连续两年上榜。其中，上海信托、华能信托排名上升，交银信托、建信信托、国投泰康信托排名不变，中航信托、中融信托排名下降。新上榜的3家公司分别为中原信托、国民信托和云南信托。2017年排名前10位的公司托管费支出总额占全部38家公司的60.2%，较上年微降。

按照信托项目总规模计算，2010—2017年加权托管费率维持在0.02%~0.08%，自2013年以来加权托管费率持续下降，2017年已经下降到0.02%，为2010年以来的最低水平。由于托管费主要由集合资金信托计划产生，因此将总信托规模替换成集合资金信托规模更接近实际情况。从图5-7看，相比全部信托项目，集合信托项目加权托管费率下降趋势明显，2017年已经降至0.05%，同比下降0.11个百分点，创近8年来最低水平。主要原因在于：银行接受资金托管业务有较强动力，此类业务不需要消耗资本、不占用资金，业务开展相对容易使得银行竞相开展此类业务。由于托管银行较多、市场竞争充分、受托人可选余地大导致托管费率持续下滑，未来该项费用还将维持在较低水平。

表 5－12 2017 年和 2016 年信托公司托管费排名前 10 位的信托公司 单位：亿元

排名	信托公司	2017 年托管费	信托公司	2016 年托管费
1	上海信托	4.27	爱建信托	12.84
2	交银信托	3.99	交银信托	4.09
3	华能信托	3.57	中航信托	3.9
4	中原信托	3.29	上海信托	3.78
5	建信信托	2.98	建信信托	3.64
6	中航信托	2.47	中融信托	2.77
7	国民信托	2.43	华能信托	2.35
8	国投泰康信托	1.95	国投泰康信托	2.33
9	中融信托	1.91	北京信托	2.06
10	云南信托	1.74	山东信托	1.97
—	前 10 位占比 60.2%		前 10 位占比 62.52%	

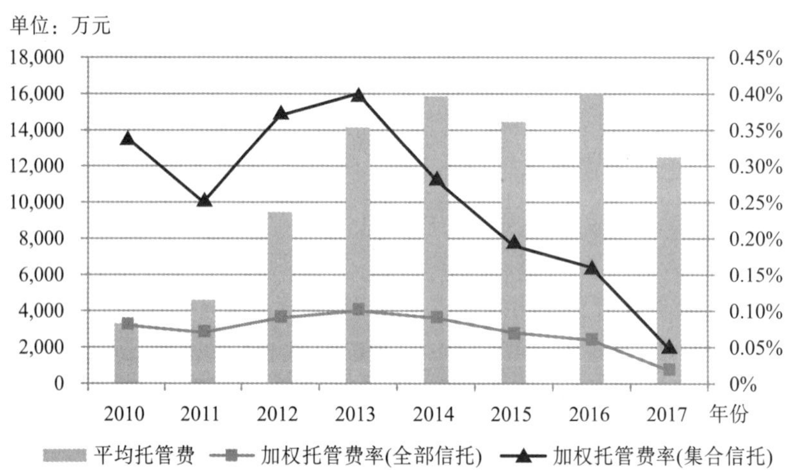

图 5－7 2010—2017 年信托项目托管费率测算

4. 销售服务费同比微增，中融信托继续领跑全行业

2017 年 68 家信托公司中 34 家公布销售服务费数据，总额达到 33.49 亿元，较 2016 年增加 0.08 亿元。从图 5－8 看出，2010—2015 年，信托公司平均销售服务费呈现明显上升趋势，但 2015 年以后，平均销售服务费出现大幅下滑，到 2017 年已经下降至 9,849.7 万元。从百万元集合信托销售服务费角度看，34 家公司集合资金信托规模 9.68 万亿元，销售服务费与集合

信托规模之比为 0.03%，即百万元集合信托的销售服务费达到 345.99 元，2010—2013 年，集合信托销售服务费率呈现上升趋势，2013 年以后，销售服务费率大幅下降，降幅接近 90%。

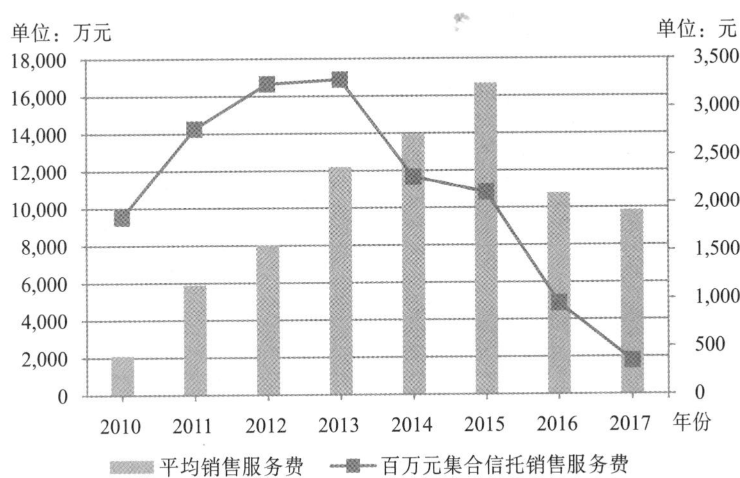

图 5－8 2010—2017 年信托项目平均销售服务费及集合信托销售服务费

2017 年 34 家公司平均每家销售服务费支出 0.98 亿元，同比下降 9.26%。中融信托以 16.11 亿元继续强势领跑，陆家嘴信托代替华能信托占据行业第 2 位，大业信托从 2016 年的第 10 位上升至 2017 年的第 5 位。通过对比 2017 年和 2016 年销售服务费前 10 名榜单，发现中融信托、陆家嘴信托、华能信托、中航信托、民生信托和大业信托 6 家公司连续两年上榜（见表 5－13）。排名居后的 10 家公司中有 9 家销售服务费未超 300 万元，其中 2 家公司不足 4 万元，说明销售服务费在各公司间差异显著。从销售服务费占总支出的比重看，陆家嘴信托以 29.74% 排第 1 位，中融信托紧随其后，排第 2 位。从销售服务费率角度看：中融信托居行业第 1 位，服务费率达到 0.37%，陆家嘴信托、中泰信托以 0.29%、0.16% 分列第 2 位、第 3 位。34 家公司中有 9 家公司超过行业平均水平（行业平均销售服务费率为 0.05%），排名居后的公司中有 5 家公司百万元集合信托销售服务费未超 50 元。

表5-13　　2017年销售服务费排名前10位的信托公司

排名	信托公司	销售服务费（亿元）	总支出（亿元）	占总支出比重（%）	销售服务费率（%）	百万元集合信托销售服务费（元）
1	中融信托	16.11	66.17	24.35	0.37	3,665.99
2	陆家嘴信托	4.9	16.47	29.74	0.29	2,853.11
3	华能信托	3.01	49.06	6.13	0.11	1,080.4
4	中航信托	2.32	32.71	7.09	0.07	667.85
5	大业信托	1.08	14.26	7.59	0.11	1,098.7
6	中建投信托	0.85	15.36	5.54	0.08	840.42
7	民生信托	0.74	26.52	2.8	0.06	630.37
8	山东信托	0.51	24	2.12	0.05	451.42
9	光大兴陇信托	0.47	16.21	2.93	0.03	262.9
10	重庆信托	0.47	26.23	1.8	0.03	329.62

5. 信托项目投资管理费支出大幅上升，天津信托行业领跑

2017年68家信托公司中有19家公司的支出项中公布了投资管理费数据，投资管理费总额为30.86亿元，相比2016年上升37.39%。19家公司中有8家公司投资管理费在0.5亿~3亿元，有10家公司在0.01亿~0.3亿元，天津信托以16.47亿元投资管理费支出排名第1，中融信托位列第2，投资管理费收入3.16亿元，西部信托以2.89亿元排名第3（见表5-14）。天津信托投资管理费占全行业投资管理费比重较大，达到53.37%，在公司信托项目总支出方面占比65.71%。从投资管理费率（投资管理费÷投资收益）角度看，天津信托、湖南信托、西部信托位居前3位，其中天津信托投资管理费率高达151.09%。

表5-14　　2017年投资管理费排名前10位的信托公司

排名	公司简称	支出（亿元）	投资管理费（亿元）	投资收益（亿元）	投资管理费率（%）
1	天津信托	25.07	16.47	10.9	151.09
2	中融信托	66.17	3.16	309.25	1.02
3	西部信托	8.99	2.89	49.79	5.8
4	云南信托	15.67	2.32	67.82	3.42

续表

排名	公司简称	支出（亿元）	投资管理费（亿元）	投资收益（亿元）	投资管理费率（%）
5	北京信托	19.64	1.83	55.25	3.31
6	交银信托	32.84	1.25	59.23	2.11
7	光大兴陇信托	16.21	0.88	56.63	1.55
8	粤财信托	7.88	0.54	41.46	1.3
9	湖南信托	6.95	0.54	7.38	7.31
10	上海信托	34.57	0.26	168.41	0.15

二、已清算信托项目规模近 8 万亿元，加权收益率持续下滑

根据 68 家信托公司年报数据，2017 年全行业共清算信托项目 14,873 个，较 2016 年减少 2,013 个。已清算信托项目规模创历史新高，接近 8 万亿元，较 2016 年增加 14.33%，但增速较 2016 年下滑 0.89 个百分点。已清算项目加权平均年化收益率 6.23%，较 2016 年下降 1.17 个百分点。

（一）已清算项目规模持续增长，华能信托平均单位项目规模夺魁

1. 已清算信托项目规模增速下滑，财产权信托增速增长较快

2017 年信托行业已清算信托项目实收总规模 79,978.29 亿元。其中，集合信托项目规模 25,050.52 亿元，占总规模的 31.32%，同比下降 1.24 个百分点；单一信托项目规模 40,542.72 亿元，占总规模的 50.69%，占比同比下降 7.37 个百分点；信托财产权项目规模 14,385.04 亿元，占总规模的 17.99%，同比上涨 8.60 个百分点。2017 年已清算信托项目规模较 2016 年增加 10,024.29 亿元。其中，集合信托项目规模增加 2,271.52 亿元，单一信托项目规模缩小 62.28 亿元，信托财产权信托规模增加 7,816.04 亿元。从图 5－9 可以看出，已清算信托项目总规模保持持续增长态势，但增速自 2014 年起开始下滑，从 40.14% 跌至 2017 年的 14.33%。各分项中，信托财产类增速增长较快，2017 年达到 118.98%，增速同比上涨 43.58%；集合类和单一类增速出现下滑，集合类增速下降幅度更大，2017 年增速同比下降 14%，但 2017 年单一类已清算信托项目规模出现负增长，规模同比下降 0.15%。

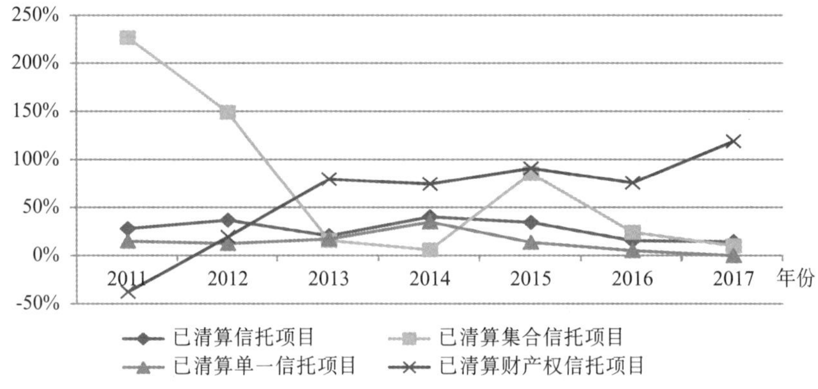

图5-9　2011—2017年已清算信托项目规模增速变化情况

2. 兴业信托已清算信托项目数排名第1，华能信托已清算总规模和单位规模行业领跑

68家信托公司中，兴业信托已清算项目个数701个，低于2016年的923个，但依旧稳居第1位，中信信托、渤海信托分列第2位、第3位。排名前10位的公司中，兴业信托、中信信托、西藏信托和四川信托已连续3年上榜。

已清算信托实收信托规模方面，华能信托以8,469.29亿元高居榜首，超越第2名中信信托3,795.71亿元，兴业信托以4,514.32亿元排第3名。华能信托、中信信托、兴业信托、平安信托和渤海信托连续2年排入行业前10位（见表5-15）。从行业角度看，20家公司已清算信托项目规模超越行业平均水平，超过1,000亿元的29家。排名居后的公司中有4家未超过100亿元，最低为52.89亿元。行业排名前10位的信托公司已清算信托项目实收金额总计35,684.92亿元，大幅超过2016年的30,686.71亿元。从单位已清算信托项目实收规模看，尽管华能信托已清算信托项目数量不多，但平均每个项目的实收规模却高居榜首，达到30.14亿元，超过第2名11.93亿元。北方信托、重庆信托分居第2位和第3位。68家信托公司中有22家超过行业平均水平。51家公司单位已清算信托项目实收规模分布在2亿~6亿元之间，公司数量占全行业的75%。

从已清算信托项目种类看，2017年华能信托已清算集合类项目实收金额依旧排在行业第1位，达到4,057.91亿元。北方信托单一类项目实收金额4,080.62亿元，取代2016年的中信信托跃居第1位，而中信信托下降至

表 5－15　　2017 年已清算信托项目个数和规模情况

排名	信托公司	已清算信托项目数量（个）	信托公司	已清算信托实收规模（亿元）	信托公司	单位已清算信托项目实收规模（亿元）
1	兴业信托	701	华能信托	8,469.29	华能信托	30.14
2	中信信托	590	中信信托	4,673.58	北方信托	18.21
3	渤海信托	538	兴业信托	4,514.32	重庆信托	14.84
4	国民信托	497	北方信托	4,260.34	五矿信托	9.25
5	中铁信托	480	渤海信托	3,431.73	华融信托	9.24
6	新时代信托	456	新时代信托	2,352.48	中海信托	8.92
7	四川信托	451	平安信托	2,149.31	中信信托	7.92
8	国投泰康信托	440	国投泰康信托	2,066.83	光大兴陇信托	7.74
9	西藏信托	435	厦门信托	1,941.26	外贸信托	7.49
10	云南信托	393	国民信托	1,825.77	华鑫信托	7.4

第 3 位，兴业信托名次未变，仍旧稳居第 2。华能信托财产权类已清算信托规模领跑全行业，规模总额达到 2,580.1 亿元，中信信托、兴业信托位居第 2 和第 3 位（见表 5－16）。

表 5－16　　2017 年已清算信托项目分类排名情况　　单位：亿元

排名	信托公司	集合类	信托公司	单一类	信托公司	财产权类
1	华能信托	4,057.91	北方信托	4,080.62	华能信托	2,580.1
2	新时代信托	1,016.93	兴业信托	2,739.93	中信信托	1,715.24
3	渤海信托	796.51	中信信托	2,382.79	兴业信托	1,135.61
4	光大兴陇信托	753.6	渤海信托	2,112.44	新时代信托	818.89
5	长安信托	746.03	华能信托	1,831.28	西藏信托	657.75
6	兴业信托	638.79	国投泰康信托	1,693.67	英大信托	630.63
7	五矿信托	613.81	国民信托	1,545.24	北京信托	618.51
8	大业信托	601.18	厦门信托	1,351.31	平安信托	594.03
9	中信信托	575.55	云南信托	1,036.21	渤海信托	522.78
10	平安信托	567.4	平安信托	987.88	中原信托	421.75

（二）已清算信托项目加权收益率整体下滑，湖南信托表现抢眼

1. 行业加权年化收益率降速加剧，各分项均持续不同程度的下降态势

根据68家信托公司年报数据测算，2017年已清算信托项目加权年化收益率为6.17%，同比下降1.17%。已清算集合类信托加权年化收益率为7.06%，同比下降1.11%。已清算单一类信托加权年化收益率为6.09%，同比下降0.99%，已清算财产权类信托加权年化收益率为4.81%，同比下降1.20%。从图5－10看出，2011年以来，行业已清算项目加权年化收益率总体呈现先增后降的趋势。在经历2014年、2015年的首次波动之后，2016年已清算项目年化收益率再次出现下滑，2017年这种下降趋势非但未被遏制，反而进一步加剧，收益率降速较2016增加了0.47个百分点。从各分项指标看，集合类加权年化收益率没有与行业加权年化收益率同步变化，未经历2014年的下跌，于2016年首次出现下滑，且2017年的下滑幅度小于2016年，但历年来在数值上均高于行业加权年化收益率；单一类加权年化收益率整体趋势与行业加权年化收益率保持一致，但数值上均低于行业加权年化收益率；财产权信托持续2014年以来的下滑趋势，2017年达到历年最低水平。

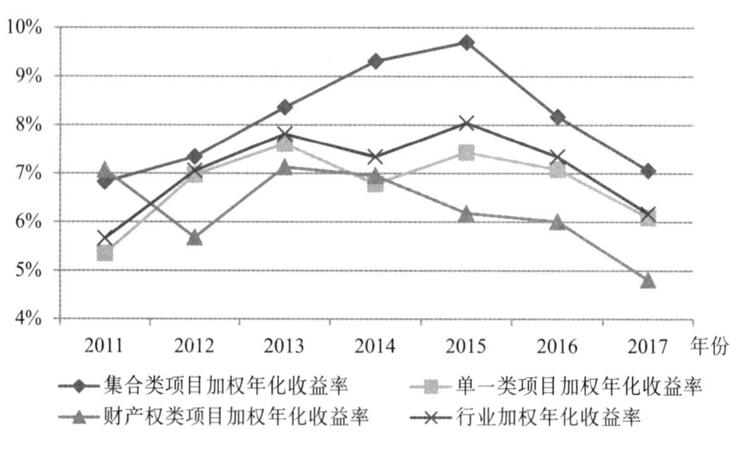

图5－10　2011—2017年已清算项目加权年化收益率

2. 三类信托项目榜首易主，湖南信托财产权类收益率一枝独秀

集合类信托项目年化收益情况：北方信托以14.34%超越西部信托排名第1，西藏信托、长安信托分列第2位和第3位。虽然2017年第1名收益率

高于2016年的14.29%，但是从前10位整体看要低于2016年水平。从全行业角度看，33家公司超过行业平均水平，超过10%的共5家公司，排名靠后的公司中有7家公司年化收益率未超过5%，最低达到1.02%。

单一类信托项目年化收益情况：北京信托、华润信托、金谷信托分别占据前3位，北京信托9.77%，较2016年第1位的14.28%有较大幅度降低，且前10位加权年化收益率仅为8.13%，较2016年前10位下降了0.17个百分点，可以看出行业前10位的整体水平低于2016年。从行业角度看，38家公司年化收益率高于行业平均水平，排名居后的公司中有7家未达到5%，最低仅为0.47%。

财产权类信托项目年化收益情况：湖南信托一枝独秀，以91.98%摘得桂冠。第2名东莞信托也达到29.92%，超过2016年第1名10.92个百分点，同样表现卓越。前10位加权年化收益率为8.83%，较2016年提高近0.4个百分点，但10家公司整体上的强弱分化较2016年更为显著。从全行业看，15家公司高于行业平均水平，排名居后的公司中有7家不足2%，最低为0.06%。

2017年已清算信托项目年化收益率排名前10位的信托公司如表5－17所示：

表5－17　2017年已清算信托项目年化收益率排名前10位的信托公司　　单位：%

排名	信托公司	集合类	信托公司	单一类	信托公司	财产权类
1	北方信托	14.34	北京信托	9.77	湖南信托	91.98
2	西藏信托	12.72	华润信托	9.2	东莞信托	29.92
3	长安信托	11.55	金谷信托	7.89	山东信托	12.68
4	国民信托	10.78	民生信托	7.83	苏州信托	11.13
5	杭工商信托	10.02	安信信托	7.73	长城新盛信托	11.05
6	中泰信托	9.69	中原信托	7.72	百瑞信托	9.99
7	英大信托	9.52	山西信托	7.71	华鑫信托	9.18
8	华宸信托	9.5	中融信托	7.65	中融信托	9.14
9	华润信托	9.42	湖南信托	7.65	昆仑信托	7.74
10	万向信托	9.04	国联信托	7.63	上海信托	7.69

（三）已清算主、被动管理类信托规模有增有减，加权收益率、信托报酬率双双下滑

1. 被动管理类已清算信托规模增加近三成，事务管理类在已清算信托规模中排名首位

根据2017年年报数据，已清算主动管理类信托项目合计4,671个，比2016年减少2,998个，信托规模为26,804.38亿元，同比下降7.23%，下降幅度较2015年扩大2.7%。从已清算信托数量看，融资类、股权投资类、证券投资类、事务管理类、其他类项目数量均出现不同程度下降，其中融资类下降幅度最大。从已清算规模看，融资类、股权投资类、证券投资类同比下降，融资类降幅最大，证券投资类降幅最小。事务管理类、其他投资类已清算规模同比上升，其中事务管理类增幅最大。虽然2017年已清算主动管理类信托项目数量减少较多，但单位信托项目已清算规模同比提升，较2016年的3.5亿元增加1.82亿元。总体上看，融资类无论数量和规模都占据主动管理类信托的一半以上。

2017年已清算被动管理类信托项目合计9,097个，较2016年的9,147个略有减少。信托规模54,925.83亿元，较2016年增加近三成，增长率达到28.72%。从各分项看，融资类项目清算较多，总规模达到12,996.89亿元，同比增加627.99%，证券投资类清算规模降幅较大，同比下降50.91%。其他各分项清算规模均有小幅上升（见表5-18）。总体上看，事务管理类信托在数量和规模上均占据被动管理类信托的半数以上，位列第1，紧随其后的是融资类信托。

综上，已清算信托规模中，事务管理类信托排名第1，规模总额为37,807.41亿元，占总清算规模的47.38%；融资类信托排名第2，规模总额为24,710.48亿元，占总清算规模的30.97%。

2. 加权收益率、信托报酬率双双下降，主动管理项目收益率高于被动管理项目

从加权收益率方面看，2017年全行业的主动管理类信托加权收益率为6.79%，同比下降1.29%，持续2015年以来的下降趋势。其中，股权投资类较2016年有所提升，增加了1.05个百分点，融资类、证券投资类、事务管理类和其他类年化收益率均有所下降。融资类收益率降幅最大，从2016年的8.91%下降到2017年的7.06%；降幅排名第2位的是事务管理类，加

表5－18　　2017年和2016年已清算主、被动管理类信托项目数量及规模分类情况

信托项目分类		2017年		2016年	
		数量（个）	信托规模（亿元）	数量（个）	信托规模（亿元）
主动管理项目	融资类	2668	11,713.59	3844	14,574.17
	股权投资	661	2,987.39	722	3,397.28
	证券投资	888	3,564.79	1233	3,737.32
	事务管理类	454	4,111.2	658	3,041.4
	其他投资类	1077	2,488.11	1212	2,054.21
	合计	4671	24,865.09	7669	26,804.38
被动管理项目	融资类	2603	12,996.89	447	1,785.3
	股权投资	187	1,712.06	222	1,278.09
	证券投资	319	5,845.42	3317	11,907.92
	事务管理类	5884	33,696.21	5012	27,125.81
	其他投资类	104	675.25	149	573.3
	合计	9097	54,925.83	9147	42,670.43

权收益率5.57%，同比下降1.75个百分点。对于被动管理类项目，2017年行业已清算加权收益率达到5.98%，较2016年下降0.47个百分点。其中，融资类收益率上升明显，2017年达到6.53%，同比增加1.6个百分点。股权投资类、证券投资类、事务管理类及其他投资类年化收益率均出现不同程度下降，降幅最大的是股权投资类，同比降幅达到3.93%，其次是证券投资类，同比降幅达到2.1%（见表5－19）。

从信托报酬率方面看，2017年已清算主动信托项目报酬率普遍高于被动项目，主动加权平均报酬率为0.78%，较被动项目的0.13%高出0.65个百分点。其中，主动管理融资类项目在主动项目中报酬率最高，其次是股权投资类，报酬率为1.09%。被动信托项目中，融资类和股权类信托同样是信托报酬最高的两项，股权投资类报酬率比融资类略高0.01个百分点，由于信托融资类项目和股权投资类项目的收益率普遍高于其他类项目，因此信托报酬率水平也相应提升。对比2016年、2017年信托报酬率发现，2017年主、被动管理类加权信托报酬率较2016年均出现小幅下降。其中，融资类、

股权类主动管理信托报酬率同比增加，证券投资类、事务管理类和其他类信托报酬率同比下降，其他类报酬率下降幅度最大，达到0.53%。而股权类被动管理信托报酬率同比增加，其余各项报酬率均有所下降，降幅最大的是其他投资类信托，下降幅度为0.28个百分点。2017年信托报酬率的下降说明了信托公司在不断地让利客户，体现了“利他在先，利己在后”的受托责任。

表5－19　2017年和2016年已清算主、被动信托项目年化收益率、信托报酬率分类情况

单位:%

信托项目分类		2017年		2016年	
		加权收益率	信托报酬率	加权收益率	信托报酬率
主动管理项目	融资类	7.06	1.29	8.91	1
	股权投资	7.69	1.09	6.64	0.81
	证券投资	6.24	0.17	7.1	0.37
	事务管理类	5.57	0.13	7.32	0.28
	其他投资类	7.27	0.49	7.49	1.02
	加权平均	6.79	0.78	8.08	0.81
被动管理项目	融资类	6.53	0.15	4.93	0.2
	股权投资	4.09	0.16	8.02	0.15
	证券投资	4.93	0.14	7.03	0.3
	事务管理类	6.04	0.13	6.2	0.13
	其他投资类	6.58	0.05	7.78	0.33
	加权平均	5.98	0.13	6.45	0.16

2017年信托项目净利润出现大幅上涨，达到31.46%，与信托资产规模29.83%的增长率相当，但是净利润的过快增长并非源于资产规模的拉动，而是由于2016年净利润大幅下滑导致的基数过低所致。对比2017年已清算信托项目和存量信托资产发现，两者在结构方面存在一致之处。即主动融资类在主动管理信托规模的占比均排名第1，超过40%，被动事务管理类在被动管理信托规模的占比均排名第1，超过60%，这说明信托结构尚未发生根本变化。从已清算信托项目收益率看，主动管理信托年化收益率同比下降1.29个百分点，其中主动融资类下降1.85个百分点，也就是说，如果未来

主动管理项目收益水平持续下滑，特别是占比最大的主动融资类收益率继续下降，信托项目净利润将很难扭转目前增长乏力的趋势。另外，2017 年被动项目增长过快，特别是被动事务管理类，占比已经达到 68.17%，随着严监管政策的不断发酵，通道类业务未来将大幅缩水，被动项目规模也将随之下降，信托项目净利润的另一增长点将被大幅削减。

三、新形势下提升客户服务水平的几点建议

2018 年 4 月 27 日，中国人民银行、中国银行保险监督管理委员会、中国证券监督管理委员会、国家外汇管理局联合印发《关于规范金融机构资产管理业务的指导意见》（以下简称“资管新规”），资管新规的“靴子”终于落地。相较于 2017 年的资管新规（征求意见稿），服务实体经济的导向未变、防范金融风险的总基调未变、打破刚兑的方向未变。在此背景下，作为大资管的一员，信托行业即将进入新一轮的调整期。因此，“练好内功、转型创新”是信托公司“破茧成蝶”的必由之路，而提升客户服务水平是助力信托公司转型升级的重要组成部分。

（一）转变业务方向，回归信托本源。

信托回归业务本源应该包含两个方面。首先，信托的基本定义是受人之托、代人理财。所以第一层本源业务应该是基于委托人的真实需求；其次，是基于实体经济的需求。在严监管的背景下，信托制度红利逐渐消失，为了更好地满足客户需求，寻找新的业务增长点，信托公司纷纷加入转型行列，强调回归业务本源。

1. 满足委托人需求

机构客户方面：银行是信托机构资金的最大来源，随着银信合作监管升级，转变银信业务合作模式成为关键。传统通道业务的增速不可持续，信托公司需要结合银行现阶段需求，寻找新的合作方向，引导银信合作向专业受托管理和资产管理方向转型，可以从以下几个业务方向进行选择。首先，响应政策号召，开展资产证券化业务。信托可以利用自身破产隔离优势充当特殊项目公司（SPV），为银行提供信贷资产证券化服务，提高其资金的周转速度。其次，参与投贷联动和市场化债转股业务。投贷联动和市场化债转股也是监管鼓励的业务方向。在投贷联动业务中，信托可以承接银行资金，以股加债的方式投向标的企业。在市场化债转股业务中，信托可以凭借直接股

权投资优势帮助银行化解不良贷款，同时也能帮助实体企业降低杠杆，促进其持续健康发展。再次，加强与银行的财富管理合作。加强信托公司与银行的产品代销合作，或者与银行私人银行部联合拓展高净值客户，利用信托破产隔离优势，为高净值人群提供财富管理、资产配置等一系列服务。目前银行系信托公司多开展此类业务，利用股东优势实现了银行与信托的协同发展。最后，进一步提升同业资产管理能力，扩大标准化产品投资比重，鼓励打破刚性兑付。信托公司需要建立标准化产品投资的专业投研团队，提高市场研判能力和风险管理能力。除银行外，在银保监合并的背景下，保险与信托也存在一定的合作空间。保险公司既有大量低成本资金，也具备机构投资者较高的风险承受能力，适合权益类投资等长期项目，是信托低成本优质项目合适的资金来源。2018年《保险资金运用管理办法》正式实施，文件对于保险资金运用范围进一步放开，譬如可以进行股权投资和资产证券化产品投资等，未来保险和信托共同承担实体经济融资功能将是双方合作的重要方向之一。但是需要注意的是，自2017年以来，监管层加大对信托公司的处罚力度。据不完全统计，截至2018年1季度末，监管层先后开出32张罚单，而原保监会2014年出台的《关于保险资金投资集合资金信托计划有关事项的通知》明确提出作为受托人的信托公司近三年不能受到监管机构行政处罚，因此未来信托和保险合作模式还需要深入探讨。另外，保险金信托也是今后信保展业的重要方面，它可以实现委托人在保险理赔后向受益人的财产分配意愿，不仅为保险产品实现了更高层次的业务提升，还为投保人实现长期及个性化诉求提供强有力的保障。

在个人客户方面，要强调客户专业化服务。专业化即按照信托公司自身的经营情况，匹配特定偏好的目标客户，实现目标人群差异化和精细化，使服务更能满足客户需求。客户专业化强调服务细分客户，充分重视客户意愿，如满足财富传承需求的家族信托、满足公益慈善需求的慈善信托、满足日常消费需求的消费信托等。根据中国平安旗下高端线上私人财富管理平台平安财富宝发布的《2017年国民财富焦虑报告》显示，超7成的受访者处于“中度财富焦虑”的状态，焦虑点主要集中在“自己养老、父母养老、医疗、财富保值和增值、职业发展、子女教育、财富传承”等方面，其中尤其对“财富的保值增值和财富传承”等问题表现出高度的关注和焦虑。随着中国高净值人群的不断增加，客户对于财富保值增值以及分散风险、跨境资产配置、财富传承等方面的需求与日俱增。家族财富管理业务是信托的本源业务，早在2014年监管层就明确信托要“探索家族财富管理，为客户量身定制资产管理方案”。随着信托回归本源业务的呼声日益高涨，越来越多的信托公司将家族信托业务定位为战略转型方向。截至2017年末，已有至少25家信托公司开展家族信托业务，粗略估计管理规模超过500亿元，其中中信信托家族信托管理规模超过100亿元①。可以看到，家族信托正处于蓬勃发展时期，多元化需求也催生出多种家族信托业务模式和管理手段。比如2017年末外贸信托落地的国内首单不动产传承家族信托以及2017年8月建信信托上线的家族信托业务管理系统等，国内发展家族信托的“春天”已至。但同时也要认识到，家族信托相关法律、制度不完善以及高净值人群对家族信托认知程度的不足等问题还在不断挑战着家族信托业务的发展，也对信托公司专业能力和客户服务水平提出更高要求。在2016年《慈善法》颁布以后，慈善信托屡屡进入公众视野。截至2018年6月20日，共有84单慈善信托备案，总规模达到9.8亿元②。慈善信托凭借其广泛的可接受财产管理范围、严格的外部监督和完善的信息披露机制等优势逐步成长为国内慈善事业开展经营活动的重要力量。一方面，慈善信托具备慈善和信托的双重属性，可以凭借其灵活的机制满足不同委托人的个性化需求，为社会爱心人士提供持续安全的慈善资金捐赠平台。例如，自主设定捐赠比例和捐赠范围，选择信任的慈善机构与信托公司优势互补，捐赠人享受税收优惠等。另一方面，慈善信托还可以和家族信托结合，既能满足高净值人群参与慈善事业的意愿，也能丰富财富传承方案。根据中信信托《高净值人群慈善行为问卷调查表》统计结果，接受调查的客户中（资产量在1000万以上占比96.7%），有41.2%愿意拿出1%以上的家庭财产参与慈善，同时有近56.7%的客户有过做慈善的想法。消费信托即“理财+消费”的概念。近几年，随着产业转型的加速，消费者消费形态和消费方式发生了重大转变，众多消费需求伴随创新产品的供给被创造出来。随着消费者对于消费体验要求的日益提高，消费信托不仅要实现财产的保值增值，还应该配合消费升级精准定位消费需求，基于教育、文化、科技、健康等消费升级动力，赋予消

① 数据来源：金融时报。

② 数据来源：全国慈善信息公开平台。

费者更丰富的消费权益选择。另外，消费信托还可以与慈善信托相互结合，譬如利用消费信托财产收益设立慈善信托，既满足委托人的消费需求，也可以满足其参与公益慈善事业的目的。

2. 满足实体经济需求

进入2018年，信托行业所处的经营环境面临根本性的改变。中共十九大之后，经济转型和供给侧结构性改革进入攻坚期。伴随经济增速放缓和增长动力的调整，地方政府在拉动经济增长中的角色和手段在逐步变化，信托业所面临的市场融资环境也在发生结构性转变。相比于宏观经济环境给信托带来的影响，金融监管规范金融市场、防控金融风险的决心将是更为重要的影响因素。2017年全国金融工作会议决定设立国务院金融稳定发展委员会，将金融监管正式纳入中央工作议程，标志着金融整改战役的全面打响。为实体经济服务是金融的立业之本，近些年，我国金融业出现长足发展，但是总体上其优化资源配置、振兴实体经济的作用没有充分发挥，一定程度上存在资金在金融业内部循环、拉高实体企业融资成本的问题，金融服务实体经济的效率有待提升。中共十九大已经为今后金融业的发展划了重点：要增强金融服务实体经济的能力。伴随经济发展方式的转变、发展结构的优化，包含信托业在内的金融行业也将面临新的机遇。一方面，结合国家发展战略和产业政策，支持新兴信息产业、新能源、节能环保、生物产业、高端装备制造等新兴产业发展，探索和专业机构、地方政府合作成立产业投资基金，借助信托平台撬动更多社会资源，同时培养自身投资专业能力，深入了解新兴市场，挖掘企业成长性和实际需求；另一方面，为了满足人民对美好生活的需要，长租公寓、休闲旅游、养老产业以及教育、医疗、文化等多项关系国计民生的领域亟待发展。新时代围绕“美好生活”谋篇布局成为信托行业创新发展的又一发力点。信托公司要紧抓当前社会主要矛盾，结合消费升级需求，积极推进信托产品创新和服务升级，为社会民生产业发展提供综合金融服务。

（二）强化风险防控，保障客户权益

2017年信托行业在风险管理方面取得一定成绩，信托资产不良率达到0.5%，较2016年下降0.08个百分点。说明信托项目总体风险可控，可以有效保障客户信托财产的安全。但是值得注意的是，虽然全行业不良率水平持续下降，但信托风险项目规模却较2016年有所提升。截至2017年末，信托不良资产达到 1314.34 亿元，较 2016 年上升 11.82%。这说明信托公司需要进一步加强风险防范意识，完善风险防控体系，丰富化解金融风险的手段，切实保护投资者合法权益。

近来，频繁出现的信托兑付风险事件成为市场关注的焦点之一，从涉事信托公司看，无论是行业龙头还是业内新锐，大浪袭来之际都不能明哲保身。从违约产品看，既有收益较高的房地产信托，也有业内公认“可靠”的政信信托，不免令人唏嘘世事变化之快。前几年，部分企业利用高杠杆快速扩张，地方政府也通过融资平台过度举债。然而，随着严监管政策的出台，在当下融资渠道收紧、政府不得担保兜底的情况下，流动性风险逐步积累并集中暴露，使得 2018 年的信托兑付风险事件较往年增多。尽管 2018 年以来的兑付危机大都得到妥善解决，但同时也给信托全行业敲响警钟，在刚兑打破的背景下，过去重出身多过重效率的风险管理思路亟待转变，特别是在挑选政信项目的时候，要更注重平台本身债务负担的合理性、经营的持续性和稳定性以及合作项目本身的现金流情况，不能过分依赖抵质押。另外，信托业务创新也给风险管理带来新的挑战。信托公司更擅长对融资类项目进行风险管理，风控手段乃至组织框架更偏重于银行信贷管理体系，但随着信托不断进入新的领域以及对二级市场投资占比的不断增加，风险管理的内容将更加复杂。信托公司需要根据不同属性业务提出不同的风控重点和要求，强化流动性风险和操作风险管理，扩展原先的“保证 + 押品”模式，加强投后管理，对项目进行更全面和专业化的管控。最后，还要强调风险管理人才的储备和培养。信托转型涉及多种金融业态，风控人员不仅要熟悉本职业务，甚至还要成为某些实业领域的专家。可以预见，专业人才的充足储备将成为未来信托公司风控升级乃至信托业务转型成功与否的重要环节之一。

（三）加强品牌建设，获取客户信任

我国《信托法》规定：受托人是以自己的名义按照委托人意愿从事信托活动。这种制度化的信任是信托行业区别其他金融行业的标志。尽管“受人之托，代人理财”不是信托行业的专属业务，但是这种基于法律制度的信任应该是信托具备的天然优势。从客户的角度分析，投资人选择财富管理机构最为看重机构的品牌和信誉，随着金融同业竞争日趋激烈，信托牌照的稀缺性正在逐步降低，如何通过品牌效应吸引客户的关注度，提升机构在客户心中的信任度是未来信托公司发展的重要一环。如何形成信托品牌优势可以从以下几个方面考虑：首先，信托公司需要有明确的战略定位和树立品牌的意识，要立足差异化发展，明确经营方针和发展目标，强化品牌的可识别性，促进信托公司的多元化发展；其次，构建信托品牌策略，品牌建设需要体系化的运作和设计，针对公司不同的战略目标设计不同的产品体系，同时加强体系间产品的互相影响和彼此增益，提升整体品牌影响力；最后，实现信托品牌价值，注重品牌的社会影响力和商业价值，增强客户对于品牌的认同感。在当前社会经济环境下，社会影响主要体现在对于国家实体经济的支持力度以及公益慈善、生态环保等特色领域的参与度等方面，将受益人利益服务和社会价值创造相结合，通过良好的产品形象获得客户的认可。商业价值主要用于挖掘公司的潜在机遇，拓展更广泛的商业圈，实现强强联合、优势互补，不断提升品牌在行业内的竞争力。

（四）运用新技术，提升服务水平

大数据、云计算、人工智能、区块链等新技术的兴起给很多行业带来了根本性的变革，也给金融行业带来了深刻影响。2017 年国家出台了一系列政策鼓励发展金融科技，央行也专门成立了金融科技委员会，引导新技术在金融领域安全、正确地使用。作为金融行业重要业态的信托也应该积极“拥抱”新技术，突破传统技术的发展瓶颈，寻找更大的展业空间。首先，通过新技术建立更强大的金融风险控制系统。譬如：通过财务数字化技术可以简化操作流程，减少失误；通过大数据、人工智能技术多维度挖掘数据信息，搭建信用风险管理等风控模型，有效甄别逾期、不良账款等风险；通过区块链技术留存尽调数据，避免资料内容被篡改，提升风险管理的规范性和时效性。其次，可以通过新技术规范业务管理流程。例如，利用区块链技术记录信托运行期间的全部数据，追溯信托资金用途，提高资金使用的透明度，同时还能为受托人的尽职行为提供证据，由于区块链技术具备可追溯、不可篡改、全程留痕的特点，由该技术提供的证据可以有效避免纠纷的发生。再次，可以通过新技术优化用户体验。移动终端的普及使客户足不出户就可以享受专业的金融服务。例如：通过微信公众号实现产品推介，加强与客户的密切联系。通过移动 APP 实现远程开户和线上交易等，为客户提供方便快捷的财富管理服务。最后，通过新技术还可以对于目标客服的需求以及风险偏好数据进行深度挖掘，实现信托产品设计的高效及精准化。

（五）加强投资者教育，培养合格投资者

为了持续向客户提供优质的资产管理服务，避免劣币驱逐良币，培养正确的投资观念是十分必要的。2018年5月15日，国务院副总理刘鹤再次强调，要建立良好的行为制约、心理引导和全覆盖的监管机制，使全社会都懂得投资是要承担风险的。同年6月14日，中国银保监会主席郭树清再次强调，理财产品收益率超过6%就要打问号，超过8%很危险，超过10%就要做好损失全部本金的准备。在倡导“打破刚兑”和“卖者尽责，买者自负”的新理念下，对投资者的教育及保护问题是信托行业不容忽视的重点。信托公司对于投资者教育可以通过以下途径：定期组织线下课堂开展投资者教育活动，邀请行业内的专家学者、法律及财务优秀从业人员作为主讲嘉宾，帮助投资者了解如何识别金融风险以及评估自身风险承受能力；结合互联网技术加强投资者教育，通过生动、风趣、简明易懂的形式吸引投资者关注线上教育；尝试建立系统的投资者教育评价体系，帮助投资者了解行业政策和产品信息，协助其尽快完成向“合格投资者”的转变，建立风险收益相匹配的投资思维，消除“刚性兑付”的投资依赖。

2017年信托公司年报分析之六：创新业务篇

百瑞观点：

- 资产证券化业务成为信托公司最为关注的业务方向
- 家族信托与慈善信托作为信托业本源业务增长显著
- 产业基金与消费金融业务是信托公司创新的重点领域
- 绿色信托与养老信托首次进入信托公司创新业务关键词排名前10位
- 信托公司对于PPP业务的关注程度有所下降
- 多家信托公司借助大数据、区块链等技术构建信息系统，支持创新业务发展
- 未来应结合社会经济发展阶段，在合规合法的前提下，探索创新业务模式
- 以财富管理为代表的本源业务应得到进一步重视

一、2017年信托业创新概述

为了能够客观、直接地表现出2017年信托业创新的全貌，本书沿用了《信托研究与年报分析2017》采用的词频统计法，对各家信托公司年报中有关战略、策略和创新成果等内容进行了详尽梳理，从公司的战略规划、产品创新、市场定位的角度来综述2017年信托业创新的全貌（见图6－1）。

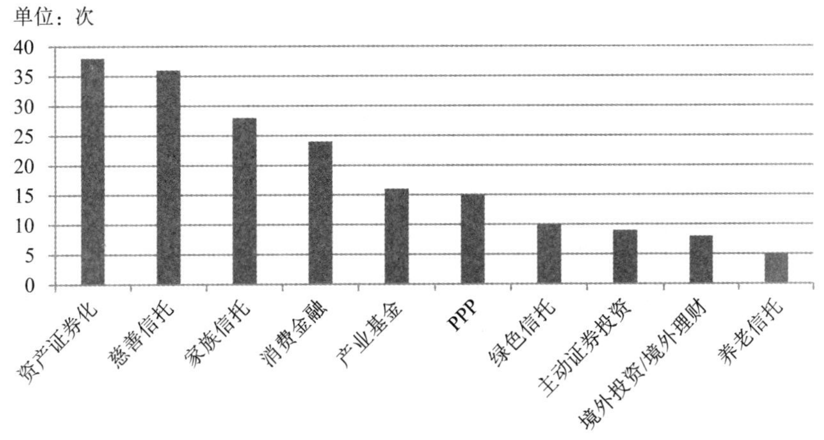

图6－1　2017年信托公司创新业务关键词分布

图6－1展示了2017年在信托公司年报排名前10位的创新业务关键词。对比2016年信托年报创新业务关键词频的分布可以看出：一方面，资产证券化、家族信托、慈善信托、PPP业务等业务类型依然是2017年各家信托公司转型的主要方向。另一方面，对比2016年，养老信托、绿色信托等新兴业务成为2017年信托公司创新业务关注的新方向。

具体来看，2017年信托公司最为关注的创新业务方向依然是资产证券化业务，在年报中被提及38次。慈善信托和家族信托业务位列创新业务关键词的第2、3位，分别被提及了36次和28次。其中，值得一提的是，慈善信托的排名由去年的第5位，跃居至今年的第2位，其被提及次数与第1位的资产证券化业务仅有2次之差。绿色信托和养老信托首次进入关键词排名前10位。一定程度上说明了信托业创新回归信托本源，顺应国家宏观经济发展方向的业务转型取得了一定的成效。产业基金、消费金融等业务也分别位列第4位和第5位，说明2017年信托业创新在金融行业“脱虚向实”“服务实体经济”的领域也有突出的表现。综合来看，2017年信托业务创新的趋势特征如下。

（一）资产证券化业务创新不断（关键词“资产证券化”被提及38次）

随着供给侧结构性改革深化、积极稳妥去杠杆政策的有序推进，2017年资产证券化市场保持快速发展态势，发行规模持续扩容，基础资产类型进一步丰富，创新迭代层出不穷，市场参与主体更为多元化。信托公司作为信贷资产证券化交易结构的搭建主体，以信贷资产证券化业务为重要转型方向，不断提升主动管理能力，逐步推进专业化发展，与各类金融机构多方合作，通过参与资产创设、承揽、承做、发行等不同环节盘活长期资产，改善资金流转，优化负债结构，降低融资成本，提供综合服务。

截至 2017 年末，已有约 44 家信托公司获批特定目的信托受托机构资格，可以开展信贷资产证券化业务。信托公司参与资产证券化的方式主要有信贷 ABS、以信托收益权为基础资产的企业 ABS、信托型 ABN 和 Pre－ABS 四种方式，具体参与情况见表 6－1：

表 6－1　　2017 年信托公司参与资产证券化概况

业务名称	发行规模（亿元）	发行单数（单）	参与机构数量（家）
信贷 ABS	4691.18	134	23
企业 ABS	818.73	41	5
信托型 ABN	584.95	35	16
Pre－ABS	—	—	4

数据来源：Wind 资讯。

其中，由于企业 ABS 证券发行周期较长，受政策影响较大，信托公司除以双 SPV 结构参与部分企业 ABS 的发行外，难以进入更为广阔的企业资产证券化市场。此外，在信托受益权证券化业务开展过程中，一方面由于监管机构去嵌套的政策导向，另一方面由于信托公司资金成本较高的客观要素，信托公司开展企业资产证券化业务存在较大困难。

在资产证券化业务蓬勃发展的同时，Pre－ABS 业务也悄然兴起。Pre－ABS 业务是指在 ABS 发起之前，由信托、Pre－ABS 投资基金、商业银行等为资产证券化的原始权益人形成基础资产提供资金，并以发行资产支持证券募集的资金作为回款来源的一种投资方式。由于 Pre－ABS 属于 ABS 投融资业务前期的业务链条，在 ABS 资产形成前以现有金融资产开展融资，获取更高的溢价的同时提高业务效率。对于信托公司，参与 Pre－ABS 业务可以发起集合资金信托计划，在满足原始权益人的融资需求的同时锁定交易对手，在前端获取较高利差，同时全程参与基础资产的形成，并提前选择后期 ABS 业务承做机构或帮助企业发起交易商协会 ABN，与客户建立深入合作，增强对底层资产风险的把控。

值得一提的是，2017年我国房地产信托投资基金（REITs）发展迎来重大突破，在国家政策鼓励下，REITs领域的创新与首单产品不断涌现。尽管我国信托公司在房地产领域深耕多年，积累了大量的房地产业务经验和合作关系，理论上来说在房地产REITs领域有独特的优势。但是，我国并无公募REITs业务的监管文件出台，未来信托公司能否直接参与公募REITs业务还是未知数。

（二）信托业回归本源，家族信托与慈善信托业务规模显著增长（关键词“慈善信托”“家族信托”分别被提及36次和28次）

信托行业的本质在于信任与托付，财富管理业务可以说是信托公司的本源业务。其中，家族信托与慈善信托业务是国外信托公司的核心业务。2017年，在信托公司转型大潮的推动下，家族信托和慈善信托业务呈现出爆发式增长的态势。

第一，在家族信托领域，《信托法》赋予信托财产隔离与风险隔离的功能，使信托成为财富传承的最佳载体，是高端财富管理市场的重要参与者。在客户需求引导下，信托公司财富管理内涵逐步由单一理财服务向定制化、差异化的多元服务转型。信托公司在现有条件下特有的跨市场投资能力，成为其开展家族信托以及综合金融服务的重要基础。作为财富管理和传承的重要工具，家族信托逐渐被市场接受、熟知，并在信托公司转型发展的背景下成为信托公司尝试财富转型、回归信托本源的着力点。

2017年是家族信托在中国快速发展的一年。有数据统计，截至2017年末，家族信托的整体规模已达500亿元，并呈现快速发展的趋势。很多信托公司都已建立或准备建立家族办公室和家族信托团队以发展家族信托业务。其中，保险金信托成为2017年发展亮点。平安信托、长安信托、山东信托、华宝信托和外贸信托等数十家公司均在保险金信托方面有所突破。平安信托2017年成立“鸿福”保险金系列产品线，并快速复制发展，全年成立960单，规模达到20.5亿。华宝信托于2017年启动并开展保险金信托业务，已与友邦保险、大都会保险、泰康保险等险企开展保险金信托业务合作。保险金信托的详细内容将在第二节信托产品创新中做详细的介绍。

第二，在慈善信托领域，慈善信托是信托制度运用的全新领域，是信托业体现受托管理能力、回归本源的重要业务方向之一。特别是在2017年7月末，银监会、民政部联合印发《慈善信托管理办法》之后，我国慈善信托业务呈现出爆发式增长的态势。截至2017年末，全国一共成功备案成立了67只慈善信托，受托人包括31家信托公司和10家慈善组织，规模达8.93亿元。2017年，慈善信托实现了从参与方到运作模式的全面创新（见表6-2）。

表6-2　　2017年我国慈善信托创新模式概览

创新方式	慈善信托名称	创新内容
参与主体	长安慈—民生001号慈善信托	首次实现由银行发动客户做慈善信托，并由银行作为慈善信托财务顾问的实践模式
资产类型	万向信托—艺酷慈善信托	首单艺术品作为信托财产的慈善信托
运营模式	中信·何享健慈善基金会2017顺德社区慈善信托	首单针对高净值人群的慈善信托
	万向信托·幸福传承慈善信托	国内首个双层信托模式的慈善信托

数据来源：作者整理。

由于慈善信托不属于慈善捐赠的范畴，且《慈善法》规定的税收优惠尚未有具体实施细则落地，因此，慈善信托无法直接享受税收优惠，这一问题也阻碍了慈善信托的大规模发展。从落地的慈善信托规模来看，初始投资规模在千万元级别的仅占13%，市场中的慈善信托规模以百万元为主。已落地的慈善信托设计中，多采取双委托人的模式，这其实也折射出慈善信托的税收优惠制度迟迟未落地带来的迂回设计问题。

尽管有关慈善信托的税收优惠尚不明确，但在此前发布的《慈善信托管理办法》中，关于税收优惠的内容已作为促进措施之一被提及。这表明了监管部门鼓励慈善信托发展的态度，明确税收优惠政策后，慈善信托大规模发展的前景可期。

（三）消费金融成为信托业转型发展新方向（关键词“消费金融”被提及24次）

近年来，我国居民收入不断提升，居民消费结构持续升级，为信托公司发展消费信托业务提供了巨大机遇。信托公司开展消费信托业务，既是提升自身主动管理能力，加快转型创新的内在发展需要，也是响应“去通道”、“脱虚向实”的金融监管需要。消费金融属于产业链金融，从资金供给、消费金融服务供给到消费产品供给，涉及多种市场参与机构。

信托公司应当有效衔接消费行业供应链各环节，深入了解和熟悉各类消费场景，切实提升消费信托业务风险管理能力，并提供有效的金融支持。消费金融信托是指信托公司为满足社会不同客户群消费需求而提供的以消费信贷为主的金融产品和金融服务。具体而言，包括信托公司与商业银行、消费金融公司、汽车金融公司、小贷公司、P2P平台、电商平台、分期消费平台等机构合作提供的消费贷款或分期服务，以及相关资产证券化产品等。

消费金融信托资产规模超过100亿元的信托公司有6家，分别是外贸信托、云南信托、渤海信托、中融信托、中航信托和中泰信托；5家信托公司的消费金融信托资产规模几十亿元不等；其他几家信托公司的资产规模不到10亿元。

各信托公司关于消费金融信托的发展定位及未来规划与公司开展该项业务的时间长短、业务规模及团队专业化程度直接相关，各公司之间差异较大。作为第一家系统开展此项业务的信托公司，外贸信托将自身定位为“共享、绿色的小微金融生态圈构建者”，未来计划自建贷款核心风险控制体系，打造贷款全流程主动管理体系；云南信托、渤海信托、中航信托和紫金信托作为消费金融信托业务的第二梯队，均将该项业务定位为公司战略性、基础性或重点发展业务，未来规划主要是提升自身风控能力和主动管理能力；其中，云南信托自主研发“普惠星辰”系统，在支持自身消费金融信托业务开展的同时，力争将该系统向其他信托公司推广应用。值得关注的是，外贸信托、云南信托、渤海信托和中航信托均已实现与央行金融信用信息基础数据库对接。

但是，由于各家信托公司的股东背景、业务范围和战略布局的差异，部分信托公司在消费信托业务的展业和管理方面取得了实质的进步，但是还有部分信托公司出于对产品风险和成本收益的考虑，提出暂停事务管理类消费金融信托业务。

（四）信托创新以服务实体经济为重点（关键词“产业基金”被提及16次）

金融业的本质属性是经济的润滑剂，为了服务实体经济而存在。因此，对于信托公司而言，服务实体经济是对其业务的基本要求。信托公司拥有产品创新与灵活适应市场的优良基因，擅于整合运用多种金融工具灵活设计交易结构，为实体企业提供全方位的金融服务，以满足中国特色社会主义新时代下实体经济多样化、多层次的需求。2017年信托公司结合自身经验与优势，积极扩展信托业务形态，从广度与深度上满足实体企业的投融资需求，促进信托业与实体经济的良性循环。资产证券化、家族信托、慈善信托、消费信托、股权投资等业务取得了实质性进展，在土地流转信托、并购信托、互联网和数字信托等领域进行了有益探索。本书从信托公司的投资方向和投资方式两个维度，来分析信托业在支持实体经济发展方向的创新。

第一，从投资方向的维度来看，支持国家战略新兴产业发展和支持区域经济发展的投资方向是信托公司选择的支持实体经济发展的主要创新业务投向。战略性新兴产业代表新一轮科技革命和产业变革方向，是培育发展新动能、获取未来竞争新优势的关键领域。在支持国家战略新兴产业发展方面，信托公司积极在包括节能环保、互联网基础设施、新能源、生物产业、高端装备制造业等多个领域进行投资尝试。如中信信托出资入股了天津海河产业基金，支持天津市先进制造业发展与产业结构转型升级；设立"电子商务产业基金"，投资于互联网、人工智能、物流、无人机、大数据等新兴产业，推动相关创业企业发展。

第二，从投资方式来看，信托公司积极应用自身灵活的制度安排形式，创新业务模式支持实体经济的发展。由于投资于实体产业的工商企业信托业务涵盖非常广泛的行业类型，不同行业之间差异较大。因此，产业投资需要较强的专业知识和丰富的投资经验，信托公司为了控制投资风险，最大限度地实现投资收益。成立产业投资子公司或产业基金，是信托公司支持实体经济的主要投资方式，"产业基金"这一关键词在2017年的信托公司年报中被提及了17次，排在了第4位。信托公司主要通过设立投资管理部或成立私募股权（PE）投资子公司，招募产业团队；建立行业专家库，借助外部咨询力量共同参与项目尽调；采用产业基金、并购基金等多种形式和新兴产业实现有效对接。如光大兴陇信托成立主动管理类集合投资信托，以股权形式投资电影电视剧生产，支持文化影视产业发展；苏州信托以全资子公司苏信创投为载体，大力发展股权投资，以股权投资基金、创业投资基金和产业投资基金等方式展业。

（五）PPP业务排名下降，但仍是信托公司创新的主要方向（关键词"PPP"被提及15次）

在2016的年报分析中，PPP业务排在第3位，成为2016年信托公司创新的热点方向。在2017年的年报中，该项业务尽管还是位列信托公司创新业务十大方向之中，但是排名下降了2个名次，排在第5位。

从2014年新《预算法》出台以后，我国的基础设施投资体系经历了巨大变革，在政策引导下逐步由政府主导模式向PPP模式转变。PPP模式的推广为金融机构参与基础设施项目留下数十万亿元的投资空间，信托公司可以通过信托计划、产业基金等灵活的设计架构撬动巨额的金融资本，帮助政府与社会投资方完成建设资金筹措，并分享长期的股权投资收益，并且在合适的时间以资产证券化、股权转让等方式实现投资资金的退出，PPP业务经过多年的发展，已经成为信托公司转型发展尝试的方向之一。

对于信托公司而言，PPP业务投资的切入点是信托作为社会资本方和财务投资人投资于PPP项目的建设运营资本金部分，成为项目公司股东（或以其他形式间接持股项目公司），信托本身具有的独立性、风险隔离等制度优势也可以有效实现各方的出表需求，同时可以为项目提供咨询、融资、资产证券化等一揽子服务。主要参与模式如下所示。

1. 信托公司设立信托计划直接投资PPP项目

信托公司作为社会资本方联合体中的一员，与政府、其他社会资本共同出资成立特殊项目公司（SPV）。信托公司发行集合资金信托计划，向社会募集资金用于项目资本金部分的投入，该项目公司接管整个项目建设和经营权，将建设完成后获得的股权收益回报用作信托计划投资人的收益。

信托公司主导的首单PPP项目“唐山世界园艺博览会基础设施及配套项目”即是通过信托计划直接参与，该项目总投资约33.63亿元，采用BOT（建设—运营—移交）模式运作。社会资本方中信信托发行“中信唐山世园会PPP项目投资集合资金信托计划”向合格投资者筹得的6.08亿元资金出资，唐山市人民政府授权唐山市南湖生态城管理委员会出资4.05亿元，双方共同设立项目公司——唐山世园投资管理有限公司。唐山市政府赋予项目公司15年的特许经营权，项目公司对项目融资、设计、建设、运营、维护、管理全程负责，唐山市人民政府还将根据协议对给予项目公司一定的政策支持及财政补贴，项目运营期满后由唐山市政府进行验收。项目投资所差的23.5亿元资金由国家开发银行河北省分行提供中长期贷款支持，这笔资金由项目公司在15年的贷款期限内还清。

2. 政府引导基金模式

引导基金以子母基金模式操作。信托公司联合省级政府（或政府下设投资平台）成立母基金，母基金与地方政府、金融机构等设立子基金，用于当地 PPP 项目。基金可在 PPP 项目中作为财务投资人或夹层投资者，吸引社会资本方参与，所投资项目一般均为各地的优质、重点项目。

江苏信托与中国政企合作投资基金股份有限公司、江苏省财政厅和江苏银行共同参与了中政企江苏省 PPP 合作基金。基金总规模 45 亿元，由中国 PPP 基金出资 40 亿元，江苏省 PPP 融资支持基金出资 5 亿元构成，基金主要对江苏省 PPP 项目进行投资。江苏信托担任中政企江苏省 PPP 合作基金联合管理人。

3. 产业基金模式

信托公司设立信托计划，信托计划与运营方成立 PPP 产业基金，投资于运营方中标的 PPP 项目。运营方作为基金的劣后方，负责项目公司的建设、运营和管理，这一模式相较于信托公司直接作为联合体参与 PPP 项目的优势在于信托公司不会因《招标投标法》等强制性要求对项目承担无限连带责任，更加符合财务投资人的角色。其中有限合伙型 PPP 产业基金是使用最广泛的模式，相比公司型和契约型，有限合伙型既克服了公司型双重纳税的问题，又突破了契约型无法充当股东的难题，有较大的运作空间和延展空间。

但是，现有的 PPP 项目仍多为传统的基础设施建设，参与其中的社会资本方多为实力雄厚的国有企业，建设运营能力可满足项目要求，主要的障碍恰恰在于资金，既缺少资本金部分的财务投资人，也缺乏项目贷款。PPP 业务中普遍存在项目部分核心问题缺乏政策依据和配套制度，无法满足金融机构的合规性要求；项目实施方案缺乏可行性，难以达到金融机构融资标准；重建设、轻运营，缺乏有效增信等问题。截至 2017 年 6 月末，全国 PPP 入库项目 1.36 万个，累计投资额 16.3 万亿元，签约落地项目 2,021 个，投资额 3.3 万亿元，落地率 34.2%。落地项目背后，真正转化为固定资产投资的项目更少。据测算，截至 2016 年末，PPP 项目的真实投资额不足 1 万亿元，“真实落地率”堪忧。也许正因为 PPP 业务中存在的种种限制，导致今年信托公司年报中，对于 PPP 业务的热情有所下降。

2017 年财政部等政府机构延续 43 号文思想，持续地方政府融资管理。其中 50 号文强调地方政府违规担保和规范 PPP 开展；87 号文制止地方以政府购买服务名义违法违规融资；55 号文提出分类稳妥推动 PPP 项目资产证券化；92号文和192号文则进一步规范PPP业务，严格项目的入库执行标准，加强国企参与PPP的集团管控和规模控制。这些政策主要从风险控制的角度，进一步细化规范我国基础设施建设中的融资安排，达到严格控制地方政府债务规模，将地方政府债务与融资平台债务进行切割的目的。在政府多次出台规定细致规范PPP业务，防止PPP项目异化为新的融资平台的政策环境下，未来信托公司PPP业务也要调整方向。现阶段信托公司开展的PPP业务多为以项目建设为主的政府付费型业务。而根据财办金〔2017〕92号文规定，未来将“审慎开展政府付费类项目”，“仅涉及工程建设，无运营内容的”项目将不再适合采用PPP模式实施，已入库的项目也将被清理出库。其中生态建设、保障性安居工程、城镇综合开发等政府付费占比较高的项目受到影响较大。

未来信托公司开展PPP业务，要重点关注有运营内容，建立按效付费机制，采用可行性缺口补助或者使用者付费等回报模式的相关项目。

二、2017年信托业具有典型意义的创新实践

（一）2017年信托产品创新实践

1. 传统业务转型——中航信托长租公寓资产证券化系列产品

2017年，在房地产政策坚持“房子是用来住的，不是用来炒的”总基调，限购、限贷、限售、土地拍卖收紧等方式多管齐下，短期调控与长效机制相结合，大力培育发展住房租赁市场，深化发展共有产权住房试点，在控制房价水平的同时，完善多层次住房供应体系，构建租购并举的住房制度，推动长效机制的建立健全。在此背景下，房地产信托业务一方面把握市场变化趋势，及时调整运作方式，严格筛选合作伙伴及标的，在传统债权融资模式的基础上，向精细化、专业化、基金化方向发展，积极探索地产基金、夹层融资、股权投资、投贷联动等新业务模式；另一方面顺应国家政策导向，积极探索和拓展房地产租赁市场、保障性住房建设、城市更新改造等新市场领域，发展REITs、租赁资产证券化等创新业务，实现业务模式及业务领域的新突破。2017年信托公司的房地产信托业务在业务模式和业务领域的转型拓展方面有诸多尝试。

中信信托参与的魔方公寓ABS作为我国资产证券化发行历史上首单公寓行业ABS产品，具有金融创新意义，更是给以轻资产运营为主的公寓行

业打开了新的融资渠道。魔方公寓ABS是基于在北京、上海、广州等一二线城市经营的30处物业的4014间公寓未来三年的租金收入作为底层现金流，采用“专项计划+信托受益权”的双SPV架构设计，通过分级机制、现金流评估及超额覆盖、触发制补充质押、保证担保等内外部增信设计实现了全部优先级证券的AAA评级，各档期限平均约5%的发行收益率。该项目的基本结构如图6-2所示：

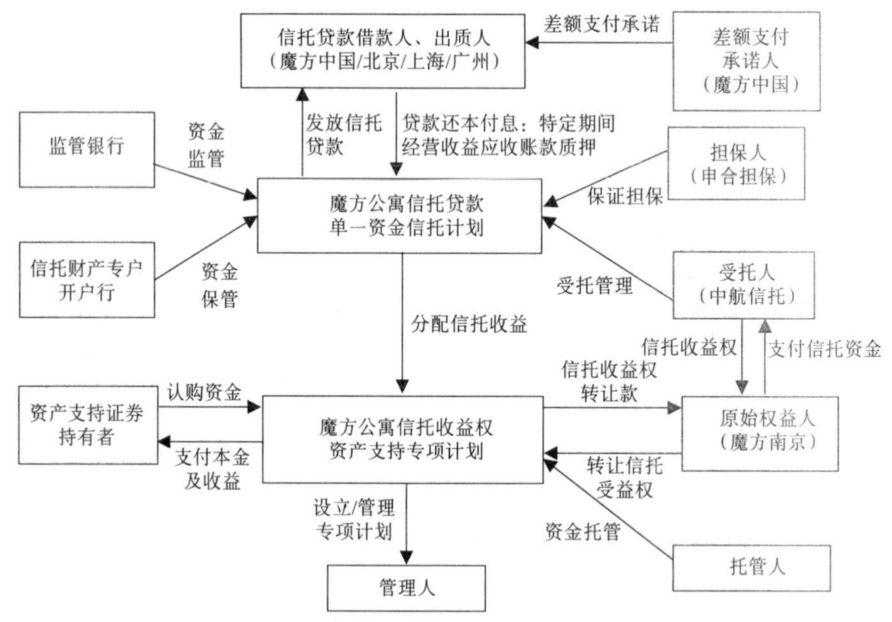

图6-2　中航信托魔方公寓产品结构图

该项目要素如下：

①项目名称：魔方公寓信托受益权资产支持专项计划；

②原始权益人：魔方（南京）企业管理咨询有限公司；

③财务顾问：中信信托；

④信托受托人：中航信托；

⑤认购方：国有银行、地方银行、基金等大型金融机构；

⑥发行规模：3.5亿元。

在“资管新政”监管环境下，信托公司参与长租公寓ABS产品的运营或将是符合监管要求和自身行业特点的业务类型。长租公寓市场是中国整个房地产开发、交易、服务产业链中唯一受政策鼓励的子领域，长租公寓具有租金收入稳定、运营模式清晰、市场发展空间广阔等特点，随着龙头企业创新尝试以及行业整体发展，资产证券化（轻资产型）和REITs（产权持有型）会逐渐成为公寓领域金融创新的重要来源。

综合来说，信托参与长租公寓融资有以下几种形式。

（1）直接/间接投资长租公寓项目

信托公司参与长租公寓投资，主要针对购置运营模式。信托公司发起信托计划或者以有限合伙项目公司的形式募集资金，购置公寓或其他适合运营长租公寓的地产资产。由于信托公司缺乏运营经验，一般需要引入专业的运营商进行改造和经营，经过一定的成熟经营后溢价退出。信托公司也可以发起信托计划募集资金认购持有长租公寓或者项目股权的房地产基金，由房地产基金管理人负责经营与退出安排，减少前端的操作环节。

（2）参与长租公寓ABS业务

信托公司参与长租公寓资产证券化服务，适用于包租运营与购置运营模式。以魔方公寓为例，该ABS采取了双SPV的架构，由中航信托设立单一信托计划发放贷款，魔方公寓将租金应收账款质押给信托公司并提供差额补足义务，信托收益权再转让给资产支持专项计划。另外，为了更好地助力长租公寓运营商实现快速扩张，信托公司还可以发展Pre-ABS业务，先向运营商提供前端融资，满足其快速掌握房源的需求，然后再将具有稳定租金合约和现金流的长租公寓证券化，从市场上获得相对较低成本的资金后，运营商再偿还前期相对成本较高的融资。

（3）为运营商提供投融资服务

对于采取整体开发模式的房地产开发商而言，从拿地建设到项目建成的过程需要投入大量资金。信托公司可以选择“股+债”的模式参与共同开发，通过合理设计抵押率与物业评估折扣，在保障投资安全的基础上，减少开发商自有物业的压力；后续还可以通过开发商回购的方式实现退出。对于纯租赁模式，由于缺乏快速变现的资产，与开发商更多可能基于总对总的合作，减少纯租赁项目现金回流不足对信托计划本息兑付的影响。

2. 慈善信托业务创新——百瑞信托公益慈善系列信托项目

随着信托公司在慈善信托领域的不断探索，以慈善信托和公益信托为代表的信托服务社会功能逐渐成为信托公司发展的一个重要方向。百瑞信托在慈善信托领域做出了许多积极的尝试。

2008年汶川地震后，百瑞信托在第一时间向有关部门提交了申请开展公益信托的请示，并于2008年8月成功设立“百瑞信托·郑州慈善（四川灾区及贫困地区教育援助）公益信托”，该信托已经资助了三所希望小学的校舍建设。2013年8月，百瑞信托设立了致力于文化教育事业的“百瑞仁爱·瑞祥基金集合资金信托计划”，利用信托产生的收益分别在对外经济贸易大学、南开大学和北大汇丰商学院设立了可以持续20年的奖学金。2013年12月，百瑞信托又针对脑瘫儿童救助推出了“百瑞仁爱·天使基金1号集合资金信托计划”，致力于打造长期可持续的公益信托模式，为脑瘫儿童救助事业提供稳定的支持。

《慈善法》出台后，百瑞信托积极参与慈善信托的设立，于2017年6月6日，百瑞信托设立了河南省首单慈善信托“百瑞仁爱·映山红慈善信托”，致力于开展救济贫困的慈善活动；2017年8月25日，设立了“百瑞仁爱·甘霖慈善信托”，旨在从扶贫救孤、恤病助残、保护生态、促进科教文卫事业等多个方面支持慈善活动开展。2018年“百瑞仁爱·金庚慈善信托”设立，致力于脑瘫儿童救助慈善事业。百瑞信托设立的慈善信托已覆盖赈灾、扶贫、救助、教育、环保和科教文卫等领域，在公益慈善信托领域积累了丰富经验。

可以说，百瑞信托在公益慈善信托领域已经积累了丰富的经验，形成了公益信托—准公益信托—慈善信托的完整链条，可以充分满足委托人的公益慈善需求。本书就百瑞信托设立的映山红慈善信托产品做出详尽的介绍。

百瑞仁爱·映山红慈善信托是百瑞信托作为受托人，国家电力投资集团公司团委作为委托人，此外，该公司员工以及其他社会公众（包括组织和个人）亦可以作为委托人加入该慈善信托。信托设立后，按照《慈善法》的规定向民政部门备案。受托人对慈善信托资金进行管理，定期进行信息披露；聘请专业机构作为监察人，对受托人进行监督；商业银行作为资金保管机构，对慈善资金进行保管，确保慈善信托运作的公开、合规和透明。国家电力投资集团公司团委作为本信托的慈善活动组织实施机构，负责具体捐赠人群的选择、捐赠资金的审批等事项，受托人根据集团公司团委的指令进行捐赠资金的划付和支出。国家电力投资集团公司团委定期出具慈善活动组织实施情况报告，提交受托人，由受托人与资金管理报告一同向社会公众进行披露。项目的详细信息如下：

①项目名称：百瑞仁爱·映山红慈善信托；

②委托人：国家电力投资集团公司团委等；

③受托人：百瑞信托有限责任公司；

④慈善目的：救济贫困；

⑤受益人：需要救助的贫困人群，包括但不限于贫困儿童、失学儿童、留守儿童和老人等需要救助的人群；

⑥备案部门：郑州市民政局；

⑦慈善活动组织实施机构：国家电力投资集团公司团委；

⑧信托监察人：大成律师事务所郑州分所；

⑨信托期限：20年，期限届满时，经信托监察人认可，并报民政部门备案后，可以延长信托期限；

⑩信托规模：初始不低于100万元，采用持续开放式设置。

项目的交易结构如图6－3所示：

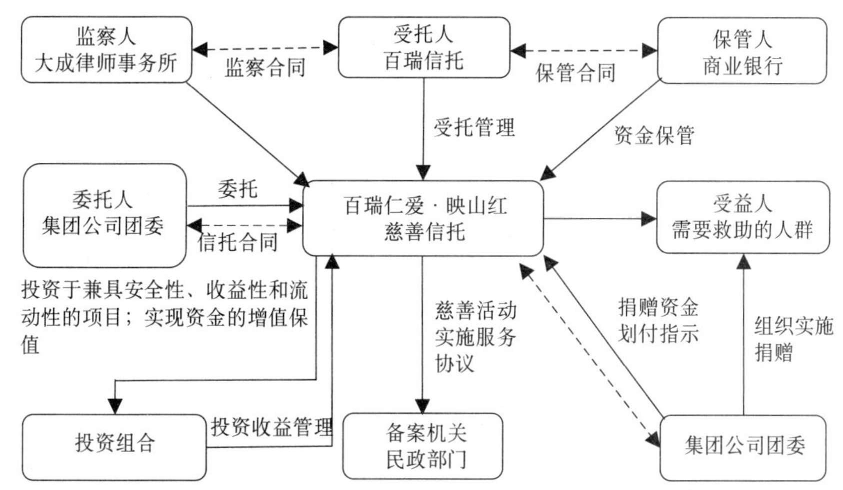

图6－3 百瑞仁爱·映山红慈善信托交易结构图

映山红基金通过慈善信托运作后，可直接从信托账户进行捐赠，并将严格按照监管要求，建立信息公开机制，及时向委托人和受益人披露项目信息，保证资金合法、合规运作。

作为河南省备案的第一单慈善信托。百瑞仁爱·映山红慈善信托是国家电力投资集团公司在“金融+公益”领域的有益探索和积极尝试，不仅推动了《慈善法》在郑州的落地，也为企业和非政府组织如何更好地与包括百瑞信托在内的金融机构合作推进社会慈善公益事业发展，实现多方共赢提供了可资借鉴的样本。慈善信托备案的完成将带动更多的爱心人士及组织参与慈善信托等多种社会公益慈善活动，对推动公益慈善事业发展具有积极作用。

3. 家族信托创新产品——保险金家族信托 VS 慈善家族信托

中国家族信托行业经历三年的探索与创新，仍处在市场培育的初级阶段。展望未来，家族信托在中国的推广将经历雏形、成长与成熟三个阶段。在雏形阶段，“中国式家族信托”将聚焦老龄化时代的姻缘与血缘风险防范；在成长阶段，本土家族信托将成为超高净值客户财富管理的中枢，担任金融、不动产等主要载体；在成熟阶段，中国家族信托行业将成为民营企业家家族与事业管理载体，服务于客户家族财产与企业股权、债权综合管理，通过家族信托与家族办公室（family office）有机结合陪伴家族的永续传承。

由于我国家族信托展业时间较短，要短期内实现家族信托的上量、做大规模，信托公司必须注意寻求外部机构的合作，以实现优势互补、强强联合，这是现阶段行业共识。在我国家族信托产品领域有以下几个系列：

①招行系：招商银行与外贸信托、山东信托、华润信托已建立战略合作关系；

②浦发系：浦发银行与上海信托、华能信托、外贸信托已建立战略合作关系；

③其他：中信信托与信诚人寿、北京信托与北京银行、交通银行与交银信托等分别建立战略合作关系。

在以上产品中值得一提的是信诚人寿联合中信信托推出了中国首款保险金信托和外贸信托推出的融合了家族信托和慈善信托要素的满堂红教育慈善信托。

家族信托产品之一：中信信托 & 信诚人寿 · 保险金家族信托

所谓保险金家族信托，又称人寿保险信托。是一种以保险金或人寿保险单作为信托财产，由委托人（一般为投保人）和信托机构签订保险信托合同，当发生保险理赔或满期保险金给付时，保险公司将保险赔款或满期保险金交付于受托人（即信托机构），由受托人依信托合同约定的方式管理、运用信托财产，并于信托终止时将信托资产及运作收益交付信托受益人的、面向中高端人群的、信保深度合作的类家族信托产品。

保险金家族信托实现了保险和信托制度的有机结合，可以相对以较低的门槛实现家族信托完备的功能，同时，有利于提升服务高净值客户的能力，保险金信托开拓了除保险资金投资信托产品外的另一种信保合作模式。

（1）保险金家族信托的运作原理

该产品的具体运作流程如下（见图6－4）：

①保险合同设定：客户在保险公司购买高端终身寿险，该寿险以全残或死亡为给付条件；

②信托合作设定：客户在购买保险产品的同时，与信托公司签订信托协议。以对保险理赔金的请求权设立信托；

③保险金家族信托成立：在约定的保险事故发生后，保险理赔金就进入信托公司转化为信托资金，信托公司将按照信托协议中投保人事先对保险理赔金的处分和分配意志，长期且高效地管理这笔资金。在保险事故发生前，投保人可以按照自己的意愿修改信托协议。保险金家族信托设立流程如图6－4所示：

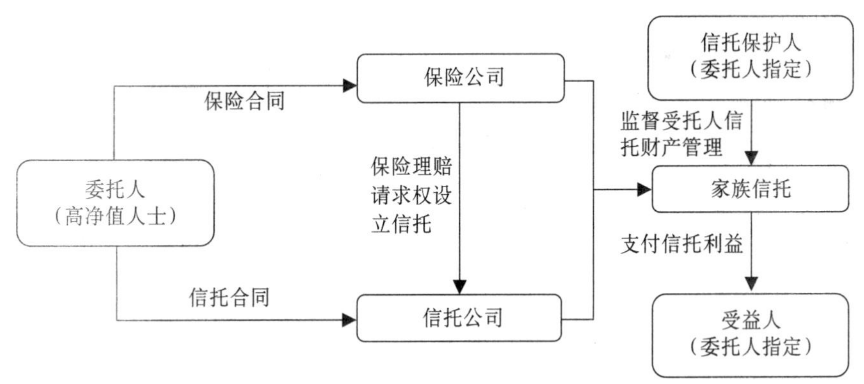

图6－4　保险金家族信托设立流程图

（2）保险金家族信托的基本设定

①受益人：由委托人根据个人意志指定受益人；

②分配方式：在发生保险理赔事故后，保险金自动进入信托计划，按照委托人与受托人的合同约定分配财产；

③投资方案：可根据委托人的投资风险适用性测评结果，选择积极型、稳健型或者保守型的投资方案。

（3）保险金家族信托的三大优势

保险金信托兼具保险的保障功能以及信托分配的灵活性。

①实现保险金代际传承。在受益人设置方面，受限于我国《保险法》规定受益人须为自然人或非自然人，而不能是尚未出生的人，导致保险只能实现一代人之间的财富传承。保险金信托借助信托条款的灵活性，可以约定在信托存续期内按委托人意愿修改，能够将受益人设置为委托人的尚未出生的三代、四代直系亲属，从而实现财富的跨代传承。

②降低家族信托设立门槛。保险金信托可以利用保险杠杆作用，降低家族信托门槛。国内家族信托的设立门槛动辄三五千万元，而一个客户花两三百万元就可以保额500万元以上的保险金信托，并享受到家族信托在财富管理和传承方面的功能。以中信信托推出的首款保险金信托产品为例，该款保险金信托业务的起点门槛是保额不低于500万元，交纳方式分为趸交、分3次交清和分10年交清。以保费较高的57岁中年女性为投保人，按3次交款计算，总计交纳保费300万元，杠杆约为60%。通过对保险杠杆作用的运用，保险金信托变相降低了家族信托的门槛。

③提高保险金的投资范围和收益率。信托财产的所有权归属于信托公司，信托资产由信托公司专门管理，信托公司可以横跨货币市场、资本市场和产业资本进行投资，因此相较于投资范围受限的险资，保险金信托的收益往往更高。

我国信托业的发展长期以来是融资业务驱动式的，保险金信托的出现为信托业回归资产管理本业提供了一个良好的契机。2016年寿险赔付支出为5652.27亿元，如果未来有更多的寿险产品能够与信托通过保险金信托实现对接，这不仅增加了寿险的附加价值，无疑也会为信托公司注入一笔优质的长期资金，并且有利于信托公司进一步提高其主动管理能力。

家族信托创新产品之二：外贸信托·满堂红教育慈善信托

家族信托与慈善信托的融合能够解决我国当前的社会矛盾，也符合我国社会主义价值体系下的家族财富管理要求。2017年12月4日，中国银行外贸信托·满堂红教育慈善信托在北京市民政局完成备案。这是国内银行业主导推动的新型慈善信托业务模式，由中国银行福建省分行联手中国对外经济贸易信托有限公司推出的全国首单混合财产慈善信托，是金融领域与慈善事业的一次创新融合。

本慈善信托由外贸信托担任信托财产的受托人，由中咨律师事务所担任监察人的监察人，由中国银行担任财务顾问和资金保管银行。具体的信托要素如下：

（1）产品要素

①信托名称：外贸信托2017年度·中国银行·满堂红教育慈善信托；

②信托目的：奖励优秀教师员工、品学兼优的学生，改善教学条件，促进基础教育；

③信托当事人：

委托人：高净值客户

受托人：中国对外经济贸易信托有限公司

监察人：中咨律师事务所

托管人：中国银行股份有限公司福建省分行

④初始设立规模：724.9万元；

⑤信托期限：永续；

⑥备案部门：北京市民政局。

该产品的基本结构如图6－5所示：

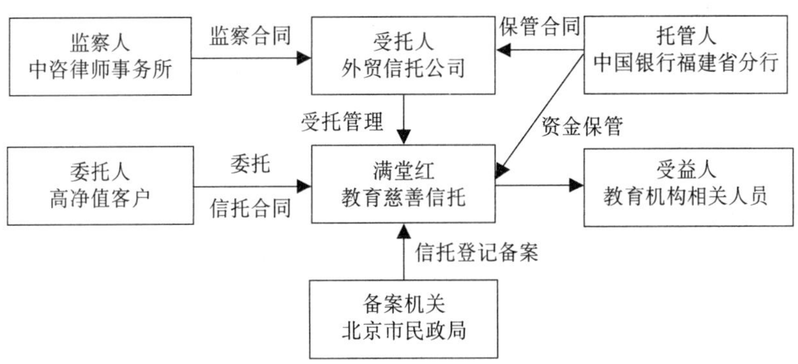

图6－5 外贸信托2017年度·中国银行·满堂红教育慈善信托交易结构图

（2）本款产品特点

第一，银行＋信托公司，发挥机构专业优势。

“满堂红教育慈善信托”采用的是“高净值客户＋商业银行＋信托公

司”三方合作模式：高净值客户作为委托人以其拥有的现金和金融产品设立慈善信托，用于发展教育事业。外贸信托担任信托财产的受托人，依据《信托法》《慈善法》等法律法规，以及信托合同的约定，发挥慈善信托的长效法律运行机制作用。中国银行担任财务顾问，依托中国银行丰富的资源和理财产品线，通过提供专业的资产配置建议，助力慈善信托财产的稳健保值增值。同时，中国银行依托十年的私人银行客户基础和集团国际化的机构网络提供高净值客户资源。

第二，慈善信托+高净值客户，实现个人和社会双重价值。

在信托业回归本源的行业背景下，以高净值客户为慈善信托的委托人，可以设计家族信托叠加慈善信托的产品结构，既可以实现委托人财富家族传承的目的，也可以实现支持教育事业发展、鼓励师生上进、改善教学条件的慈善目的，助力家族客户实现财富传承和家业长青，达到家族精神永续及回馈社会的目的。

慈善信托在家族财富管理方面具备独特的功能价值：保障财产的独立性，比如放入慈善信托的财产区别于委托人未设立慈善信托的财产，具有破产排除、遗产排除、债务排除、混同排除的效果；慈善信托财产可以通过合意的方式独立于受益人的债务。基于慈善信托的资产隔离效果，能够保障家族投入慈善领域财富的安全和稳定。

此单慈善信托业务的成功推动，将推进银行业在家族财务管理业务领域的探索，也为信托公司提供了创新的慈善信托业务模式扩展思路。

4. 新业务领域探索Ⅰ——兴业信托绿色消费信托

2017年11月，兴业信托与易鑫集团合作成功发行行业首单Pre-ABS绿色消费信托业务。本款产品融合了信托业新的业务形式Pre-ABS、绿色信托和消费信托的共同属性，是信托公司遵循国家鼓励消费、金融服务实体经济的政策导向，将消费类信托作为业务发展的重要方向和新增长点，紧密跟踪市场形势，持续加强产品创新的典型代表。本款产品的成功发行也是兴业信托实践创新发展、筹谋布局消费类信托业务、促进绿色产业发展的重要尝试，是更好服务实体经济、降低企业负债杠杆的重要举措。该产品的项目要素如下：

①项目名称：兴业信托·易鑫租赁Pre-ABS集合资金信托计划；

②项目规模：5000万元；

③项目期限：12个月；

④预期年化收益：100万元≤X<300万元6.1%；300万元≤X<800万元6.2%；800万元≤X 7.0%；

⑤资金用途：a. 向上海易鑫融资租赁有限公司发放信托贷款，贷款用于汽车融资租赁业务（包含汽车保险和其他必要费用）；b. 不用于土地一级开发、房地产开发、为房地产开发的垫款、权益性投资以及其他国家法律、法规、政策禁止生产经营的领域和用途；

⑥风控措施：a. 本项目由上海易鑫融资租赁有限公司的股东鑫车投资（上海）有限公司和易鑫集团香港有限公司提供连带责任保证担保；b. 融资人以本笔信托贷款资金形成的租赁应收账款质押给本信托计划。

Pre-ABS业务是信托公司为融资方提供资金支持、参与基础资产形成并锁定后续ABS发行服务的一种业务模式，属于ABS投融资业务过程中重要环节。通常，由信托公司面向合格投资者募集资金，用于向融资企业发放信托贷款，企业将贷款资金用于形成拟证券化的基础资产，通过发行ABS从公开市场募集资金偿还作为Pre-ABS的还款来源。兴业信托公司将消费类信托作为业务发展的重要方向和新增长点，紧密跟踪市场形势，持续加强产品创新，通过创新引入Pre-ABS业务模式介入汽车消费金融领域。

5. 新业务领域探索Ⅱ——万向信托·车金融5号集合资金信托计划

在信托行业拓展业务范围的征程中，消费金融成为众多公司积极关注的新领域，2017年万向信托与大搜车旗下“弹个车”共同发行“车金融系列”信托计划，是一款基于汽车“直租类”融资租赁业务的消费金融产品，在消费金融业务领域具有较强的代表性。

（1）信托项目概要

①信托计划名称：车金融5号集合资金信托计划；

②发行机构：万向信托有限责任公司；

③发行规模：2500万元；

④投资金额：单笔认购金额100万元起；

⑤信托期限：13个月；

⑥预期收益率：7%~7.2%；

⑦交易结构：资金用于向浙江大搜车融资租赁有限公司（以下简称“大搜车租赁”）受让符合信托合同约定的承租准入条件的融资租赁债权

资产。

（2）信托利益分配

在信托计划存续期间，受托人可根据信托账户的资产变现情况，提出期间信托利益分配方案并确定期间信托利益核算日，经本项目投资决策委员会同意后，可在期间信托利益核算日后的10个工作日内向受益人进行期间信托利益分配；信托利益预定到期日或之前的日期，受托人根据信托合同约定终止信托计划的，则在该核算日后的10个工作日内，本信托计划向受益人分配信托利益。

（3）信用增级措施

①优先劣后结构安排，资产折价受让合计形成安全垫。优先级和劣后级比例分别为80%和20%，劣后份额由大搜车租赁认购，为优先级本金和收益提供20%的安全垫。同时，信托计划受让的债权资产按其价格的9折受让。

②资金封闭运作、差额补足和逾期回购。设立信托资金划款与归集专户，承租人月租金还款均封闭在此独立银行账户运转，并由大搜车租赁对信托计划优先级本金和收益分配不足部分承担差额补足义务，对连续3期租金逾期的债权资产剩余本息进行全额回购。

③保证担保及反担保。由杭州大搜车汽车服务有限公司对信托计划承担保证担保责任。每笔债权对应车辆所有权登记在大搜车租赁，形成对信托计划的反担保。

④万向车贷系统数据直联，底层资产穿透及实时监控资产不良率。依托万向信托公司零售车贷系统与交易对手系统直联，可实时掌握每笔资产详细数据，包括订单明细、车型数据、还款数据及逾期等情况，对还款违约率超过1%的情况及时启动风险预警及后续管理，有效控制不良率。

（4）产品特点

①开发汽车金融系列的消费信托新方向。汽车消费作为国家消费升级战略的重要组成部分，受到国家政策支持，新车市场保持持续增长势头，汽车金融业务具有巨大的市场潜力。万向信托推出的车金融系列产品遵循国家鼓励消费、金融服务实体经济的政策导向，将消费类信托作为业务发展的重要方向和新增长点。

②探索基于互联网基因的信托产品。万向信托选择了蚂蚁金服等互联网

巨头投资的大搜车作为合作对象，并将其核心产品“弹个车”作为首个资产标的打造“车金融系列”创新产品，利用信托在交易结构、资金隔离方面的特性，为其有特定业务场景的产品提供金融服务。

③具备优质底层资产和完备的风控体系。“弹个车”产品所形成的租赁资产，天然具备小额分散、物权清晰、现金流稳定等特征，是进行资产证券化或发行信托计划的优良底层资产。万向信托利用IT技术实现对底层资产真实穿透管理、现金回流自动化和项目管理标准化。

（二）2017年信托理论研究与技术应用创新进展

1. 信托理论研究方面

2017年中国信托业协会组织信托公司就“区块链在信托中的应用研究”“我国信托业税收政策改革实务研究”“不动产信托转型研究”和“信托产品评级体系研究”等主题开展专题研究，研究成果汇编形成《2017年信托业专题研究报告》。

同时，中国信托业协会也积极开展信托业基础金融理论研究。针对信托业金融理论基础薄弱的现状，立足信托的金融属性，组织业内外研究力量开展信托金融理论研究工作，面向社会广泛征集“信托金融理论体系和框架构想”，探索搭建信托业基础金融理论体系，并开展信托金融理论研究丛书翻译工作。

信托公司也积极应用自身的研发团队，在不同的领域探索信托理论的研究。例如，国民信托博士后工作站在广泛调研的基础上，有针对性的研究并撰写了《老龄化挑战下养老信托优势和发展对策研究》等研究成果。中国外贸信托公司与波士顿咨询公司联合发布了《中国信托行业报告——回归本源、服务实体、动能转换、转型发展》的研究报告在分析了信托业转型现状的基础上，为信托公司未来的转型方向提出了建议。

2. 新技术研发与应用方面

2017年信托业新技术的研发与应用主要体现在建立针对具体信托业务类别的信息系统方面。

建信信托开发了首个家族信托管理系统。该系统包括家族信托项目申报系统和家族信托业务管理系统，涵盖了业务开展的全生命周期，能有效提升信托公司对客户需求的响应速度。

中航信托为普惠金融相关信息化建设投入大量资金支持，深入普惠金融业务的底层资产，通过自主设计和需求定制初步建成了包含业务承接、运营管理、数据分析、风险控制和征信管理等多模块全流程的精细化业务作业平台，并积极探索区块链技术应用于普惠金融的资产配置与管理。

云南信托自主开发了一个贷前、贷中和贷后管理的消费金融业务系统，实现全流程闭环。外贸信托的消费金融信息系统实现了7×24小时放款能力，并为B端客户提供大数据服务与系统资源支持，大幅提高了客户需求响应能力。

中信信托通过子公司中顺易探索“预付款”信托。在该模式下，消费者可以根据需求和风险偏好，自由选择感兴趣的消费产品或金融产品组合。同时，消费信托还具有为消费者提供个人财富规划、消费规划、生活规划的功能。其实质是借助互联网技术实现普惠化的个人信托和家族信托。

2017年区块链技术获得了广泛的关注，万向信托也将该项技术应用到了信托业务的领域。基于区块链的价值网络，信任关系的建立不再仅依赖于个人诚信或中介机构，而是可以借助于网络和代码。信托的基本功能是“受人之托，履人之嘱，代人理财”，正是以强信任关系作为基础。区块链与信托有着天然的契合性。算法背书与法律界定的信任机制能够在信托的运用中得到有效融合。通过“区块链+信托”的应用模式，开展资产证券化信托业务、家族信托业务和公益（慈善）信托业务，能够进一步助力互联网信托的发展。

万向信托在利用区块链技术开展数字保管箱业务以及供应链金融方面进行了有益探索。万向信托与万云团队合作，从万云平台出发，以万向家族信托业务为起点，以区块链技术重塑了信托业的商业模式，且该区块链技术已正式在万向家族信托业务中上线使用。

三、资管新规背景下信托业务未来创新方向展望

2018年5月，资管新规正式开始实行。资管新规的核心内容主要体现在认定合格的投资者，明确非标资产，打破刚兑，消除多层嵌套和通道。资管新规的实施对于信托公司的创新和转型都有实质性的影响。信托公司恪守受人之托，代人理财的业务方向，信托业未来的创新方向依然是回归行业本源、服务实体经济。

（一）结合经济社会发展形势，有效创新业务模式

信托业长期充当金融业“探路者”的角色，就创新指导思路而言，一是要与国家经济大势相吻合，顺势而为，“借力”而起。2017年全国金融工作会议提出“改善以银行信贷等为主的间接融资结构”，中共十九大报告重申“提高直接融资比重”，均旨在强调金融服务实体经济的效率。信托业一直处于金融创新前沿，具备横跨货币市场、资本市场与实业市场的天然属性，已成为一种有效的直接融资工具，在快速响应实体经济需求上具有一定优势。不同于银行、保险、券商及基金子公司，信托资金的运用方式涵盖股权、债权、“夹层”以及各种收益权投资。信托公司擅于整合运用多种金融工具，灵活设计交易结构，为实体企业提供全方位的金融服务，以满足中国特色社会主义新时代下实体经济多样化、多层次的深度需求。信托业应积极响应《“十三五”国家战略性新兴产业发展规划》，加大了对战略新兴产业的关注力度，积极发挥信托产融结合优势。

信托公司可以通过设立投资监管部或成立PE投资子公司，招募产业团队；建立行业专家库，借助外部咨询力量共同参与项目尽调；通过成立投资类项目风控与合规评审小组等方式控制项目风险，采用产业基金、并购基金等多种形式和新兴产业实现有效对接，助力国家战略新兴产业发展，在包括节能环保、互联网基础设施、新能源、生物产业、高端装备制造业等多个领域进行实践。

二是要与业态环境相契合，自我规范，防止“越线”，合规合法。资管新规的颁布对规范信托公司的运营起到了重要作用，这其中，对于信托公司影响最为重大的规定就是对于嵌套及通道业务的规定。在此项规定之后，银信通道几乎被全面禁止。信托公司在未来展业中，应积极配合监管精神的要求，将公司的主要精力集中在开展监管机构鼓励的业务中，不要以任何形式躲避监管规则的束缚。未来资产管理行业，没有刚性兑付、没有机构监管套利，资产管理能力作为核心竞争力的地位会得到凸显。努力提升自身的资产管理能力，才是信托公司长远发展之道。

2018年各信托公司在绿色信托、并购信托、消费信托、土地流转信托、互联网和数字信托等领域应进一步探索，创新业务模式，在信托公司回归本源的转型之路上继续丰富服务实体经济的工具。

（二）重视开展以财富管理为代表的本源业务

回归本源是监管对行业长期的导向，监管目的并不在于限制与禁止，而在于控制灰色地带业务的野蛮生长，防范资管泡沫化，将资金引导至支持实体经济发展，完成“脱虚向实”的总体目标，让金融回归支持实体经济发展。就信托公司自身的发展而言，回归本源就是指回归资产管理、财富管理和受托服务三大本源业务领域，其中尤其以财富管理业务最具有信托服务特色。基于信托制度在所有权及收益权分离重构、财产独立性及风险隔离上的优势，信托公司具有开展高端财富管理业务的独特优势。因此，重视开展以财富管理为代表的本源业务是信托公司资金资产两端实现良性互动的核心。

资金方面，需要通过长期加强财富营销能力，提升客户服务能力，逐步拓展家族信托的综合财富业务。从业人员必须加强为客户提供包括综合账户、产品、资产配置及其他增值服务在内的全套解决方案的能力，这是信托公司相比于第三方财富管理机构、券商及保险等机构的功能优势所在，必须转化为人员素质优势才能真正地创造利润。同时，通过科技模式的植入和流程优化，提升家族信托等财富管理业务的运营管理效率。近两年来，信托公司积极推动财富管理从以产品为中心向以客户为中心转型，其重点就是加快了对家族信托业务的布局，聚焦客户的个性化需求，为他们提供“信托构架＋私人银行”的特色家族信托业务。未来信托公司还需要进一步发挥信托制度优势，有效整合内部资产端、外部专业管理机构、客户渠道等方面的资源，围绕客户的财富保值增值、财富传承、税务筹划、家庭目标规划及慈善目的等需求，提供包括资产配置、专户理财、“家族信托＋私人银行”在内的综合财富管理服务，重点打造自身在投资配置方面的核心竞争力，塑造具有市场影响力的财富管理品牌。

在资产方面，需要加强资产配置能力的培养，打造符合市场需求的增值服务和长久期的专属投资产品，扩大财富管理业务的外延。2018年，家族信托、慈善信托等业务的发展前景较大。当下英美家族信托制度以财富的投资管理和家族传承为主，兼顾风险隔离、合理避税、财产保密，甚至隐匿私有财产、规避遗嘱认证程序等多个方面的目的。而按照中信信托的定义，家族信托是国内一种以资产保护、财富传承和财富增值为目的的私人财富管理解决方案。正是因为兼具这些功能，家族信托对于高净值人群有着独特的吸引力。信托公司开展家族信托业务应主要侧重在保值增值基础上提高专业化服务能力、利用扩大开放契机加速发展海外业务、丰富信托产品线、满足多样化需求等方面。而在慈善信托方面，《慈善法》的落地明确了慈善组织、捐赠人、受益人的税收优惠，慈善信托的开展也逐步有法可依，在慈善事业发展如日中天的当下，慈善信托的参与主体更加广泛，信托公司与慈善组织合作应更加紧密，慈善目的应进一步聚焦，慈善效果应更加明确。

（三）积极拓展信托公司在资产证券化业务中的职能

随着资本市场、金融机构、经济体系的建设和完善，中国经济巨大的实体化资产和金融资产的盘活需求旺盛，以受托服务为核心的资产证券化业务以其破产隔离、资产配置等诸多功能承担起了盘活存量资产的角色，获得了迅速发展，而这些重要功能与信托“受人之托、代人理财”的资产管理本源高度契合，信托公司在资产证券化业务中顺理成章地承担起了受托人角色。

展望未来，差异化、特色化竞争策略应成为信托公司开展资产证券化业务的必然选择。第一，信托公司应加强对基础资产的创设、获取和把握，提升对基础资产的把控能力；第二，信托公司在证券承销业务领域将取得重大突破，应充分利用自身渠道与机构业务优势，培养自身承销能力，从更早期的环节介入证券化业务，获取更高价值；第三，信托公司也可以投资人身份参与资产证券化业务，例如直接发行产品募集资金认购优质证券化项目，参与 Pre - ABS 和 ABS 发行后的投资等上下游领域，在风险可控前提下进行夹层投资等；第四，信托公司应尝试以投资顾问等身份参与资产证券化业务的产品设计，协助主承销商与受托人快速高效落地各类资产证券化业务。

尽管在经营实际中，资产证券化业务并不能成为支撑信托公司核心利润来源的业务形式，但是这项业务代表了信托业未来的发展方向，同时也是监管机构鼓励的业务形式。因此，信托公司在发展资产证券化业务中，可以以先拓展业务规模，进而再考核业务利润的模式，快速占领该项业务的市场份额。

（四）逐步探索境外理财信托业务模式

从短期来看，信托公司开展境外理财业务面临较大困难。一方面，海外市场的不确定性和相关政策体系的差异增加了境外理财信托业务的成本；另一方面，境外理财信托业务起步较晚且在金融机构中受到较为严格的监管条件限制，客观上导致了信托公司在境外理财业务中的劣势。但从长远来看，开展海外业务的空间巨大。人民币国际化与资管机构竞合大势为信托行业的转型升级提供了广阔的发展空间和良好的发展机遇。

从本质上看，代人理财是信托公司的核心业务范畴，高净值和超高净值人士是信托公司的主要客户群体。随着我国富裕阶层人士的逐步增加，对于家庭财富配置的需求层次更加丰富。特别是在家族信托产品的设计中，客户对于境外理财的需求和税务筹划的需求成为其普遍需求。特别是在我国实行了共同申报准则（CRS）政策之后，家族信托作为全球通行的财富保护传承顶级法律工具，成为高净值人士和超高净值人士实现家族财富的全球配置的良好工具。除此之外，CRS 之下，税务筹划的安排是十分必要的，但需要强调的是，税务筹划是指通过合法的方式降低税务负担，因此合法合规是进行有效税务筹划的根本前提。因此，未来拥有跨境资产运作资格的信托公司将在竞争中获得更多的优势。

信托行业应以更灵敏的嗅觉、更专业的能力、对需求更深层次的理解、更全球化的视野，充分发挥自身积累的优势，前瞻性地补足海外业务短板，加强海外业务投研能力和系统建设，打造能够与客户、产品、渠道有机合一的境外理财信托生态链。

附　　表

附 表

2017 年末信托公司注册资本排名

单位：亿元

排名	信托公司	注册资本	排名	信托公司	注册资本
1	重庆信托	150	35	国元信托	30
2	平安信托	130	36	陆家嘴信托	30
3	中融信托	120	37	江苏信托	26.84
4	昆仑信托	102.27	38	山东信托	25.88
5	中信信托	100	39	华澳信托	25
6	民生信托	70	40	中海信托	25
7	华信信托	66	41	中诚信托	24.57
8	华润信托	60	42	紫金信托	24.53
9	五矿信托	60	43	湖南信托	24.51
10	新时代信托	60	44	中粮信托	23
11	交银信托	57.65	45	北京信托	22
12	上海信托	50	46	华鑫信托	22
13	兴业信托	50	47	金谷信托	22
14	中铁信托	50	48	外贸信托	22
15	中航信托	46.57	49	国投泰康信托	21.91
16	安信信托	45.58	50	天津信托	17
17	华能信托	42	51	浙金信托	17
18	新华信托	42	52	中建投信托	16.66
19	百瑞信托	40	53	吉林信托	15.96
20	粤财信托	38	54	建信信托	15.27
21	华宝信托	37.44	55	杭工商信托	15
22	中原信托	36.5	56	西部信托	15
23	渤海信托	36	57	山西信托	13.57
24	厦门信托	35	58	万向信托	13.39
25	四川信托	35	59	东莞信托	12
26	光大兴陇信托	34.18	60	苏州信托	12
27	长安信托	33.3	61	云南信托	12
28	国通信托	32	62	北方信托	10.01
29	陕国投信托	30.9	63	大业信托	10
30	华融信托	30.36	64	国民信托	10
31	英大信托	30.22	65	西藏信托	10
32	中江信托	30.05	66	华宸信托	8
33	爱建信托	30	67	中泰信托	5.17
34	国联信托	30	68	长城新盛信托	3

附 表

2017年末信托公司净资产排名

单位：万元

排名	信托公司	净资产	排名	信托公司	净资产
1	平安信托	2,391,441.36	35	国元信托	643,853.42
2	中信信托	2,153,983.02	36	英大信托	610,605.11
3	重庆信托	2,068,087.85	37	新华信托	603,015.31
4	华润信托	1,846,469.25	38	西部信托	565,807.57
5	中诚信托	1,657,800.4	39	粤财信托	564,170.97
6	安信信托	1,619,148.19	40	国投泰康信托	509,742.09
7	中融信托	1,587,168.66	41	光大兴陇信托	501,988.17
8	兴业信托	1,478,513.81	42	国通信托	490,316.49
9	昆仑信托	1,260,880.07	43	厦门信托	484,771
10	上海信托	1,226,825.98	44	国联信托	482,233
11	华能信托	1,221,452.92	45	中海信托	474,634.58
12	华信信托	1,174,730.76	46	中粮信托	459,769.03
13	渤海信托	1,154,385.92	47	天津信托	455,751
14	五矿信托	1,137,868.08	48	华鑫信托	451,627.21
15	江苏信托	1,137,839.15	49	爱建信托	449,686.12
16	建信信托	1,105,522.02	50	北方信托	429,117.67
17	民生信托	1,104,752.84	51	中泰信托	422,799.81
18	交银信托	1,001,536.27	52	苏州信托	410,172.96
19	中航信托	974,574.48	53	东莞信托	399,178.12
20	华融信托	961,979	54	金谷信托	384,533.12
21	山东信托	914,754	55	吉林信托	382,901.06
22	外贸信托	895,266.51	56	陆家嘴信托	382,544.09
23	中江信托	870,545.57	57	杭工商信托	368,305
24	北京信托	827,627.32	58	紫金信托	363,218.11
25	新时代信托	808,047.99	59	华澳信托	341,476.56
26	中原信托	804,665.67	60	国民信托	244,096.95
27	陕国投信托	793,112.96	61	万向信托	243,335.63
28	中铁信托	765,138.32	62	云南信托	232,360.92
29	华宝信托	721,198.86	63	西藏信托	221,680.24
30	百瑞信托	701,450.22	64	山西信托	196,322.7
31	四川信托	691,328.66	65	浙金信托	191,524.63
32	湖南信托	687,067.49	66	大业信托	181,446.53
33	中建投信托	667,032.93	67	华宸信托	117,011.7
34	长安信托	658,795.36	68	长城新盛信托	67,045.98

附 表

2017 年信托公司总收入排名

单位：万元

排名	信托公司	总收入	排名	信托公司	总收入
1	中融信托	654, 667	35	中海信托	118, 949. 59
2	平安信托	635, 513. 23	36	湖南信托	118, 550
3	安信信托	593, 848. 51	37	粤财信托	117, 743. 05
4	中信信托	574, 998. 89	38	陆家嘴信托	115, 755
5	重庆信托	424, 086. 59	39	陕国投信托	115, 059. 84
6	华能信托	361, 317. 53	40	光大兴陇信托	113, 603. 72
7	民生信托	331, 458. 79	41	中粮信托	112, 665. 12
8	中航信托	304, 549. 99	42	新时代信托	111, 819. 74
9	上海信托	279, 640. 05	43	厦门信托	107, 811
10	建信信托	267, 528. 19	44	万向信托	107, 003. 89
11	华润信托	263, 458. 46	45	英大信托	106, 856. 82
12	外贸信托	260, 241. 41	46	杭工商信托	102, 367
13	兴业信托	252, 162	47	国投泰康信托	100, 850
14	中铁信托	251, 568	48	大业信托	95, 796. 1
15	四川信托	248, 929. 6	49	中江信托	94, 471. 39
16	渤海信托	247, 849. 38	50	苏州信托	84, 941
17	长安信托	233, 928. 52	51	金谷信托	84, 837. 5
18	华融信托	218, 335. 02	52	新华信托	82, 889. 99
19	五矿信托	216, 282. 09	53	紫金信托	82, 042. 42
20	北京信托	209, 878	54	国民信托	78, 921. 76
21	中诚信托	209, 072. 52	55	东莞信托	75, 907. 09
22	江苏信托	200, 835. 55	56	北方信托	74, 691. 49
23	中原信托	184, 179. 86	57	西藏信托	70, 306. 94
24	百瑞信托	183, 324. 47	58	国元信托	69, 340. 88
25	中建投信托	181, 954. 42	59	西部信托	66, 216. 7
26	爱建信托	173, 907. 35	60	华澳信托	64, 113. 74
27	华宝信托	170, 155. 24	61	云南信托	55, 235. 33
28	山东信托	164, 789. 7	62	浙金信托	54, 068. 42
29	交银信托	158, 524. 41	63	吉林信托	47, 729. 43
30	昆仑信托	157, 823. 29	64	中泰信托	44, 938. 93
31	华信信托	140, 210. 16	65	国联信托	37, 469
32	天津信托	130, 124. 31	66	长城新盛信托	36, 841. 58
33	国通信托	120, 926. 87	67	山西信托	34, 521. 23
34	华鑫信托	119, 373. 25	68	华宸信托	4, 567. 77

附 表

2017年信托公司信托业务收入排名

单位：万元

排名	信托公司	信托业务收入	排名	信托公司	信托业务收入
1	安信信托	527, 462. 29	35	万向信托	84, 590. 04
2	中信信托	444, 770. 7	36	陆家嘴信托	84, 566
3	平安信托	401, 938. 7	37	英大信托	82, 077. 14
4	中融信托	387, 651	38	华信信托	80, 064. 67
5	华能信托	264, 881. 1	39	中诚信托	76, 987. 37
6	中航信托	264, 444. 73	40	华鑫信托	76, 700. 14
7	民生信托	214, 311. 69	41	杭工商信托	75, 943
8	重庆信托	213, 138. 82	42	国投泰康信托	73, 859
9	四川信托	211, 267. 75	43	中江信托	69, 868. 03
10	上海信托	203, 058. 35	44	东莞信托	69, 573. 41
11	建信信托	195, 027. 42	45	国民信托	69, 280. 02
12	渤海信托	192, 306. 81	46	厦门信托	69, 093
13	外贸信托	192, 226. 99	47	天津信托	66, 257. 92
14	中铁信托	190, 932	48	中海信托	63, 113. 87
15	长安信托	185, 543. 14	49	西藏信托	62, 554. 29
16	五矿信托	178, 117. 46	50	紫金信托	60, 784. 26
17	华融信托	168, 186	51	湖南信托	60, 056
18	兴业信托	164, 761	52	中粮信托	48, 187
19	爱建信托	148, 381. 56	53	金谷信托	47, 259. 98
20	中建投信托	128, 923. 37	54	浙金信托	46, 211. 52
21	交银信托	126, 270. 31	55	云南信托	45, 851. 4
22	百瑞信托	125, 864. 26	56	北方信托	45, 264. 55
23	北京信托	124, 552	57	苏州信托	43, 126
24	华宝信托	124, 227. 31	58	西部信托	41, 122. 56
25	中原信托	123, 161. 15	59	长城新盛信托	34, 530. 87
26	国通信托	114, 815. 75	60	国元信托	32, 643. 01
27	山东信托	112, 977. 1	61	华澳信托	32, 076. 55
28	华润信托	102, 121. 92	62	粤财信托	29, 204. 49
29	新时代信托	101, 561. 38	63	新华信托	25, 090. 32
30	江苏信托	100, 142. 36	64	吉林信托	24, 919. 34
31	陕国投信托	93, 924. 15	65	中泰信托	24, 847. 39
32	昆仑信托	87, 343. 2	66	国联信托	20, 430
33	光大兴陇信托	86, 694. 35	67	山西信托	18, 561. 96
34	大业信托	86, 049. 19	68	华宸信托	2, 761. 22

附 表

2017 年信托公司净利润排名

单位：万元

排名	信托公司	净利润	排名	信托公司	净利润
1	平安信托	390, 664. 36	35	厦门信托	64, 918
2	安信信托	366, 821. 23	36	国投泰康信托	62, 350. 1
3	重庆信托	335, 147. 59	37	英大信托	60, 889. 98
4	中信信托	242, 512. 4	38	华鑫信托	60, 617. 12
5	华润信托	226, 001. 28	39	杭工商信托	57, 005
6	中融信托	216, 960. 64	40	国通信托	56, 669. 82
7	华能信托	208, 397. 33	41	万向信托	55, 307. 1
8	民生信托	181, 513. 76	42	新时代信托	54, 799. 09
9	建信信托	164, 996. 12	43	天津信托	53, 295. 38
10	中航信托	162, 894. 77	44	光大兴陇信托	52, 663. 65
11	外贸信托	162, 144. 01	45	中粮信托	49, 601. 53
12	江苏信托	161, 797. 29	46	陆家嘴信托	47, 907. 06
13	上海信托	156, 046. 91	47	国元信托	47, 186. 65
14	兴业信托	146, 968	48	西藏信托	46, 896. 79
15	中铁信托	145, 166. 9	49	苏州信托	43, 875. 9
16	中诚信托	128, 638. 75	50	紫金信托	43, 014. 45
17	渤海信托	126, 370. 55	51	北方信托	42, 427. 81
18	五矿信托	116, 812. 62	52	大业信托	40, 662. 71
19	百瑞信托	103, 558. 93	53	东莞信托	39, 474. 57
20	华信信托	100, 030. 41	54	陕国投信托	35, 223. 65
21	中建投信托	99, 978. 82	55	西部信托	34, 470. 73
22	北京信托	98, 471. 77	56	华澳信托	30, 201. 31
23	交银信托	96, 837. 1	57	金谷信托	28, 105. 45
24	粤财信托	96, 809. 67	58	国联信托	26, 899
25	长安信托	94, 753. 65	59	吉林信托	26, 235. 85
26	四川信托	92, 066. 98	60	云南信托	24, 730. 06
27	华宝信托	92, 030. 48	61	中泰信托	24, 017. 19
28	华融信托	89, 683. 61	62	长城新盛信托	17, 973. 51
29	山东信托	89, 480. 5	63	中江信托	17, 261. 93
30	湖南信托	88, 157. 37	64	浙金信托	15, 230. 01
31	爱建信托	86, 649. 49	65	国民信托	11, 270. 04
32	昆仑信托	82, 467. 14	66	新华信托	10, 902. 7
33	中海信托	78, 633. 18	67	山西信托	8, 130. 54
34	中原信托	76, 311. 59	68	华宸信托	5, 101. 13

附　表

2017 年信托公司资本利润率排名

单位：%

排名	信托公司	资本利润率	排名	信托公司	资本利润率
1	长城新盛信托	30.96	35	北京信托	12.61
2	万向信托	25.26	36	天津信托	12.43
3	安信信托	25.23	37	国投泰康信托	12.42
4	大业信托	24.57	38	陆家嘴信托	12.34
5	湖南信托	23.56	39	国通信托	12.27
6	西藏信托	22.71	40	紫金信托	12.21
7	中铁信托	20.48	41	苏州信托	11.71
8	爱建信托	20.32	42	中粮信托	11.66
9	中航信托	20.29	43	中信信托	11.65
10	外贸信托	19.48	44	交银信托	11.44
11	粤财信托	18.74	45	云南信托	11.24
12	中融信托	18.29	46	浙金信托	11.19
13	华能信托	17.9	47	光大兴陇信托	10.96
14	民生信托	17.56	48	华融信托	10.94
15	重庆信托	17.13	49	华澳信托	10.83
16	中海信托	17.11	50	兴业信托	10.44
17	杭工商信托	16.89	51	英大信托	10.43
18	平安信托	16.83	52	北方信托	10.22
19	吉林信托	16.26	53	东莞信托	10.11
20	中建投信托	16.14	54	中原信托	9.91
21	厦门信托	15.95	55	昆仑信托	9.38
22	建信信托	15.86	56	华信信托	8.28
23	百瑞信托	15.81	57	中诚信托	8.07
24	长安信托	15.61	58	国元信托	7.69
25	江苏信托	15.22	59	金谷信托	7.59
26	上海信托	14.54	60	新时代信托	7.16
27	华鑫信托	14.4	61	中泰信托	5.84
28	四川信托	14.27	62	西部信托	5.45
29	五矿信托	13.67	63	国联信托	5.43
30	渤海信托	13.6	64	国民信托	4.73
31	山东信托	13.4	65	陕国投信托	4.5
32	华宝信托	13.35	66	华宸信托	4.25
33	华润信托	12.95	67	山西信托	4.15
34	长城新盛信托	30.96	68	中江信托	1.98

附　表

2017年信托公司信托报酬率排名

单位：%

排名	信托公司	信托报酬率	排名	信托公司	信托报酬率
1	东莞信托	3.63	35	昆仑信托	0.4
2	杭工商信托	2.73	36	长安信托	0.4
3	安信信托	1.92	37	吉林信托	0.362
4	长城新盛信托	1.43	38	浙金信托	0.36
5	华信信托	1.27	39	国通信托	0.35
6	重庆信托	1.2	40	新时代信托	0.32
7	民生信托	1.17	41	英大信托	0.32
8	湖南信托	0.96	42	华能信托	0.31
9	苏州信托	0.9	43	中诚信托	0.29
10	紫金信托	0.85	44	中粮信托	0.29
11	爱建信托	0.84	45	上海信托	0.28
12	华宸信托	0.81	46	渤海信托	0.28
13	百瑞信托	0.79	47	陕国投信托	0.28
14	陆家嘴信托	0.73	48	光大兴陇信托	0.27
15	中原信托	0.7	49	厦门信托	0.26
16	中泰信托	0.65	50	国投泰康信托	0.25
17	中江信托	0.64	51	华澳信托	0.23
18	中航信托	0.59	52	华鑫信托	0.23
19	中融信托	0.57	53	中建投信托	0.23
20	四川信托	0.54	54	交银信托	0.22
21	国联信托	0.53	55	华宝信托	0.22
22	中铁信托	0.53	56	西部信托	0.22
23	国民信托	0.51	57	云南信托	0.21
24	平安信托	0.5	58	国元信托	0.19
25	万向信托	0.49	59	兴业信托	0.18
26	外贸信托	0.48	60	中海信托	0.17
27	大业信托	0.47	61	北方信托	0.16
28	金谷信托	0.47	62	华融信托	0.15
29	山西信托	0.43	63	江苏信托	0.13
30	新华信托	0.43	64	西藏信托	0.13
31	山东信托	0.42	65	粤财信托	0.13
32	五矿信托	0.42	66	中信信托	0.13
33	北京信托	0.41	67	建信信托	0.1
34	天津信托	0.41	68	华润信托	0.09

附 表

2017 年信托公司人均净利润排名

单位：万元

排名	信托公司	人均净利润	排名	信托公司	人均净利润
1	重庆信托	2295.53	35	国元信托	304.43
2	安信信托	1570.97	36	厦门信托	303.35
3	江苏信托	1382.88	37	杭工商信托	295
4	粤财信托	800.08	38	华宝信托	292.16
5	华润信托	672.62	39	兴业信托	271.16
6	中铁信托	657	40	大业信托	252.56
7	中航信托	624.18	41	中粮信托	251.78
8	华能信托	620.46	42	中建投信托	249.87
9	湖南信托	588	43	华融信托	247.74
10	华信信托	548.11	44	万向信托	246.91
11	民生信托	528.62	45	北方信托	241.75
12	渤海信托	516.85	46	紫金信托	240.3
13	百瑞信托	515.22	47	新时代信托	234.18
14	外贸信托	510.52	48	东莞信托	230.85
15	西藏信托	509.75	49	金谷信托	205.15
16	五矿信托	489.73	50	国通信托	193.08
17	交银信托	466.62	51	长城新盛信托	191.21
18	建信信托	460.88	52	华澳信托	182
19	平安信托	455.59	53	光大兴陇信托	170.43
20	山东信托	449.65	54	陆家嘴信托	162.94
21	中海信托	444.26	55	西部信托	157.4
22	中信信托	443.76	56	长安信托	149.07
23	中诚信托	428.8	57	中融信托	144.6
24	上海信托	417.8	58	吉林信托	125.53
25	英大信托	385.38	59	四川信托	124.92
26	天津信托	370.11	60	中泰信托	123.48
27	爱建信托	359.94	61	云南信托	103.47
28	国联信托	358.65	62	陕国投信托	70.73
29	苏州信托	355.28	63	中江信托	65.14
30	国投泰康信托	329.89	64	新华信托	62.12
31	北京信托	321	65	华宸信托	57.97
32	华鑫信托	319.04	66	国民信托	46.67
33	中原信托	318.96	67	浙金信托	41.73
34	昆仑信托	315.97	68	山西信托	36.14

附 表

2017年末信托公司信托资产规模排名

单位：万元

排名	信托公司	信托资产规模	排名	信托公司	信托资产规模
1	中信信托	198, 672, 975. 97	35	陆家嘴信托	28, 699, 032. 67
2	建信信托	140, 966, 996. 55	36	英大信托	28, 164, 152. 55
3	华润信托	134, 693, 939. 73	37	山东信托	27, 167, 497. 98
4	华能信托	101, 025, 339. 76	38	国元信托	26, 343, 019. 05
5	交银信托	96, 562, 955. 22	39	粤财信托	25, 398, 340. 2
6	兴业信托	93, 216, 512. 33	40	西部信托	24, 840, 650. 53
7	上海信托	91, 239, 146. 83	41	国通信托	23, 895, 072. 03
8	渤海信托	75, 497, 485. 03	42	安信信托	23, 255, 132. 25
9	中融信托	66, 990, 705. 08	43	天津信托	21, 737, 785. 69
10	中航信托	65, 776, 656. 21	44	紫金信托	21, 046, 244. 29
11	平安信托	65, 275, 619. 93	45	大业信托	19, 945, 531
12	长安信托	60, 140, 473. 28	46	中原信托	19, 552, 038. 22
13	华宝信托	59, 558, 947. 05	47	中粮信托	19, 525, 483. 98
14	江苏信托	55, 114, 402. 06	48	万向信托	19, 012, 684. 33
15	国民信托	52, 190, 912. 53	49	重庆信托	18, 823, 264. 83
16	五矿信托	51, 746, 920. 28	50	民生信托	18, 711, 140. 58
17	外贸信托	50, 060, 882. 05	51	百瑞信托	17, 628, 402. 84
18	光大兴陇信托	47, 845, 948. 99	52	新华信托	17, 622, 681. 01
19	陕国投信托	45, 322, 169. 48	53	中建投信托	17, 024, 646. 77
20	中铁信托	43, 434, 756	54	浙金信托	15, 851, 066. 32
21	西藏信托	42, 445, 820. 88	55	中江信托	15, 756, 829. 13
22	中海信托	41, 866, 307. 11	56	华澳信托	14, 008, 808. 68
23	四川信托	41, 822, 810. 54	57	华信信托	13, 869, 052. 06
24	云南信托	36, 963, 991. 17	58	金谷信托	11, 620, 935. 27
25	国投泰康信托	36, 280, 514. 55	59	苏州信托	9, 278, 363. 53
26	昆仑信托	35, 193, 495. 49	60	国联信托	8, 585, 980
27	华融信托	33, 574, 453. 47	61	吉林信托	8, 358, 623. 74
28	爱建信托	33, 276, 792. 64	62	湖南信托	7, 667, 672
29	新时代信托	32, 885, 915. 11	63	杭工商信托	5, 058, 845
30	中诚信托	32, 601, 932. 79	64	山西信托	4, 955, 991. 41
31	北京信托	31, 018, 941. 49	65	东莞信托	4, 597, 062. 14
32	厦门信托	30, 110, 009	66	中泰信托	3, 723, 437. 61
33	华鑫信托	29, 740, 210. 19	67	长城新盛信托	3, 471, 236. 62
34	北方信托	29, 415, 986. 05	68	华宸信托	396, 583. 84

附　表

2017 年末信托公司集合类信托资产规模排名　　单位：万元

排名	信托公司	集合类信托资产规模	排名	信托公司	集合类信托资产规模
1	中信信托	62, 213, 650. 34	35	山东信托	11, 261, 865. 93
2	中融信托	43, 950, 897. 3	36	中原信托	10, 861, 064. 95
3	建信信托	43, 000, 877. 68	37	百瑞信托	10, 130, 782. 62
4	华润信托	38, 638, 692. 33	38	中建投信托	10, 121, 664. 11
5	外贸信托	35, 971, 839. 73	39	大业信托	9, 851, 538. 14
6	中航信托	34, 743, 757. 05	40	紫金信托	9, 613, 731. 2
7	平安信托	34, 530, 497. 84	41	天津信托	9, 063, 217
8	长安信托	32, 489, 277. 41	42	中粮信托	8, 740, 474. 56
9	交银信托	31, 285, 232. 58	43	中诚信托	8, 581, 995. 91
10	上海信托	31, 259, 968. 97	44	万向信托	8, 421, 610. 38
11	华能信托	27, 846, 273. 73	45	国民信托	7, 719, 682. 67
12	五矿信托	26, 652, 055. 43	46	西藏信托	7, 198, 218. 76
13	中海信托	24, 858, 744	47	华信信托	6, 786, 622. 99
14	陕国投信托	22, 427, 567. 76	48	北方信托	5, 981, 950. 89
15	华融信托	21, 878, 587. 46	49	金谷信托	5, 851, 574. 95
16	中铁信托	21, 586, 096	50	粤财信托	5, 471, 888. 17
17	兴业信托	21, 510, 372	51	江苏信托	5, 391, 738. 09
18	光大兴陇信托	18, 046, 800. 17	52	西部信托	5, 076, 361. 1
19	四川信托	17, 344, 616. 85	53	中江信托	5, 066, 038. 95
20	陆家嘴信托	17, 172, 166. 86	54	杭工商信托	4, 748, 159
21	渤海信托	16, 867, 356. 34	55	国元信托	4, 414, 228. 03
22	爱建信托	16, 666, 141. 84	56	浙金信托	4, 339, 500. 84
23	新时代信托	16, 587, 868. 28	57	湖南信托	3, 606, 784
24	华鑫信托	16, 583, 275. 44	58	苏州信托	3, 533, 162. 64
25	华宝信托	16, 223, 689. 1	59	英大信托	2, 909, 470. 99
26	重庆信托	14, 355, 454. 89	60	新华信托	2, 783, 913. 65
27	安信信托	13, 840, 731. 19	61	国联信托	2, 774, 233
28	国通信托	13, 720, 968. 55	62	东莞信托	2, 687, 073. 49
29	昆仑信托	12, 523, 664. 08	63	中泰信托	2, 489, 762. 23
30	厦门信托	12, 503, 799	64	华澳信托	2, 473, 688
31	北京信托	11, 832, 531. 05	65	山西信托	1, 446, 188. 24
32	民生信托	11, 798, 476. 67	66	吉林信托	566, 012. 57
33	云南信托	11, 689, 715	67	长城新盛信托	159, 253. 5
34	国投泰康信托	11, 326, 478. 2	68	华宸信托	139, 225. 91

附　表

2017 年末信托公司单一类信托资产规模排名

单位：万元

排名	信托公司	单一类信托资产规模	排名	信托公司	单一类信托资产规模
1	中信信托	80,602,048.86	35	昆仑信托	10,863,916.04
2	建信信托	78,702,716.63	36	天津信托	10,537,743.22
3	交银信托	63,475,233.27	37	中江信托	10,101,316.51
4	华润信托	58,801,800.97	38	国通信托	9,913,517.08
5	兴业信托	57,934,236	39	华澳信托	9,684,868
6	渤海信托	48,638,249.62	40	安信信托	8,964,803.72
7	江苏信托	47,755,167.04	41	万向信托	8,755,905.37
8	国民信托	42,003,159.31	42	外贸信托	8,481,137.76
9	华宝信托	41,675,726.4	43	大业信托	8,406,453.89
10	上海信托	41,128,955.75	44	陆家嘴信托	8,316,620
11	中航信托	29,181,585.36	45	中原信托	8,031,350.9
12	华能信托	27,026,455.16	46	中粮信托	7,308,988.5
13	光大兴陇信托	25,270,520.22	47	北京信托	6,828,891.32
14	平安信托	24,342,967.82	48	民生信托	6,665,521.66
15	四川信托	23,718,076.38	49	浙金信托	6,627,160.74
16	长安信托	22,202,157.26	50	吉林信托	6,384,348.63
17	陕国投信托	21,108,198.55	51	百瑞信托	6,206,067.92
18	中诚信托	20,208,914.11	52	华融信托	5,902,706.99
19	北方信托	18,541,330.33	53	英大信托	5,818,664.17
20	厦门信托	17,229,046	54	国联信托	5,811,747
21	国投泰康信托	17,220,061.17	55	紫金信托	5,780,871.47
22	云南信托	17,088,466.35	56	苏州信托	5,378,445.65
23	五矿信托	16,383,458.6	57	中建投信托	4,982,745.75
24	粤财信托	15,993,689.57	58	华信信托	4,964,875.93
25	国元信托	15,865,829.05	59	湖南信托	4,040,175
26	山东信托	15,523,059.51	60	新时代信托	4,010,136.28
27	中铁信托	15,459,534	61	重庆信托	3,216,279.54
28	西部信托	14,541,655.46	62	山西信托	3,207,882.05
29	中融信托	14,425,924.31	63	长城新盛信托	2,793,875.72
30	西藏信托	14,232,966.12	64	金谷信托	2,360,461.13
31	新华信托	12,839,164.71	65	东莞信托	1,909,988.65
32	华鑫信托	11,783,276.71	66	中泰信托	1,191,050.77
33	爱建信托	11,604,135.48	67	杭工商信托	310,686
34	中海信托	11,280,112	68	华宸信托	257,357.93

附　表

2017年信托公司已清算集合类信托项目收益率排名

单位：%

排名	信托公司	已清算集合类信托项目收益率	排名	信托公司	已清算集合类信托项目收益率
1	北方信托	14.34	35	国元信托	7.34
2	西藏信托	12.72	36	西部信托	7.31
3	长安信托	11.55	37	中原信托	7.31
4	国民信托	10.78	38	华澳信托	7.3
5	杭工商信托	10.02	39	国通信托	7.28
6	中泰信托	9.69	40	交银信托	7.27
7	英大信托	9.52	41	华融信托	7.25
8	华宸信托	9.5	42	中江信托	7.19
9	华润信托	9.42	43	华宝信托	7.17
10	万向信托	9.04	44	四川信托	7.09
11	中海信托	8.99	45	浙金信托	7.06
12	中信信托	8.96	46	建信信托	7.02
13	百瑞信托	8.79	47	昆仑信托	6.94
14	苏州信托	8.78	48	华能信托	6.64
15	陕国投信托	8.61	49	山西信托	6.52
16	安信信托	8.44	50	重庆信托	6.44
17	北京信托	8.17	51	大业信托	6.31
18	华信信托	8.14	52	中诚信托	6.21
19	五矿信托	8.13	53	光大兴陇信托	6.18
20	国联信托	8.12	54	中粮信托	6.15
21	江苏信托	8.1	55	天津信托	6.06
22	中航信托	8	56	华鑫信托	5.82
23	中建投信托	7.88	57	新时代信托	5.73
24	民生信托	7.875	58	陆家嘴信托	5.54
25	新华信托	7.79	59	山东信托	5.39
26	上海信托	7.77	60	兴业信托	5.1
27	中铁信托	7.68	61	外贸信托	5.04
28	渤海信托	7.67	62	云南信托	4.73
29	爱建信托	7.58	63	吉林信托	4.63
30	金谷信托	7.57	64	厦门信托	4.49
31	东莞信托	7.53	65	长城新盛信托	3.84
32	粤财信托	7.43	66	国投泰康信托	2.74
33	中融信托	7.42	67	湖南信托	2.71
34	紫金信托	7.37	68	平安信托	1.02

附 表

2017年信托公司已清算单一类信托项目收益率排名

单位：%

排名	信托公司	已清算单一类信托项目收益率排名	排名	信托公司	已清算单一类信托项目收益率排名
1	北京信托	9.77	35	华宸信托	6.54
2	华润信托	9.2	36	华澳信托	6.47
3	金谷信托	7.89	37	紫金信托	6.36
4	民生信托	7.83	38	上海信托	6.32
5	安信信托	7.73	39	中铁信托	6.3
6	中原信托	7.72	40	国投泰康信托	6.26
7	山西信托	7.71	41	华融信托	6.19
8	湖南信托	7.65	42	苏州信托	6.19
9	中融信托	7.65	43	国元信托	6.18
10	国联信托	7.63	44	中诚信托	6.17
11	杭工商信托	7.61	45	华能信托	6.16
12	大业信托	7.57	46	中信信托	6.08
13	新华信托	7.52	47	华信信托	6.05
14	万向信托	7.48	48	陕国投信托	6.05
15	中建投信托	7.4	49	江苏信托	5.99
16	百瑞信托	7.2	50	中粮信托	5.87
17	建信信托	7.18	51	陆家嘴信托	5.71
18	东莞信托	7.06	52	重庆信托	5.7
19	华鑫信托	7.06	53	北方信托	5.64
20	四川信托	6.99	54	厦门信托	5.61
21	国民信托	6.96	55	兴业信托	5.58
22	中航信托	6.95	56	交银信托	5.55
23	国通信托	6.94	57	华宝信托	5.46
24	长安信托	6.93	58	天津信托	5.39
25	渤海信托	6.89	59	英大信托	5.27
26	西藏信托	6.89	60	山东信托	5.18
27	西部信托	6.77	61	粤财信托	5.01
28	中泰信托	6.76	62	长城新盛信托	4.67
29	新时代信托	6.66	63	外贸信托	4.32
30	中江信托	6.65	64	中海信托	4.26
31	五矿信托	6.64	65	吉林信托	3.97
32	浙金信托	6.63	66	爱建信托	2.99
33	光大兴陇信托	6.57	67	昆仑信托	1.46
34	云南信托	6.56	68	平安信托	0.47

附　表

2017 年信托公司新增信托资产规模排名

单位：万元

排名	信托公司	新增信托资产规模	排名	信托公司	新增信托资产规模
1	华能信托	114, 257, 850. 7	35	中诚信托	16, 886, 937. 48
2	中信信托	107, 516, 079. 34	36	北京信托	16, 772, 707. 22
3	华润信托	86, 228, 563	37	江苏信托	14, 825, 053. 6
4	交银信托	46, 938, 762. 28	38	华澳信托	14, 803, 389
5	五矿信托	45, 345, 856. 83	39	紫金信托	14, 278, 121. 64
6	国民信托	44, 966, 049. 41	40	中粮信托	14, 177, 473. 66
7	兴业信托	43, 643, 456	41	粤财信托	14, 138, 839. 15
8	中铁信托	41, 655, 274	42	华鑫信托	13, 956, 193. 49
9	长安信托	37, 307, 719. 42	43	中建投信托	13, 867, 211. 77
10	中航信托	36, 209, 238. 93	44	北方信托	11, 909, 669. 51
11	上海信托	35, 219, 521. 15	45	万向信托	11, 565, 075. 12
12	光大兴陇信托	34, 007, 156. 06	46	天津信托	10, 919, 818. 56
13	爱建信托	27, 763, 539. 3	47	西藏信托	10, 489, 883. 54
14	云南信托	27, 699, 866. 34	48	山东信托	10, 220, 916
15	华融信托	27, 559, 199. 74	49	新华信托	10, 178, 393. 64
16	陕国投信托	27, 499, 989. 14	50	华宝信托	9, 667, 237. 25
17	厦门信托	26, 329, 537	51	百瑞信托	8, 864, 790. 32
18	建信信托	25, 568, 939. 13	52	重庆信托	8, 844, 807. 13
19	昆仑信托	23, 173, 321. 17	53	英大信托	8, 744, 309. 5
20	国投泰康信托	22, 820, 225. 61	54	中江信托	8, 044, 845. 16
21	国通信托	22, 429, 062. 1	55	安信信托	7, 353, 354. 14
22	浙金信托	22, 202, 838. 02	56	华信信托	7, 185, 218. 02
23	国元信托	21, 343, 218. 72	57	吉林信托	6, 039, 124. 36
24	新时代信托	21, 340, 909. 04	58	湖南信托	5, 588, 802
25	民生信托	19, 458, 424. 67	59	金谷信托	5, 352, 815. 34
26	四川信托	19, 398, 236. 97	60	苏州信托	4, 488, 998. 6
27	西部信托	19, 167, 566. 95	61	山西信托	3, 735, 610. 5
28	平安信托	19, 088, 177. 77	62	长城新盛信托	1, 976, 109. 68
29	陆家嘴信托	18, 244, 363. 92	63	东莞信托	1, 893, 290. 12
30	大业信托	17, 960, 000	64	国联信托	1, 860, 302
31	中海信托	17, 584, 518. 26	65	中泰信托	1, 769, 508. 82
32	中融信托	17, 565, 448. 78	66	华宸信托	248, 365
33	外贸信托	17, 187, 754. 93	67	渤海信托	1, 182
34	中原信托	17, 129, 089. 04	68	杭工商信托	—

附　表

2017 年信托公司新增集合类信托资产规模排名　　单位：万元

排名	信托公司	新增集合类信托资产规模	排名	信托公司	新增集合类信托资产规模
1	华能信托	42, 803, 621. 67	35	重庆信托	6, 504, 073. 62
2	中信信托	30, 630, 775. 66	36	国民信托	6, 357, 147. 53
3	五矿信托	29, 673, 298. 35	37	百瑞信托	6, 071, 941. 59
4	华润信托	24, 574, 401	38	万向信托	5, 996, 845. 38
5	交银信托	22, 094, 841. 45	39	紫金信托	5, 812, 482. 1
6	中铁信托	21, 859, 382	40	天津信托	5, 682, 263. 95
7	长安信托	18, 912, 773. 64	41	安信信托	5, 239, 443. 7
8	中航信托	18, 883, 758. 2	42	粤财信托	5, 148, 037. 04
9	华融信托	16, 952, 124. 58	43	山东信托	4, 687, 788
10	渤海信托	16, 799, 656. 09	44	西部信托	4575973. 32
11	国通信托	15, 838, 953. 87	45	中诚信托	4, 270, 713. 56
12	光大兴陇信托	15, 731, 462. 27	46	建信信托	3, 973, 241
13	民生信托	15, 229, 078. 26	47	西藏信托	3, 525, 516. 18
14	陕国投信托	14, 718, 275. 69	48	中江信托	3, 455, 130. 02
15	新时代信托	11, 746, 350. 04	49	华信信托	3, 359, 901. 4
16	大业信托	11, 014, 000	50	华宝信托	3, 066, 632. 69
17	爱建信托	10, 779, 532. 88	51	国元信托	3, 051, 964. 9
18	陆家嘴信托	10, 710, 388. 39	52	金谷信托	2, 960, 539. 32
19	外贸信托	10, 199, 150. 23	53	华澳信托	2, 896, 090
20	平安信托	9, 875, 229. 67	54	湖南信托	2, 568, 354
21	厦门信托	9, 642, 709	55	江苏信托	2, 486, 268. 06
22	云南信托	9, 084, 465. 88	56	北京信托	2, 446, 034. 71
23	中海信托	9, 036, 523. 58	57	北方信托	2, 438, 614. 56
24	国投泰康信托	9, 035, 827. 42	58	杭工商信托	2, 386, 270
25	中建投信托	8, 510, 888. 93	59	苏州信托	1, 940, 426. 46
26	兴业信托	8, 419, 235	60	国联信托	1, 479, 940
27	中融信托	7, 997, 146. 47	61	东莞信托	1, 348, 776. 32
28	昆仑信托	7, 673, 396. 34	62	英大信托	1, 196, 158
29	浙金信托	7, 123, 411. 65	63	山西信托	626, 181
30	华鑫信托	7, 028, 747. 94	64	中泰信托	441, 140. 82
31	中粮信托	6, 864, 334. 88	65	新华信托	410, 981. 98
32	四川信托	6, 756, 360. 84	66	吉林信托	332, 192
33	中原信托	6, 719, 543. 65	67	长城新盛信托	159, 253. 5
34	上海信托	6, 506, 044. 33	68	华宸信托	—

附 表

2017年信托公司新增主动管理类信托资产规模排名

单位：万元

排名	信托公司	新增主动管理类信托资产规模	排名	信托公司	新增主动管理类信托资产规模
1	华能信托	48,603,221.26	35	建信信托	3,718,130.49
2	华润信托	21,828,146	36	外贸信托	3,550,707.77
3	民生信托	16,439,753.67	37	四川信托	3,497,980.39
4	中信信托	13,951,143.18	38	西部信托	3,306,452.6
5	中航信托	12,813,373.7	39	浙金信托	2,974,684.66
6	陕国投信托	12,795,547.68	40	紫金信托	2,675,262.8
7	云南信托	12,098,085.76	41	江苏信托	2,619,840
8	新时代信托	12,085,500.04	42	华宝信托	2,550,891.14
9	交银信托	11,677,869.45	43	国投泰康信托	2,539,796
10	五矿信托	11,192,740.4	44	湖南信托	2,284,637
11	平安信托	9,381,589.18	45	金谷信托	2,263,749.68
12	华融信托	9,330,812.46	46	重庆信托	2,180,500
13	中建投信托	8,800,088.05	47	英大信托	2,102,300.5
14	昆仑信托	8,594,518.14	48	万向信托	2,076,590.29
15	长安信托	8,580,680.11	49	国民信托	1,953,262.14
16	光大兴陇信托	7,572,237.79	50	渤海信托	1,879,911.73
17	厦门信托	7,344,112	51	东莞信托	1,858,290.12
18	中粮信托	7,198,696.48	52	中江信托	1,725,400.02
19	兴业信托	7,096,608	53	苏州信托	1,720,372.52
20	中铁信托	6,960,709	54	北京信托	1,614,370.71
21	大业信托	6,415,900	55	天津信托	1,530,288.1
22	百瑞信托	6,296,665.59	56	华鑫信托	1,423,282.04
23	国通信托	5,901,713.64	57	长城新盛信托	1,420,803.5
24	中诚信托	5,879,530.2	58	华澳信托	1,160,973
25	安信信托	5,797,543.7	59	西藏信托	1,151,977.9
26	粤财信托	5,583,970.46	60	国联信托	788,040
27	中融信托	5,471,607.55	61	国元信托	641,627.9
28	中海信托	5,446,834.81	62	中泰信托	459,254.82
29	陆家嘴信托	5,153,998.41	63	吉林信托	443,352
30	山东信托	4,559,664	64	新华信托	297,136.22
31	上海信托	4,470,108.64	65	华宸信托	248,365
32	爱建信托	4,157,899.38	66	山西信托	149,933.5
33	华信信托	3,792,888.4	67	北方信托	75,000
34	中原信托	3,718,710.73	68	杭工商信托	—

第二部分

信托研究

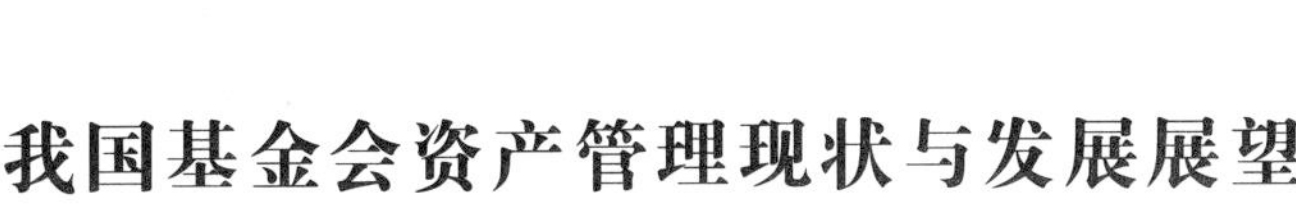

我国基金会资产管理现状与发展展望

一、我国基金会发展概况

（一）基金会数量稳步增长，非公募基金会发展迅速

根据基金会中心网数据中心统计数据，截至2018年6月11日，我国基金会总数达到6,589家。截至2016年末，全国范围内已注册基金会数量为5,545家，比2015年增加674家，增长率为13.84%。其中，公募基金会1,565家，占比为28%，非公募基金会3,980家，占比为72%（见图1）。

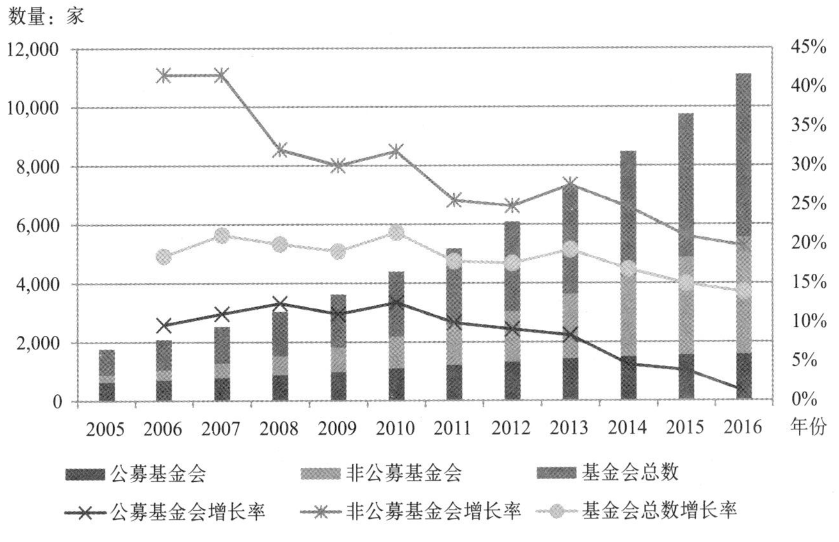

图1　2005—2016年我国基金会数量及其增长率走势图

从图 1 可以看出，公募基金会数量增长较为缓慢，2016 年公募基金会增加数量大幅下降。非公募基金会数量增长速度明显更快，2005—2015 年，虽然增长率在持续下降，不过维持在 20% 以上，2016 年增长率为 19%。非公募基金会的快速增长与基金会登记管理权限的下放、登记注册流程进一步简化有关。由图 2 可以看出，2013 年以来，非公募基金会数量迅速增加，2016 年非公募基金会新增 656 家，公募基金会仅新增 18 家，这与《慈善法》的出台有一定关系。

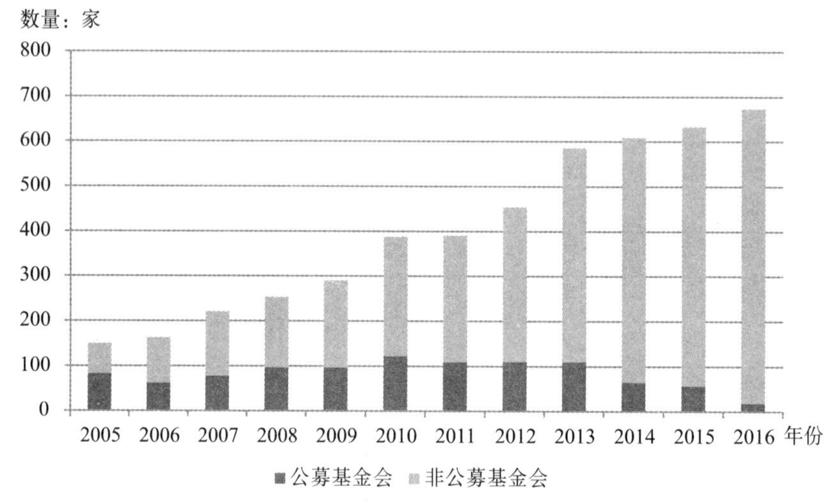

图 2　2005—2016 年我国新成立基金会数量变化图

从具体的登记部门看，省级民政部门基金会是基金会主力，市县级基金会近年来有增多的趋势。截至 2016 年末，已有 27 个省区市成立了 946 家县级基金会。在 2016 年新成立的 674 家基金会中，市县级基金会数量为 257 家，占新成立基金会的 38%，较 2015 年下降 5 个百分点；省级基金会 408 家，占 61%，较 2015 年增长 5 个百分点（见表 1）。

表 1　2012—2016 年各级民政部门登记基金会数量情况　单位：家

登记部门	2012 年	2013 年	2014 年	2015 年	2016 年
民政部	179	190	198	204	213
省级民政部门	2, 793	3, 262	3, 623	3, 978	4, 386
市级民政部门	71	177	417	689	946
合计	3, 043	3, 629	4, 238	4, 871	5, 545

（二）基金会净资产突破千亿元，分化较为严重

截至 2016 年末，我国基金会净资产总额为 1,383.22 亿元，较 2015 年的 1,188.14 亿元增长 16.42%，增长率较 2015 年上涨 3.45 个百分点。由图 3 可以看出，2014—2016 年，基金会净资产规模持续增长。从 2015 年末数据看，公募基金会净资产为 509.26 亿元，占比为 42.86%；非公募基金会净资产为 678.88 亿元，占比为 57.14%。而从数量上看，2015 年末公募基金会占比为 31.76%，平均每家净资产 0.33 亿元；非公募基金会占比为 68.24%，平均每家净资产 0.2 亿元。这表明公募基金会净资产规模较大。

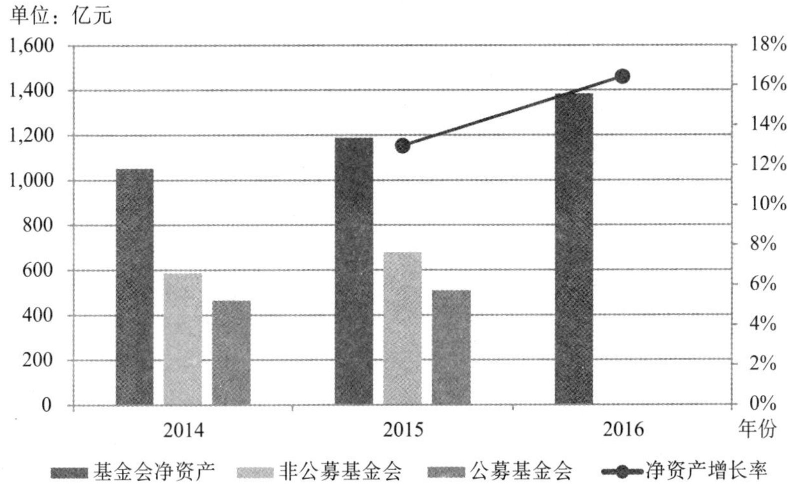

图 3　2014—2016 年我国基金会净资产规模走势图

从具体的基金会看，2016 年末共有 4,410 家基金会披露了净资产。其中，净资产规模最大的为清华大学教育基金会的 63.01 亿元，净资产规模在 10 亿元以上的基金会有 20 家，占比为 0.45%；净资产规模在 1 亿元以上的基金会有 243 家，占比为 5.5%；净资产规模在 0.1 亿～1 亿元的基金会有 1,309 家，占比为 29.68%。表 2 列示了净资产规模排名前 20 位的基金会名单。

从基金会类型看，慈善会性质的基金会平均净资产规模最大，为 8,660 万元，其个体间差异也最大。其次是学校基金会，净资产规模平均为 5,470 万元。净资产规模在 1 亿元以上的基金会占该类型基金会总数比重最高的是家族基金会，为 11%；净资产规模在 1,000 万元以下的基金会占该类型基

表2　　2016年末净资产规模排名前20位的基金会　　单位：万元

排名	基金会	地区	净资产	排名	基金会	地区	净资产
1	清华大学教育基金会	北京	630,105	11	中国扶贫基金会	北京	112,212
2	北京大学教育基金会	北京	444,267	12	上海交通大学教育基金会	上海	111,867
3	河仁慈善基金会	北京	352,499	13	中华全国体育基金会	北京	108,626
4	陕西省神木市民生慈善基金会	陕西	281,916	14	海南省慈航公益基金会	海南	107,937
5	上海市慈善基金会	上海	265,805	15	琼海市人口福利基金会	海南	107,937
6	浙江大学教育基金会	浙江	203,784	16	万宁市教育基金会	海南	107,937
7	老牛基金会	内蒙古	159,570	17	江苏陶欣伯助学基金会	江苏	105,551
8	上海市大学生科技创业基金会	上海	126,575	18	南京金陵文化保护发展基金会	江苏	104,467
9	中国癌症基金会	北京	124,668	19	南京大学教育发展基金会	江苏	103,642
10	中国青少年发展基金会	北京	119,523	20	腾讯公益慈善基金会	广东	102,274

金会总数比重最高的是社区基金会，为88%，占比重最低的为慈善会性质的基金会。总体而言，慈善会性质的基金会由于政府背景，净资产规模普遍较大；学校基金会①可以汇聚校友的天然优势，其净资产增长较快，占非公募基金会净资产规模比重接近50%（见图4）。

（三）捐赠收入是基金会主要收入来源

2016年基金会总收入为576.09亿元。其中，捐赠收入487.06亿元，占比84.55%；政府补助收入57.32亿元，占比9.95%；投资收入31.71亿

① 学校基金会中，占比最高的是大学成立的基金会，从2016年末数据看，大学基金会达到466家，占学校基金会总数的66%；中小学基金会为165家，占总数的23%；职业院校基金会为81家，占总数的11%。

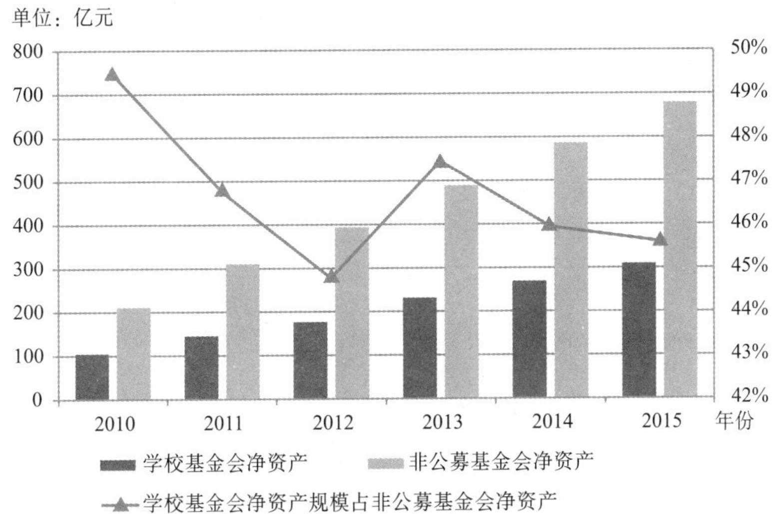

图 4　2010—2015 年我国学校基金会与非公募基金会净资产规模走势图

元，占比 5.5%。[①] 从具体机构看，捐赠收入 10 亿元以上的基金会有 4 家，中国癌症基金会捐赠收入最高，达到 42.9 亿元；捐赠收入 5 亿元以上的基金会有 10 家，捐赠收入 1 亿元以上的基金会有 74 家（见表 3）。

表 3　　2016 年捐赠收入与公益支出排名前 10 位的基金会　　单位：万元

排名	基金会	捐赠收入	基金会	公益支出
1	中国癌症基金会	429, 070	中国癌症基金会	402, 727
2	清华大学教育基金会	158, 932	中国教育发展基金会	213, 972
3	中国初级卫生保健基金会	115, 411	中国博士后科学基金会	150, 272
4	贵州省扶贫基金会	100, 323	中国初级卫生保健基金会	120, 892
5	上海市慈善基金会	72, 148	贵州省扶贫基金会	100, 502
6	中国光华科技基金会	71, 133	清华大学教育基金会	70, 703
7	广东省扶贫基金会	63, 771	上海市慈善基金会	66, 245
8	腾讯公益慈善基金会	58, 053	中国妇女发展基金会	60, 531
9	北京大学教育基金会	57, 050	中国残疾人福利基金会	60, 090
10	中国残疾人福利基金会	55, 082	中国青少年发展基金会	48, 112

① 由于未找到 2016 年其他收入数据，总收入并未包括其他业务收入，因此与 2015 年数据无法进行直接对比。

从2015年数据看，基金会收入总额为480.83亿元，同比增长13.04%。其中，公募基金会总收入为251.8亿元，占比52.37%，同比增长8.64%；非公募基金会总收入为229.03亿元，占比47.63%，同比增长18.31%。从具体收入占比看，捐赠收入378.46亿元，占比达到78.71%，较2014年同期增长6.87%；投资收入占比7.59%，较2014年6.63%的占比提升0.96个百分点（见图5）。

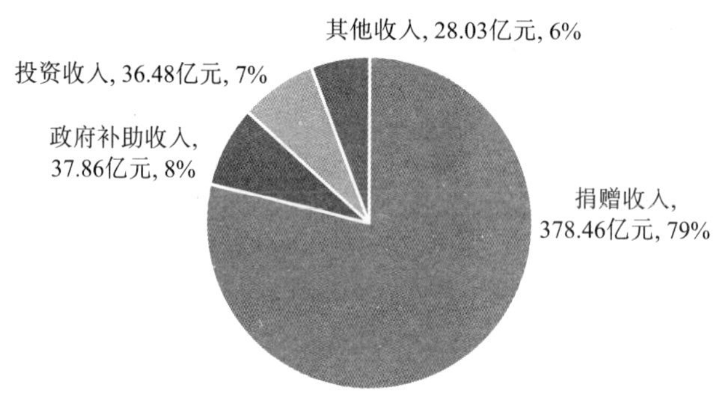

图5 2015年我国基金会收入构成图

从公益支出上看，2016年基金会公益支出为423.94亿元，公益支出排名前10位的基金会见表3。从具体机构看，公益支出超过10亿元的基金会有5家；超过1亿元的基金会有65家，占所有披露公益支出的3,992家基金会的比重为1.63%；公益支出不足1,000万元的基金会数量占比为86.65%；公益支出不足500万元的基金会数量占比为78.26%。

从支出总额上看，2015年基金会支出总额为335.63亿元，其中公益支出314.37亿元，较2014年下降2.57%；行政办公支出4.01亿元，较2014年下降2.91%；工资福利支出5.46亿元，较2014年增长13.75%（见图6）。

二、我国基金会资产投资收益情况与典型案例

（一）基金会投资收益现状

1. 2016年基金会投资收入概况

2016年我国基金会实现投资收入31.71亿元，较2015年的36.48亿元下降4.77亿元，降幅为13.08%（见图7）。

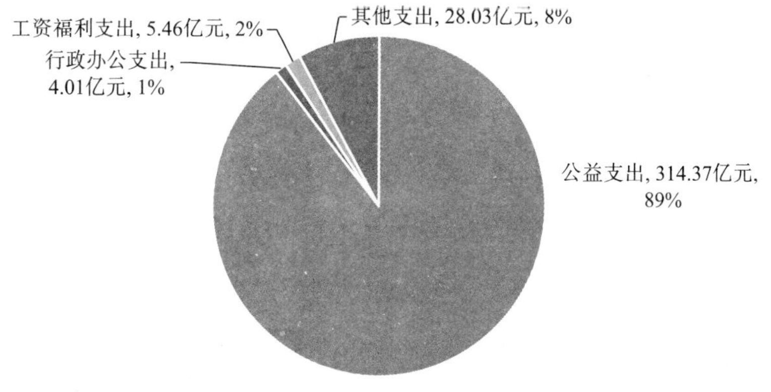

图 6　2015 年我国基金会支出构成图

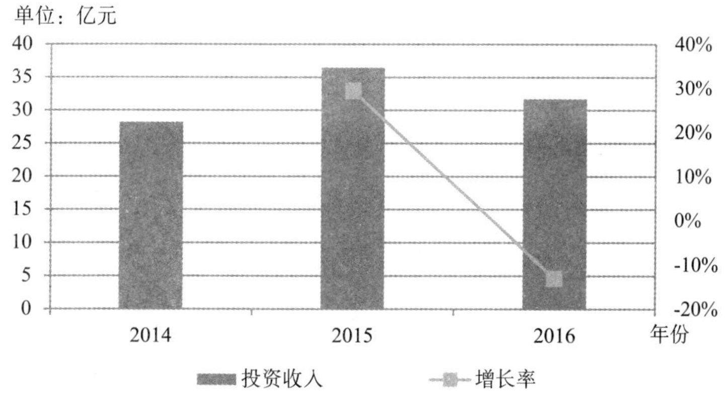

图 7　2014—2016 年我国基金会投资收入及其增长率走势图

从具体基金会看，清华大学教育基金会与河仁慈善基金会投资收入超过 2 亿元，上海吴孟超医学科技基金会和北京大学教育基金会投资收入超过 1 亿元，排在前 4 位；有 8 家基金会投资收入在 0.5 亿 ~1 亿元；有 39 家基金会投资收入在 1,000 万 ~5,000 万元；有 288 家基金会投资收入在 100 万 ~1,000 万元。有 18 家基金会投资收益为负数，即出现投资亏损，其中最多的为中国传媒大学南广学院教育发展基金会亏损 1,986 万元，有 3 家基金会亏损 200 万 ~300 万元，有 14 家亏损不足 100 万元（见表 4）。

表 4　　2016 年末净资产与 2016 年投资收益排名前 10 位的基金会　　单位：万元

排名	基金会	净资产	基金会	投资收益
1	清华大学教育基金会	630, 105	清华大学教育基金会	24, 894
2	北京大学教育基金会	444, 267	河仁慈善基金会	21, 750
3	河仁慈善基金会	352, 499	上海吴孟超医学科技基金会	13, 892
4	陕西省神木市民生慈善基金	281, 916	北京大学教育基金会	10, 535
5	上海市慈善基金会	265, 805	浙江大学教育基金会	8, 203
6	浙江大学教育基金会	203, 784	万宁市教育基金会	8, 151
7	老牛基金会	159, 570	琼海市人口福利基金会	8, 151
8	上海市大学生科技创业基金	126, 575	海南省慈航公益基金会	8, 151
9	中国癌症基金会	124, 668	中国扶贫基金会	6, 202
10	中国青少年发展基金会	119, 523	上海市慈善基金会	6, 165

2. 基金会投资收益分析

根据 2015 年数据，基金会全部资产为 1, 272. 89 亿元，投资资产 513. 36 亿元，占总资产的比例为 40. 3%，有投资行为的基金会有 1, 547 家，占全部基金会 5, 042 家的 23. 5%，投资收入占全部收入的比例为 7. 5%。2015 年实现投资收入 36. 36 亿元，实际投资回报率（投资收入/投资资产）为 7. 08%。图 8 列示了 2011—2015 年基金会总资产、投资资产、总收入、投资收入以及投资回报率与投资收入占比走势图。可以发现，实际投资回报率和投资收入占比总体较低，但自 2011 年以来呈现持续上升的趋势。

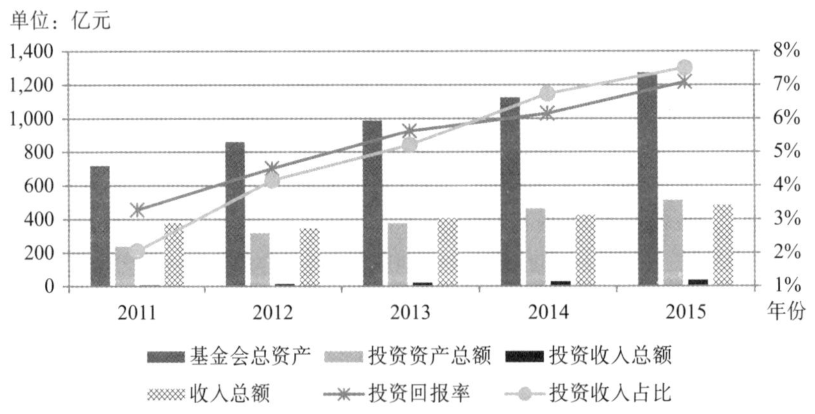

图 8　2011—2015 年我国基金会总资产、投资资产、投资收入、收入总额、投资回报率、投资收入占比走势图

3. 基金会投资的地域分析

从地区分布上看，位于一线城市和东部地区的基金会更易于开展投资，并且投资资产和投资收益较高。

（二）投资运作的方式

根据基金会中心网数据，截至 2016 年末，共有 1,391 家基金会，累计委托 1,805 家金融机构进行 9,522 笔投资，合计委托 1,572.68 亿元。从 2015 年数据看，264 家基金会投资银行理财产品，总规模为 127 亿元；127 家基金会投资信托产品，合计规模为 82 亿元。银行理财和信托产品属于基金会委托理财规模较大的理财产品（见表 5）。

表 5　　2015 年基金会委托理财情况

基金会数量（家）	264	127	27	39	6
受托机构	银行	信托公司	基金公司	证券公司	其他
受托机构数量（家）	34	53	26	25	4
理财笔数（笔）	919	343	45	59	9
规模（亿元）	127.03	82.29	7.42	14	0.35

表 6 列示了 2015 年部分基金会投资信托产品的情况。从数据上看，有 53 家信托公司与基金会进行合作，但一般规模较小，个别公司与基金会合作较多。例如：18 家基金会共投资中信信托 59 个信托产品，合计委托规模为 58.90 亿元，其中 2016 年 16.07 亿元，有近 12 亿元来自于北京大学教育基金会；有 22 家基金会共投资平安信托 108 个信托产品，合计委托规模为 36.03 亿元，其中 2016 年规模为 3.99 亿元；2016 年南京师范大学教育基金会投资 15 亿元到江苏信托 1 年期信托产品；11 家基金会与长安信托合作，共投资 39 个信托产品，规模合计 3.15 亿元。从基金会角度看，学校基金会净资产规模较大，并且更有意愿进行投资行为，选择投资信托产品的较多，如北京大学教育基金会投资了多个信托公司的产品，以实现风险配置。此外，北京理工大学、浙江大学、山东财经大学和华侨大学等大学的教育基金会也都投资了信托产品。从信托公司角度看，财富管理相对成熟的信托公司，基金会的客户也较多，如平安信托、中信信托、中融信托、中航信托和外贸信托等。另有一些地方型信托公司，为当地的基金会提供财富管理服务，如紫金信托、江苏信托和天津信托等。

表 6　　2015 年部分基金会投资信托产品一览表

序号	基金会	信托公司	投资金额（万元）	期限
1	安徽省中小学幼儿教师奖励基金会	国元信托	80	2 年
2	安徽省老年基金会	国元信托	200	2 年
3	安徽省金汇发展教育基金会	国元信托	3, 960	2 年
4	上海至美公益基金会	安信信托	500	2 年
5	上海宋庆龄基金会	安信信托	6, 000	3 年
6	上海市慈善基金会	安信信托	5, 000	3 年
7	河南省张海书法发展基金会	百瑞信托	3, 700	—
8	天津大学北洋教育发展基金会	北方信托	—	2 年
9	中国青少年发展基金会	北京信托	16, 600	—
			2, 500	1 年
			5, 000	1.5 年
			8, 000	2 年
10	中国少年儿童慈善救助基金会	北京信托	3, 000	7 日
11	北京绿化基金会	北京信托	1, 000	—
12	北京其普乐少年创意教育基金会	渤海信托	100	1 年
13	北京市鸿儒金融教育基金会	长安信托	4, 700	—
14	濮阳市教育发展基金会	长安信托	100	—
15	陕西九九老龄事业基金会	长安信托	1, 000	1 年
16	中华少年儿童慈善救助基金会	长安信托	1, 000	120 日
			1, 000	150 日
			1, 000	182 日
			1, 000	92 日
17	陕西省残疾人福利基金会	长安信托	1, 100	1 年
18	陕西省宋庆龄基金会	长安信托	800	2 年
19	黄帝陵基金会	长安信托	700	2 年
20	北京市美疆助学基金会	大业信托	1, 600	2 年
21	中国金融教育发展基金会	大业信托	1, 800	4 个月 ~2 年
22	东莞市医疗救济基金会	东莞信托	15, 940	5 年
23	东莞市见义勇为基金会	东莞信托	13, 500	5 年

续表

序号	基金会	信托公司	投资金额（万元）	期限
24	东莞市东莞中学教育发展基金会	东莞信托	910	1.5 年
25	东莞市教育基金会	东莞信托	1,500	3 年
26	湖北省妇女儿童发展基金会	方正东亚信托	2,000	—
27	中国残疾人福利基金会	方正东亚信托	220	2 年
28	山西残疾人福利基金会	方正东亚信托	500	2 年
29	北京大学教育基金会	方正东亚信托	40,000	—
30	纺织之光科技教育基金会	方正东亚信托	1,100	3 年
31	中国金融教育发展基金会	方正东亚信托	300	2 年
32	中华环境保护基金会	方正东亚信托	4,000	—
33	杭州市下城区老年基金会	杭工商信托	180	1.5 年
34	广东省华美教育慈善基金会	粤财信托	23,300	—
35	广东省繁荣粤剧基金会	粤财信托	360	—
36	广东省潮剧发展与改革基金会	粤财信托	1,000	—
37	无锡市文化遗产保护基金会	国联信托	2,000	2 年
38	山西省残疾人福利基金会	国民信托	1,000	1.5 或 2 年
39	北京桂馨慈善基金会	国民信托	700	2 年
40	常州市美德基金会	国民信托	100	1 年
41	江苏陶欣伯助学基金会	国信信托	15,000	—
42	湖南省青少年发展基金	湖南信托	4,000	2 年
43	湖南省老龄事业发展基金会	湖南信托	400	2 年
44	湖南省公安民警基金会	湖南信托	10,500	2 年
45	中国金融教育发展基金会	华澳信托	500	1.5 年
46	中国航天基金会	华澳信托	3,000	1 ~ 2 年
47	上海复旦大学教育发展基金会	华澳信托	3,000	1 ~ 1.5 年
48	北京市美疆助学基金会	华澳信托	300	17 个月
49	宝钢教育基金会	华宝信托	7,824	3 年
50	浙江大学教育基金会	华宝信托	750	2 年
51	上海民建扶帮公益基金会	华宝信托	1,200	1 年
52	乌兰夫基金会	华宸信托	3,000	—

续表

序号	基金会	信托公司	投资金额（万元）	期限
53	上海中欧国际工商学院教育发展基金会	华润信托	1,000	3年
54	华润慈善基金会	华润信托	6,000	7年
55	北京大学教育基金会	华润信托	5,000	—
56	中华少年儿童慈善救助基金会	四川信托	900	1.5~2年
57	中华少年儿童慈善救助基金会	上海信托	2,000	—
58	上海国际经济交流基金会	上海信托	1,050	—
59	天津市南开中学教育基金会	天津信托	7,500	2月
60	上海工商界爱国建设特种基金会	爱建信托	5,000	1~1.5年
61	山西省晋绥文化教育发展基金会	山西信托	2,000	—
62	山东财经大学教育基金会	山东信托	2,500	—
63	江苏省残疾人福利基金会	陆家嘴信托	3,400	2年
64	中国和平发展基金会	建信信托	31,000	33个月
65	南京大学教育发展基金会	江苏信托	35,000	2年
66	江苏陶欣伯助学基金会	平安信托	21,830	2年
67	中国绿色碳汇基金会	平安信托	27,000	—
68	三江源生态保护基金会	五矿信托	30,000	—
69	华侨大学教育基金会	厦门信托	6,000	—
70	中央财经大学教育基金会	云南信托	3,000	—
71	北京理工大学教育基金会	外贸信托	7300	—
72	中国海油海洋环境与生态保护基金会	中海信托	49,000	1年
73	中华艺文基金会	民生信托	10,000	2年
74	南京航空航天大学教育基金会	中航信托	9,000	—
75	北京航空航天大学教育基金会	中航信托	10,000	5年
76	纺织之光科技教育基金会	中融信托	5,100	1~2年
77	厦门市老年基金会	中融信托	1,350	1~2年
78	北京茅以升科技教育基金会	中铁信托	1,300	1~2年
79	中国互联网发展基金会	中信信托	15,000	—
80	中国扶贫基金会	中信信托	7,558	—
81	北京大学教育基金会	中信信托	14,7000	—

续表

序号	基金会	信托公司	投资金额（万元）	期限
82	郑州市嵩山文明研究基金会	中原信托	2,400	2年
83	河南省中原发展研究基金会	中原信托	3,200	1～1.5年
84	重庆市法律援助基金会	重庆信托	900	—
85	南京公安大病特困救助基金会	紫金信托	21,000	—

资料来源：根据基金会中心网统计数据整理，可参见 http：//data. foundationcenter. org. cn/csjr. html。

（三）基金会投资运作的典型案例

1. 信托公司打造公益平台，为基金会提供综合财富管理服务

平安信托成立了国内首个以全方位服务公益慈善实践为目标的信托产品平台“中国平安公益信托产品平台”，该平台下设了公益基金会全权委托信托、公益慈善信托和公益性家族信托三大系列产品。该平台管理的公益资金超过7.5亿元，对于公益资金的保值增值效益已逐步显现。2015年、2016年、2017年管理公益资金增值均超1,200万元。其中，“新疆助学公益信托”初始规模1亿元，在平安信托的运作和管理下，2002—2017年累计回报收益达1.1亿元，对教育资金的保值增值成效显著。①

公益基金会全权委托信托是指专门为基金会等慈善组织量身定制的单一资金信托产品。例如，2017年设立的平安财富·鸿承世家——湖北省某慈善会单一万全信托。该信托规模为1.1亿元，委托人和受益人均为湖北省慈善总会，受托人为平安信托。受托人根据信托文件约定对信托资金进行投资，并按照约定向受益人进行信托利益的分配。这种单一万全信托形式能够实现信托公司与基金会优势互补，由信托公司来进行专业的投资管理，实现公益资产保值增值，由基金会来监管资金的运用和项目的执行，充分发挥各自所长。②

公益慈善信托是指根据《信托法》和《慈善法》规定设立的公益慈善

① 平安信托．“中国平安公益信托产品平台”新增公益资金超2亿元［EB/OL］．（2018－2－27）［2018－5－5］．http：//www. sohu. com/a/224382652_618577.

② 平安信托．“中国平安公益信托产品平台”新增公益资金超2亿元［EB/OL］．（2018－2－27）［2018－5－5］．http：//www. sohu. com/a/224382652_618577.

信托。慈善信托自2016年《慈善法》颁布实施后取得快速发展。中国平安教育发展慈善信托计划是平安信托慈善法实施首日备案的首单慈善信托，采用了永续型集合慈善信托的形式，该慈善信托委托人为深圳市社会公益基金会和一些自然人，总规模为1,007.6万元。

公益性家族信托是以公益慈善为唯一目标或者信托目的中包含公益慈善信托的家族信托，属于公益信托和家族信托的结合，也是未来慈善信托发展的重要方向之一。

2. 清华大学教育基金会投资情况

清华大学教育基金会2016年实现投资收益24,894.41万元，在所有基金会中排名第1位。根据清华大学教育基金会2017年工作报告，2017年末清华大学教育基金会净资产72.88亿元，总资产为投资的总额为73.01亿元。2017年实现投资收益31,465.91万元，较2016年增长26.4%。从收入构成上看，包括股权投资、理财投资、信托投资和其他投资，各类投资收益规模和占比如图9所示：

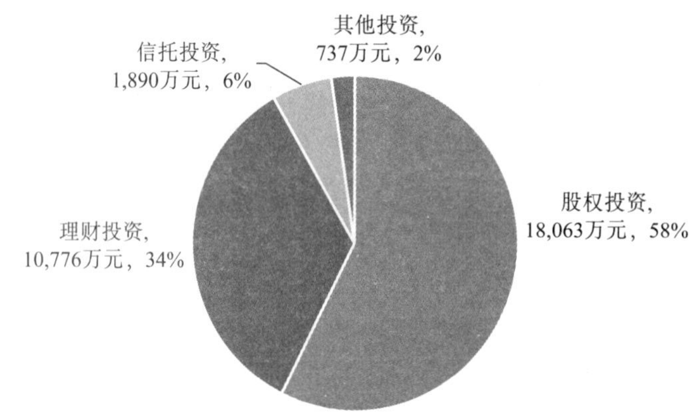

图9 清华大学教育基金会2017年投资收益构成图

可以发现，清华大学教育基金会股权投资收益占比达到50%以上，是主要收入来源。根据2017年报告，主要股权投资情况如表7所示：

清华大学教育基金会理财投资2017年实现收益占比34%，根据年度报告，主要是委托银行、信托公司、基金管理公司等进行投资（见表8）。从投资收益上看，2017年委托投资金额合计为117.88亿元，当年实现投资收

表 7　　清华大学教育基金会股权投资情况

序号	投资企业名称	出资额（万元）	持股比例（%）	投资资产占基金会总资产比例（%）	与基金会关系
1	文津时代文化创意（北京）股份有限公司	1,000	10	0.14	非控制
2	育泉资产管理有限责任公司	5,000	100	0.96	控制
3	启迪创业投资管理有限公司	6,407.622	51.22	0.88	非控制
4	华清农业开发有限公司	2,000	10	0.27	非控制
5	天德华创文化传媒（北京）有限公司	1,000	66.77	0	控制
6	财达证券有限责任公司	4,244.17	0.55	0.58	非控制

益 1.27 亿元，投资回报率为 1.08%；当年收回金额为 86.6 亿元，可见基金会开展的主要为 1 年期以内的短期投资。这可能主要与基金会的一些考核指标有关系，例如，年度管理费用支出和慈善活动支出的计算等均以净资产为基础。从投资领域上看，银行理财是基金会主要的投资领域，占比达到 88%，并且投资期限均在 1 年以内。投资信托、券商的资金规模较小，但通常期限较长。

表 8　　清华大学教育基金会 2017 年委托理财情况

序号	受托人	投资金额（亿元）	委托投资笔数（笔）	收益确定方式	受托人类型
1	中国建设银行	28.1	3	浮动	银行
2	中国工商银行	43.9	6	浮动	
3	中国银行	12.8	3	浮动	
4	浦发银行	19.1	3	浮动	
5	汇添富基金管理股份有限公司	1	1	浮动	基金

续表

序号	受托人	投资金额（亿元）	委托投资笔数（笔）	收益确定方式	受托人类型
6	北京国际信托有限公司	1.8594	2	浮动	信托
7	中信证券股份有限公司	3	1	浮动	券商
8	国联证券股份有限公司	3	1	浮动	
9	国投瑞银资本管理有限公司	0.32	1	浮动	其他
10	上海合晟资产管理有限公司	2.5	1	浮动	
11	北京涵德投资管理有限公司	0.3	1	浮动	
12	千合资本管理有限公司	1	1	浮动	

注：清华大学教育基金会投资北京国际信托有限公司（北京信托）两个信托计划，其中一个1.5594亿元为10年期，2017年实现收益1.5亿元；另一个为3,000万元，2017年实现收益390万元。

总体而言，清华大学教育基金会尝试了较为丰富的资产配置，银行、证券、信托、基金和其他资产管理公司都有所涉及，但主要还是以银行理财为主。随着资管新规的颁布实施，资产管理规则逐渐统一，在基金会财产管理领域，信托、基金未来还有较大的发展空间。

三、美国基金会投资经验

（一）美国基金会投资概况

美国基金会的消极投资收入是可以免税的，其消极投资的范围包括利息、股利、租金、版税和出售资产。

美国资产规模排名前五大基金会资产规模都在70亿美元以上，基金会类型以独立性为主（见表9）。

表 9　　美国资产规模排名前五大基金会

序号	公司名称	基金会类型	所在地	资产（亿美元）
1	Bill & Melinda Gates Foundation	独立型	华盛顿	374.3
2	Ford Foundation	独立型	纽约州	103.45
3	J. PaulGetty Trust	独立型	加利福尼亚州	95.85
4	The Robert Wood Johnson Foundation	独立型	新泽西州	92
5	W. K. Kellogg Foundation	独立型	密歇根州	76.97

注：基金会中心网．金国基金会投资发展趋势分析［R/OL］//2011 年基金会数据分析报告．［2018－3－3］．http：//www.foundationcenter.org.cn/guanli/dt/content.aspx？cid＝20150911162729.

这五家基金会的总资产中用于投资的资产比重很大，2007—2009 年其投资资产的比重都在 50% 以上，其中比尔及梅琳达·盖茨基金会（Bill & Melinda Gates Foundation）投资资产比重最高，三年间都在 99% 左右，主要投资方向是股票、政府债券；福特基金会（Ford Foundation）投资资产比重在 89% 以上，主要投资方向是股票、政府债券。罗伯特·伍德·约翰逊基金会（The Robert Wood Johnson Foundation）投资资产比重在 88% 以上，主要投资方向是股票。[①]

（二）美国基金会投资模式

美国基金会开展投资活动，可以分为独立投资和委托专业投资管理公司投资两类。

1. 独立投资

采用这种模式的典型代表是比尔及梅琳达·盖茨基金会的投资活动有专门的投资机构——比尔及梅琳达·盖茨基金会信托负责。信托负责投资活动并把投资收益返还给基金会。除了投资股票外，还大量投资于短期投资项目，如美国政府债券、高等级商业票据及短期贴现债券，还有国内国际共同基金、高收益企业证券以及国际企业和政府证券等。2006—2017 年该基金会信托投资收益率如表 10 所示：

① 基金会中心网．金国基金会投资发展趋势分析［R/OL］//2011 年基金会数据分析报告．［2018－3－3］．http：//www.foundationcenter.org.cn/guanli/dt/content.aspx？cid＝20150911162729.

表 10　2006—2010 比尔及梅琳达·盖茨基金会信托投资收益率

指标	2006 年	2007 年	2008 年	2009 年	2010 年
投资收益率	10.7%	12.7%	-27%	17.5%	12.35%

注：基金会中心网．金国基金会投资发展趋势分析［R/OL］//2011 年基金会数据分析报告．［2018-3-3］．http：//www.foundationcenter.org.cn/guanli/dt/content.aspx？cid=20150911162729.

2. 委托专业投资管理公司投资

福特基金会和 J. Paul Getty Trust 都是采用委托专业投资管理公司来进行投资，具体见表 11 和表 12。对比两个表可以发现，这两家机构委托的专业投资管理公司中，均有 Capital Guardian Trust Company，并且服务期限均在两年以上。

表 11　Ford Foundation 2007—2009 年委托的投资服务公司

序号	公司名称	所在地	服务年份
1	Marathon Asset Management Llp	伦敦	2007、2008、2009
2	Capital Guardian Trust Company	洛杉矶	2007、2008
3	Pictet Asset Management Ltd	伦敦	2007、2008
4	Neuberger Berman Llc	纽约	2007、2008、2009
5	Templeton Investment Counsel Llc	加利福尼亚州	2007、2009
6	Wellington Asset Management	马萨诸塞州	2008、2009

注：基金会中心网．金国基金会投资发展趋势分析［R/OL］//2011 年基金会数据分析报告．［2018-3-3］．http：//www.foundationcenter.org.cn/guanli/dt/content.aspx？cid=20150911162729.

表 12　J. Paul Getty Trust 2007—2009 年委托的投资服务公司

序号	公司名称	所在地	服务年份
1	Advisory Research Inc	芝加哥	2007
2	Capital Guardian Trust Company	洛杉矶	2007、2008、2009
3	Pictet Asset Management Ltd	宾夕法尼亚州	2007、2008
4	Neuberger Berman Llc	马萨诸塞州	2007、2009

注：基金会中心网．金国基金会投资发展趋势分析［R/OL］//2011 年基金会数据分析报告．［2018-3-3］．http：//www.foundationcenter.org.cn/guanli/dt/content.aspx？cid=20150911162729.

四、信托公司参与基金会资产管理的模式

《慈善法》第四十六条规定，慈善信托的受托人可以由委托人确定其信

赖的慈善组织或者信托公司担任。根据慈善中国（民政部慈善信息公开平台）披露数据，截至2018年4月末，全国一共备案84只慈善信托，慈善信托总规模达到9.52亿元，受托人包括了31家信托公司和9家慈善组织。其中，2017年备案42只，较2016年增长91%，信托总规模为6.90亿元，比2016年增长248%；受托人包括了24家信托公司和7家慈善组织，相比2016年的16家信托公司和2家慈善组织同比增长了50%和250%（见图10）。可以看出，信托公司与慈善组织参与度均显著提高。

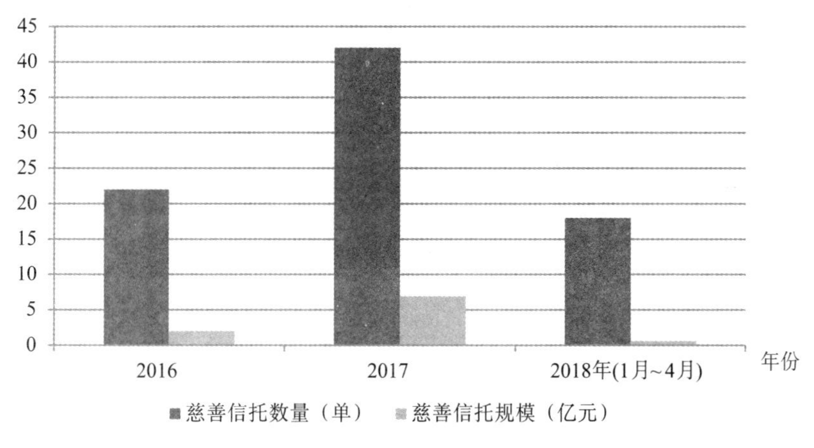

图10　2016年以来成立慈善信托数量与规模

从信托公司与基金会合作的角度看，信托公司可以通过慈善信托或为基金会提供财富管理服务两种模式，参与到基金会资产管理市场。

（一）慈善信托可以作为信托公司与基金会连接的纽带

基金会等慈善组织与信托公司合作，开展慈善信托，可以发挥各自优势，实现专业机构做专业的事情：信托公司——信托资金投资运作；慈善组织——开展慈善活动。根据慈善组织角色不同，有三种合作模式（见图11）。

1. 基金会等慈善组织作为慈善信托委托人

基金会等慈善组织作为委托人，可以持续募集用于特定慈善目的（如医疗救助、贫困失学儿童救助等）的资金，加入慈善信托中。信托公司对信托资金进行投资运作和管理，信托文件约定每年慈善支出比例。基金会等慈善组织可以同时担任慈善项目执行人，慈善信托资金的使用仍由基金会等慈善组织负责。由兹善组织做委托人情形的慈善信托结构图如图12所示：

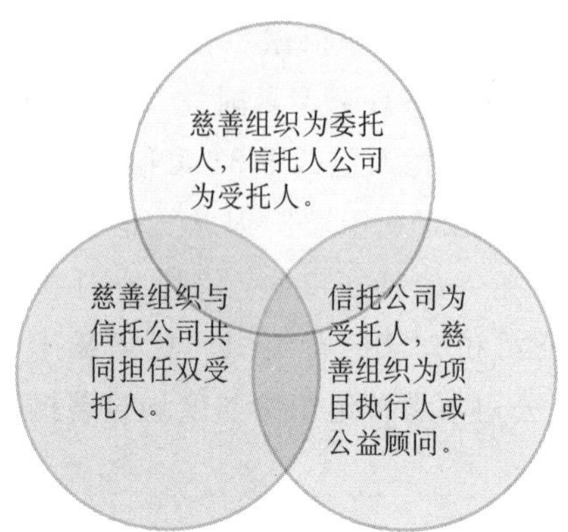

图 11　慈善组织与信托公司合作模式

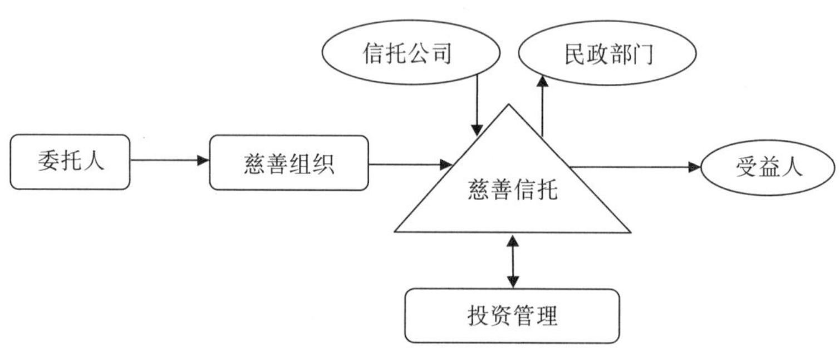

图 12　慈善组织做委托人情形的慈善信托结构图

特点：

◆ 基金会作为委托人加入慈善信托，信托公司对慈善信托资金投资运作，收益直接用于慈善目的。

◆ 基金会可对捐赠人开具公益性捐赠票据，满足捐赠人需求。

◆ 根据基金会需求进行交易结构设计，灵活性较高。

◆ 慈善信托可以约定年度支出比例，不受总收入 70% 的限制。

◆ 慈善活动开展可以由慈善组织负责。

2. 基金会等慈善组织与信托公司共同担任受托人

共同受托人是由信托公司和慈善组织共同担任受托人设立慈善信托，市场上已经有多单共同受托人慈善信托的案例。

共同受托人模式能够发挥信托公司和慈善组织各自财产管理和慈善活动实施方面的优势，使委托人的意愿和慈善目的更好地得以实现。从解决现实问题的角度看，引入慈善组织可以解决向委托人开具捐赠票据问题、引入信托公司可以解决开设信托专户问题。共同受托人慈善信托结构图如图 13 所示：

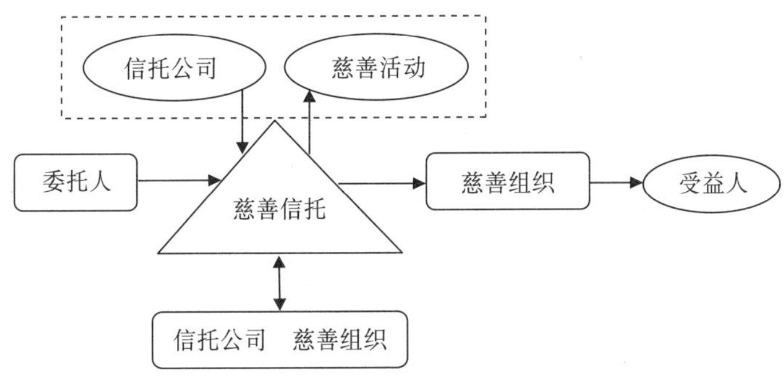

图 13　共同受托人慈善信托结构图

从操作流程上看，委托人向慈善组织捐赠财产，信托成立生效；慈善组织将信托财产转移至信托公司开设的信托财产专户；信托财产实现了和受托人固有财产的分别管理。受托人各自按照信托合同的约定，信托公司履行财产管理职责，慈善组织负责项目实施职责。

特点：

◆ 信托公司和慈善组织发挥各自优势，互相监督。

◆ 探索共同受托人慈善信托模式，带动和促进慈善事业发展。

◆ 共同受托人模式可以带来慈善资金投资收益，同时避免缴纳所得税。

3. 慈善组织作为慈善信托项目执行人参与慈善信托

信托公司现阶段并不擅长开展慈善活动，因此，信托公司担任受托人时，可以聘请慈善组织担任项目执行人或慈善顾问开展慈善活动。该模式下，慈善信托资金通过信托公司专业管理实现增值，慈善活动开展也实现专业化。通过交易文件明确双方的权利和义务，向民政部门备案，并向社会公众进行信息披露，可以确保信息公开透明，操作规范专业。由慈善组织担任项目执行人的慈善信托结构图如图 14 所示：

案例：

◆ 信托名称：××慈善信托

◆ 信托规模：初始规模不低于 100 万元

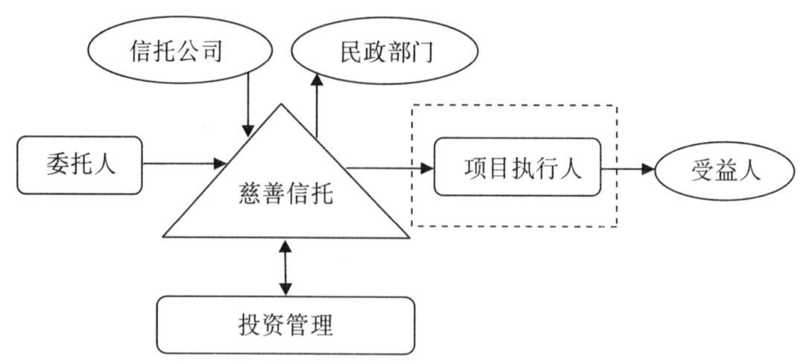

图 14　慈善组织担任项目执行人的慈善信托结构图

◆ 信托期限：委托人和受托人协商确定

◆ 慈善目的：委托人指定

◆ 委托人：爱心企业、个人、基金会等

◆ 受托人：信托公司

◆ 受益人：最终救助的个人、家庭或机构等

◆ 保管人：商业银行

◆ 备案部门：民政局

◆ 监察人：律师事务所

◆ 慈善项目执行人：基金会

◆ 开放期设置：持续开放，委托人信托资金随时可以加入，不可以赎回

◆ 信托财产的管理：根据委托人的意愿，在兼顾流动性和收益性的基础上，进行组合投资管理

（二）基金会资产管理

除了慈善信托领域的合作，信托公司为基金会开展财富管理服务也是重要的合作领域。具体而言，基金会作为委托人和受益人；信托公司为慈善组织定制财富管理信托，并将信托资金在信托、银行理财、同业定存等领域进行组合、分散投资；对基金会而言，可以通过投资收益，使善款具有自身造血功能。如平安信托开展的慈善组织全权委托实际上就是为基金会进行财富管理的典型案例。从基金会的投资收益情况看，开展投资管理的基金会数量、投资规模和收益情况均不理想，换言之，其投资管理需求并未被满足。因此，信托公司可以为基金会开展财富管理服务，将基金会拓展成为重要的

资金来源。基金会资产管理信托交易结构图如图 15 所示：

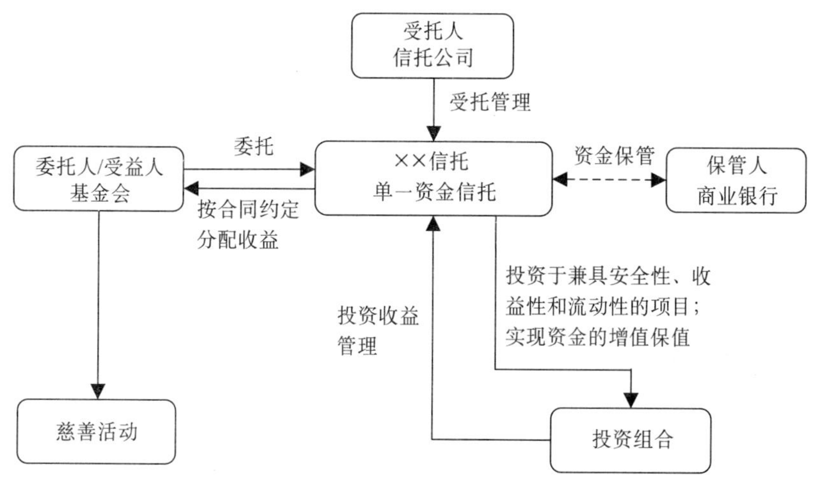

图 15　基金会资产管理信托交易结构图

1. 提高捐赠资金的收益，实现资金效益最大化

基金会的资金投资和运作通常比较简单和单一，原因可能主要是银行存款，收益比较低。而基金会的运作和管理本身还需要支出一定的费用。信托公司作为专业的持牌资产管理机构，通过进行专业的管理，能够有效提升善款的投资收益，使善款本身具有自身“造血功能”，保证慈善活动的长期持续性。

2. 利用信托制度为资金安全提供保护

本项目实质是利用信托机制度对慈善资金进行投资运作，在确保资金安全的前提下，实现投资收益。信托公司接受中国银监会的监督管理（包括日常监督、项目备案、现场检查、非现场检查等），可以保证合法、合规地运营和操作，确保资金安全和收益实现的公开和透明。此外，受托人会按季制作信托资金管理报告，及时向委托人和受益人披露项目信息，并保证所披露信息的真实、准确和完整。

3. 商业银行进行资金保管

信托财产可以由专门的商业银行进行保管，确保信托财产与受托人自己的财产，以及受托人管理的其他项目信托资金相独立，实现信托财产的独立和风险的隔离。此外，商业银行保管在确保资金安全的同时可以保证每一笔资金的使用符合信托合同的约定。

4. 交易结构清晰简单、操作方便易行

采取单一资金信托的形式，慈善组织作为委托人和受益人，信托公司作为受托人，商业银行作为保管人。各方当事人之间的法律关系清晰、权利义务明确，操作上方便、易行，可以较快地落地实施。基金会资产管理信托和慈善信托的对比见表13。

表13　　基金会资产管理信托和慈善信托对比

类型	基金会资产管理单一资金信托	慈善信托
信托性质	单一资金信托	慈善信托
委托人	一个（基金会）	多个（基金会和其他机构）
受益人	委托人	不特定的受益人
资金起点	设立一定的标准（1,000万元）	无限制
投资范围	按照委托人的意愿，组合配置	按照委托人的意愿，组合配置
特点	针对委托人的定制化财富管理业务，根据委托人的风险偏好进行资产配置	根据慈善法设立的慈善信托，向民政部门备案，可以享受税收优惠，扩大社会宣传效果
是否设立监察人	否	可以选择设立
是否需要资金保管	可以选择	是
设立流程	方便、快捷，无须向民政部门备案	需要向民政部门履行备案程序
法律依据	《信托法》	《信托法》《慈善法》
监管部门	银监会	银监会、民政局
资产保值增值目的	通过组合配置可以实现	通过组合配置可以实现
委托人的权利	按照信托法规定，可以通过合同约定	按照慈善法规定，享有权利较多
税费	投资收益按法律规定需要缴纳所得税	不需要缴纳

五、未来发展展望

（一）国家支持鼓励慈善事业发展

党的十九大报告指出，我国社会主要矛盾已经转化为人民日益增长的美好生活需要和不平衡不充分的发展之间的矛盾。慈善作为解决这一社会主要矛盾的手段之一也需要得到更好的发展。

1. 慈善领域的系列文件出台，鼓励和支持慈善事业发展

2016 年 9 月 1 日，《慈善法》正式实施，此后，民政部、财政部、税务总局等部门出台了多项政策措施，对于慈善组织认定登记、公开募捐管理、慈善信托管理、慈善活动支出、互联网公开募捐平台和志愿服务等进行具体规范。《慈善法》也是首部把信托公司写进去的法律，对于慈善事业和信托公司发展均有重大意义（见表 14）。

表 14　　2017 年以来公益慈善领域的相关法律法规

时间	相关法律法规及制订情况	主要影响
2017 年 2 月	《企业所得税法》第九条修正“企业发生的公益性捐赠支出，在年度利润总额 12% 以内的部分，准予在计算应纳税所得额时扣除；超过年度利润总额 12% 的部分，准予结转以后三年内在计算应纳税所得额时扣除。”	落实了《慈善法》关于捐赠减免税的规定
2017 年 7 月	《慈善信托管理办法》涵盖了总则、慈善信托的设立和备案、慈善信托财产的管理和处分、慈善信托的变更和终止、促进措施、监管管理和信息公开、法律责任、附则等方面内容	《慈善法》慈善信托项目内容的细化
2017 年 7 月	《慈善组织互联网公开募捐信息平台基本技术规范》 《慈善组织互联网公开募捐信息平台基本管理规范》	对互联网募捐进行规范
2017 年 9 月	“慈善中国”全国慈善信托公开平台正式运营	落实《慈善法》信息公开要求
2017 年 12 月	《志愿服务条例》	对志愿服务的基本原则、管理体制、权益保障、促进措施等作出全面规定
2017 年 12 月	《慈善组织保值增值投资活动管理暂行办法（征求意见稿）》 《慈善组织信息公开办法（征求意见稿）》	开始着于落实《慈善法》的相关规定
2018 年 2 月	《关于对慈善捐赠领域相关主体实施守信联合激励和失信联合惩戒的合作备忘录》（发改财金〔2018〕331 号）	更为规范发展，建立良好的慈善捐赠机制
2018 年 2 月	《关于公益性捐赠支出企业所得税税前结转扣除有关政策的通知》（财税〔2018〕15 号）	明确企业公益性捐赠支出的扣除问题

续表

时间	相关法律法规及制订情况	主要影响
2018年2月	《关于非营利组织免税资格认定管理有关问题的通知》（财税〔2018〕13）	明确非营利组织免税资格认定相关问题
2018年2月	《社会组织信用信息管理办法》	推动社会组织信用体系建设

2. 针对慈善组织投资制定专门办法，有助于规范和鼓励其投资行为

2017年12月《慈善组织保值增值投资活动管理暂行办法（征求意见稿）》发布，明确慈善组织除银行存款和接受股权捐赠之外，开展投资活动应当购买商业银行、证券公司、基金管理公司、信托公司、保险资产管理公司等金融机构发行发售的理财产品、债券、证券投资基金、信托产品等投资品种；委托专业投资管理机构管理和运作财产；直接进行与慈善组织宗旨和业务范围直接相关的股权投资。慈善组织的财产不得用于在非银行金融机构存款；直接投资二级市场股票；投资人身保险产品；投资期货、期权、远期、互换等金融衍生产品，用于对冲风险的除外；不具有稳定现金流回报预期或者资产增值价值的投资等。

虽然《慈善组织保值增值投资活动管理暂行办法（征求意见稿）》尚处于征求意见阶段，但表明慈善组织的投资活动已经受到关注和重视，未来慈善组织的财富管理需求可能被进一步激发，信托公司应该抓住机遇，提前布局。

（二）家族基金会资产管理需求值得关注

根据基金会中心网统计数据，截至2016年末，我国家族基金会数量为77家，仅占所有基金会总数的1.3%。其中2016年新成立家族基金会4家，图16列示了2004年以来家族基金会数量变化，可以发现，2010年以后家族基金会发展较快。

从资金募集上看，家族基金会均为非公募性质；从地域分布上看，在民政部门注册的家族基金会有10家，其余在福建省注册的家族基金会最多，共有16家，占总体数量的20.8%，其次为广东、浙江、北京、上海和江苏，具体见图17。可见，我国家族基金会主要分布在沿海省份及北京、上海等一线城市。

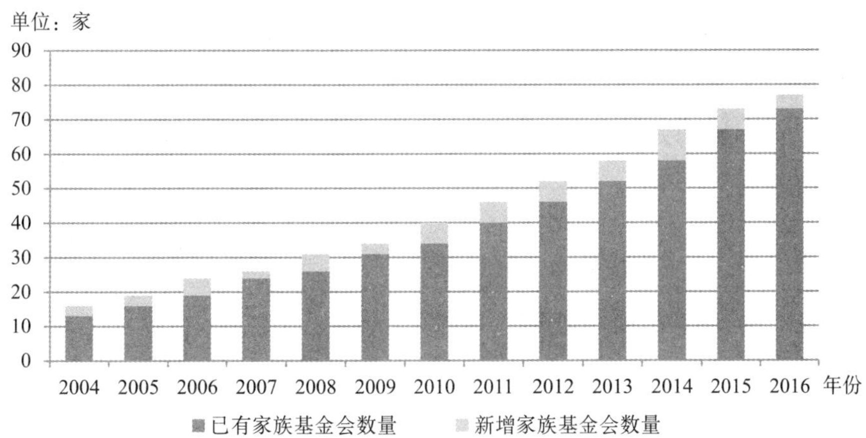

图 16　家族基金会数量走势图

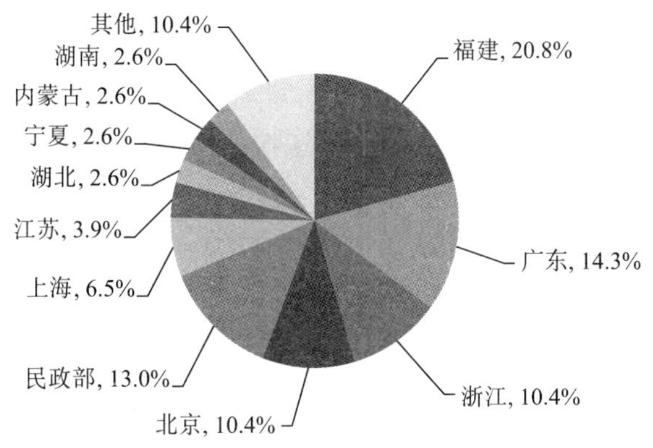

图 17　家族基金会地域分布图

从净资产上看，根据 2015 年数据，家族基金会平均净资产为 1.077 亿元。净资产超过 1 亿元的家族基金会有 7 家，净资产总额达到 56.55 亿元，占家族基金会净资产总额的 80.99%；净资产总额超过 1000 万元的家族基金会有 24 家，占总额的 97.9%。从投资收益上看，2015 年披露数据的 59 家机构中，有 31 家没有投资收益，有 1 家投资收益为负值，27 家投资收益为正，总投资收益为 2.69 亿元，占到总收入的 10.71%。[①] 总体而言，家族

① 本部分数据可参见邓国胜、陶泽主编：《中国基金会发展独立研究报告》，社会科学文献出版社 2017 年版，第 95 – 98 页。

基金会的保值增值能力也较弱（见表15）。

表15　　2015年净资产超过1亿元的家族基金会排名情况

排名	基金会名称	净资产
1	河仁慈善基金会	28.28
2	老牛基金会	19.73
3	广东何享健慈善基金会	2.38
4	福建黄仲咸教育基金会	2.04
5	上海唐君远教育基金会	2.02
6	刘彪慈善基金会	1.07
7	浙江马云公益基金会	1.03

我国高净值人群的慈善需求正在快速增长，借鉴国外经验，家族基金会可能成为基金会重要发展方向。“2016胡润慈善榜”显示，前100名富豪过去一年捐赠总额为300亿元，同比上升50%，是2013年捐赠总额的5倍。同时，新的慈善家不断涌现，人数占据了榜单的近七成。信托公司一方面可以积极拓展家族基金会的财富管理需求；另一方面可以将家族基金会与家族信托、慈善信托结合起来，为高净值客户安排财富传承的同时，关注其慈善需求并提供综合的服务方案。

资产管理法律关系梳理兼资管新规对信托业影响

金融机构接受投资者委托，对受托的投资者财产进行投资和管理的这种金融服务关系的法律性质实质上是信托关系。资产管理关系的法律性质与资产管理产品的法律性质不是一个问题，资产管理法律关系由两个部分构成，即信托关系的建立和证券资产的形成。《关于规范金融机构资产管理业务的指导意见》的落地对信托行业以及整个资管行业将会产生剧烈影响，引导资产管理业务回归“卖者尽责、买者自负”的本源。未来，信托公司业务的拓展可以通过两种路径：一是慈善信托、家族信托等创新业务的开展；二是资产证券化业务、证券投资信托等原有业务的升级。本文希望借助于对资产管理法律关系体系的梳理和资管新规对信托业的影响两条主线，厘清资产管理法律体系并勾勒未来信托公司业务转型的发力点，希望能对信托实务有所裨益。

一、资产管理业务法律实践的进展

（一）资产管理法律关系的背景

依照2018年4月27日，中国人民银行、中国银行保险监督管理委员会、中国证券监督管理委员会、国家外汇管理局联合印发的《关于规范金融机构资产管理业务的指导意见》（银发〔2018〕106号）规定，“资产管理业务是指银行、信托、证券、基金、期货、保险资产管理机构、金融资产投资公司等金融机构接受投资者委托，对受托的投资者财产进行投资和管理的金融服务。金融机构为委托人利益履行诚实信用、勤勉尽责义务并收取相应的管理费用，委托人自担投资风险并获得收益。金融机构可以与委托人在合同中事先约定收取合理的业绩报酬，业绩报酬计入管理费，须与产品一一对应并逐个结算，不同产品之间不得相互串用。”

该定义明确了资产管理业务的范畴、特征以及各方基本的责任承担和利益分配方式，但却没有指明该类业务的基本法律关系以及产品的基本属性。在资管新规出现之前，资产管理业务的实践中就存在着很多争议。比如，一般都能接受委托人认购信托计划的行为，在委托人与信托公司之间搭建了信托法律关系的概念；而投资人购买银行理财的行为，由于我国《商业银行法》第 43 条明确禁止商业银行经营信托业务，所以在监管上和操作上，主流观点据此认为商业银行的理财业务为“代理型的资产管理关系”；[①] 私募基金的投资行为，取决于私募基金的不同性质，有时会被认为是搭建了一种合同关系、合伙关系或是共同出资形成公司的行为。信托公司有《信托公司集合资金信托计划管理办法》，银行理财有《商业银行个人理财业务管理暂行办法》，私募基金有《私募投资基金监督管理暂行办法》等规则。由于各自监管机构不同的具体规则、办法的存在，各种资产管理业务的法律关系不清晰并不影响业务实操和监管导向的落实，也形成了监管套利的空间。随着大资管时代的到来，统一资产管理业务的监管成为下一步监管行动的前提，厘清各方建立资产管理业务关系时的实质法律关系，以及发行的资产管理产品的基本金融属性是必要的，只有满足这两个先决条件，才能真正做到统一监管，消除各金融机构资产管理业务法律适用的不统一性和不确定性。

（二）资管业务中的法律关系体系

明确资产管理业务中的法律关系，其实是要回答两个问题：第一，依照资管新规的规定，金融机构接受投资者委托，对受托的投资者财产进行投资和管理的这种金融服务关系的法律性质是什么？第二，资产管理关系的法律性质与资产管理产品的法律性质是不是一个问题？

1. 资产管理关系的法律实质

随着资管新规的出台，在统一监管的前提下，资产管理业务的法律关系日渐清晰，有学者指出，“现资管行业应当遵循信托法基本原理。由于我国目前的分业经营格局，资管行业由不同金融机构开展，除了信托公司外，证券公司、保险公司等其他金融机构并不明确其产品为信托关系，形成了行业

① 中国信托业协会. 信托基础［M］. 北京：中国金融出版社，2012：186.

分割化、未统一于信托法理的局面，‘行信托之实，否信托之名，逃信托之法’，是今日资管乱象的根源。应当推动资管业回归大信托格局，以信托法律关系治理资管乱象。”① 持这种观点的主要是以法学院教授为代表的学院派。实务界的观点仍然认为，我国《商业银行法》第四十三条明确禁止商业银行经营信托业务，所以在监管和操作上，应当认为商业银行的理财业务为“代理型的资产管理关系”。② 持这种观点的主要是以从业者为代表的实务派。现阶段存在的问题可以通过对比法作答，即将信托法律关系的特征与代理法律关系的特征相比较，探究资产管理法律关系究竟归属于哪一种范畴。

我国法律对代理关系和信托关系都有明确的定义，依照《民法总则》第一百六十二条，代理是指代理人在代理权限内，以被代理人名义实施的民事法律行为，对被代理人发生效力。《信托法》第二条规定，“本法所称信托，是指委托人基于对受托人的信任，将其财产权委托给受托人，由受托人按委托人的意愿以自己的名义，为受益人的利益或者特定目的，进行管理或者处分的行为。”一般认为，代理与信托的区别主要体现在以下四点。

第一，所有权是否发生转移不同。在信托关系中，信托财产严格意义上的所有权并不归属于委托人、受托人和受益人中的任何一方。③ 这一点与代理具有本质区别，基于代理合同而产生的委托代理法律关系中并不发生所有权的转移。在信托法起草过程中，立法者担忧民众不能接受所有权转移，因此第二条并没有使用“转移给”而是用了“委托给”。④ 这种表述并不能算是错误，只能说是不全面，它仅仅明确了意定委托的基础，但没有揭示信托的本质属性。⑤ 设立信托，应最终完成财产之让与，完成财产的处分行为。这是对《信托法》第二条进行合理解释的题中之意。⑥ 在委托代理法律关系中，不涉及财产所有权的转移，仅仅涉及财产的管理。

---

① 王涌．信托法与大资管行业发展——以信托法律关系治理资管乱象．中国证券投资基金业协会普法讲座第二期，2018 年 4 月 3 日。

② 中国信托业协会．信托基础［M］．北京：中国金融出版社，2012：186.

③ 赵廉慧．信托法解释论［M］．北京：中国法制出版社，2015：46.

④ 王涌．信托法与大资管行业发展——以信托法律关系治理资管乱象．中国证券投资基金业协会普法讲座第二期，2018 年 4 月 3 日。

⑤ 赵廉慧．信托法解释论［M］．北京：中国法制出版社，2015：46.

⑥ 赵廉慧．信托法解释论［M］．北京：中国法制出版社，2015：98.

第二，财产是否具有法律上的独立性。我国《信托法》第十六条、第十七条对信托财产的独立性有明确规定，这与委托代理有本质区别。信托财产独立性包括以下三个方面：一是信托财产独立于受托人的固有财产，不能以信托财产清偿受托人的个人债务；二是受托人固有财产独立于信托财产，不能以受托人固有财产清偿信托债务，受托人因处理信托事务所支出的费用、对第三人所负债务，以信托财产承担，受托人以其固有财产先行支付的，对信托财产享有优先受偿的权利；三是各信托、信托计划之间的财产独立，这里并不是否认代理关系中，代理人管理委托人财产时，可能独立地、分割地处理委托人财产事务，但是代理关系的“独立处理”并不是法律的强制要求，而在资产管理关系中，信托财产的独立性是具有重大意义的。

第三，受托人行为的名义不同。根据《信托法》第二条，在信托关系中需要由受托人按委托人的意愿以自己的名义，进行管理或者处分的行为；而在代理法律关系中，则是以被代理人名义实施民事法律行为，对被代理人发生效力。前者以自己的名义可以表现为民事信托中的受托人、营业信托中的受托金融机构；就后者而言，我国《民法总则》代理一章仅规定了“显名代理”制度，对于隐名代理，依照《合同法》第四百零二条，受托人以自己的名义，在委托人的授权范围内与第三人订立的合同，第三人在订立合同时知道受托人与委托人之间的代理关系的，该合同直接约束委托人和第三人，但有确切证据证明该合同只约束受托人和第三人的除外。因此，在一般情况下，代理法律关系中，受托人需要以委托人的名义履行代理行为。在资产管理关系中，通过信息披露，委托人和第三人彼此往往是知道对方情况的。比如，委托人在认购时，即清楚自己投资的某一笔集合资金信托计划究竟是投向个具体的项目，作为第三人的融资方也很清楚自己通过信托公司募集来的资金是来自合格投资者或是银行等金融机构。即便如此，发生无法按期兑付的情况时，也不意味着委托人当时签订的认购合同可以直接作为约束第三人的法律文件，遑论委托方基本上没有了解受托人与第三方签订融资合同的具体内容。如果把商业银行理财业务的法律关系定位为委托代理关系，则银行理财产品的客户就有直接针对信托公司等投资对象管理者请求的权利；而且如果银行理财产品投向集合资金信托项目，但各银行理财的客户不一定符合《信托公司集合资金信托计划管理办法》所规定的合格投资者条件。①

第四，风险承担/责任承担限额不同。在信托关系中，基于前文分析的信托财产在所有权归属上的特殊独立性，以及《信托法》第十五条、第十六条对信托财产与委托人未设立信托的其他财产、信托财产与受托人固有财产相区别的特征，受托人只有在处理信托事务违背管理职责或不当的情况下，才会以固有财产承担损失。而在代理法律关系中，一般而言，代理的后果要由被代理人直接承担，即便在依照《合同法》由代理人承担的情况下，被代理人和代理人承担责任都没有法定限额限制。

除此之外，信托关系与代理关系还有诸多不同。比如，受益人在信托法律关系中是殊为重要的一方当事人，而在代理法律关系中，第三人并不天然存在。信托在性质上是一项用于财产转移与财产事务管理的制度，因此，实务上也没有像委托代理那样广泛地应用于非财产性事务的处理，而是以财产性事务的处理为主等等。

结合资管新规有关资产管理业务的定义以及上述对信托法律关系、代理法律关系的辨析可以得出，金融机构接受投资者委托，对受托资产进行投资和管理，承担信义义务并收取相应管理费用的行为是信托法律行为。实践中，我国信托业主要有两类机构：一类是信托公司，是全面经营信托业务的信托机构，属于信托综合店，受银监会的特别监管；另一类是证券投资基金管理公司，是专门经营证券投资基金业务的信托机构，属于信托专营店，受证监会的特别监管。② 在分业经营分业监管的现实下，要承认商业银行等其他机构客观上兼营信托业的事实，在法律关系上承认其为信托关系，向商业银行的理财部门施加信托受托人的义务，更好地保护投资者作为受益人的利益。③

2. 《信托法》的适用范畴

明确《信托法》的适用范畴，其实是要回答《信托法》是仅对信托资产管理业务生效还是对所有资产管理业务都可以适用。

① 赵廉慧. 信托法解释论［M］. 中国法制出版社，2015：64.

② 中国信托业协会. 信托法务［M］. 中国金融出版社，2012：16.

③ 赵廉慧. 关于“资管产品”与信托法问题的新思考［Z/OL］.（2017 – 11 – 23）［2018 – 5 – 5］. http：//www. sohu. com/a/206108352_ 739521.

如前所述，资管新规所规定的资管产品的法律关系是信托。然而资管新规所涉及的银行、信托、证券、基金、期货、保险资产管理机构、金融资产投资公司等资产管理机构隶属不同监管部门。我们要明确：首先，《信托法》不是“信托公司法”，它生效的范畴依照《信托法》第三条的规定，是在中华人民共和国境内进行民事、营业、公益信托活动，资管新规所述及的资产管理业务应当就是《信托法》所规定的营业信托活动；其次，《信托法》不同于《信托公司集合资金信托计划管理办法》，前者是法律，后者是部门规章，前者是由全国人大常委会通过实施的，后者是银监会主席会议通过的，层级不一样，前者适用于一切境内营业信托活动，后者适用于由受银保监会监督管理的信托公司担任受托人的集合资金信托计划。因此，《信托法》适用于全部资管新规规定的资产管理业务是毋庸置疑的。

同时，我们需要认识到，《信托法》是在传统民法之外，创新地构造了另一个财产法律制度。[①] 因此，它与规范证券发行和交易的《证券法》在适用上并不是非此即彼的关系，而是各自有其适用范畴。前者打造了财产所有和管理关系，后者规范证券融通活动。

3. 资产管理业务的法律体系

资管新规没有明确资管业务的上位法，也没有明确统一的监管部门，这对统一监管的落实是极为不利的，但也不失为求同存异、稳中求进的务实之举。但在统一监管的大背景下，理顺资产管理业务的法律体系，顺应大资管行业监管的趋势，确有特殊的重要性。

资产管理法律关系包括两个重要的部分：信托关系的建立和证券资产的形成。信托关系已如前文所述，证券则是这种法律关系形成后的产物。信托关系仅仅是一种财产权结构，而不多涉及资金管理方式。特别是在我国《信托法》多涉及民事信托、公益信托，较少涉及营业信托的立法背景下，我们更应该清醒地认识到金融机构受托管理客户资金的资产管理法律关系是信托关系，通过所有权的转移变更，在这种资产管理关系中，委托人形成了一笔金融资产，这笔金融资产的性质是证券。如果按照功能监管（行为监管）的原则，资产管理业务则应由证券监督管理部门发放经营牌照，实行

① 中国信托业协会．信托法务［M］．北京：中国金融出版社，2012：21.

统一监管。① 在业界没有将信托法律关系所形成的金融资产认定为证券的习惯，法律上也没有对此的明确规定，但是法律上对这样的认定并不存在障碍。我国《证券法》没有对证券作出明确定义。《证券法》第二条规定，“在中华人民共和国境内，股票、公司债券和国务院依法认定的其他证券的发行和交易，适用本法”。因此，信托关系形成的金融资产存在被认为是依法发行的其他证券的空间。在国际上看，美国《1934 年证券交易法》明确规定，“‘证券’是指任何票据、股票、库存股份、公债、利息票据，或者在任何利润份额管理中的分成或在任何石油、汽油或其他矿产产地使用费或租赁中的利息票据或分成，任何担保信托票据，团体组建前的票据，或是认缴费票据，可转让股份，投资合同，股票信托票据，存款票据，以上所列作为一种证券、或任何卖方的选择权，付款通知权、使对方在一定期限内按某一价格收交货的权力、买卖的特权，或者对任何证券、存款票据，或团体或证券指数的优惠权”，依照这样的规定，毫无疑问，证券是包含属于资管新规管辖范围的资金信托。否认委托人投资信托产品的证券投资性质，对信托本身的约束非常大，这一点尤其表现在交易和流通上。我国市场上的信托计划都定位于高端私募，② 不能像证券一样依法交易。严格依照当前法律、法规的规定，资产管理关系归《信托法》管，信托公司在机构监管上归银保监会管，信托计划在功能监管上归证监会管的复杂境地，既不具备监管的可能性，也不符合统一监管的趋势。造成这一境地的根本原因还是因为《信托法》的不完善，为了进一步地深化金融体制改革，更好地提升金融配置资源的效率，就必须完善资产管理市场的法律法规体系，更好地落实功能监管与机构监管相结合的原则。

论及资产管理业务的法律体系，需要明确，资产管理业务由于隶属金融领域，在依法行事的同时，依照监管部门的监管规则行事也是应有之义。民商法的规则鼓励交易自由，其对恣意的限制是通过事后的民事责任；在金融领域，由于系统风险影响巨大，仅仅靠事后责任的救济可能于事无补，事前、事中的门槛限制和过程监管对于防范金融风险已经变得越来越重要。甚

① 吴晓灵．完善法律体系 确保大资管市场健康发展［J］．清华金融评论，2018（4）．

② 中国信托业协会．信托基础［M］．北京：中国金融出版社，2012：173．

至可以说，监管规则也在某种程度上重塑了实务部门的交易模式。[①] 因此，我们必须肯定，《信托法》《证券法》仍然是资产管理行业的基本法，《信托法》规范资产管理关系的构建，《证券法》则涉及证券发行和交易行为的实施。

（三）资管业务法律关系的未来构建

资产管理业务首先应当遵从统一监管下的资管新规，新规解决不了的，可以寻求上位法《信托法》《证券法》的帮助。而中国现存的法律体系《证券法》中规定的证券范围过于狭窄，基本上是一部股票法；《信托法》只是信托关系法，对信托经营缺乏规范。[②] 重新梳理资产管理市场的法律体系，能使市场关系简单明了，监管职责明确清晰。如何重塑我国资产管理业务的法律体系是一个宏大的问题，在法律层面，需要《证券法》和《信托法》的扩张和配合，在部门规章方面，仅仅有资管新规还是不够的，还需要对不同监管部门负责细化的规章制度进行整合，即便现实条件做不到整合的，也须统一标准。

未来资管业务的法规体系应当分为两个层次。第一层是《信托法》与《证券法》。《信托法》应当扩充营业信托的相关规定，《证券法》应当改变重视股票投资营业规制而忽视法律关系建构的缺陷，明确证券产品有债务关系、权益关系和信托关系。资产管理分财务规划和代客资产管理两类实现方式，资金信托是典型的代客资产管理业务。[③] 第二层是部门规章。如资管新规，新规是统一监管背景下的第一部资产管理规范性文件，对银保监和证监下辖金融机构都生效，是资产管理业务的基本规则。其他各项部门规章规则，比如《信托公司集合资金信托计划管理办法》《私募投资基金监督管理暂行办法》等各部门规章中符合资管新规的部分与资管新规发生同等级效力。

其实资产管理关系本身并不天然需要"一行两会"管理。它最根本上是民事法律关系，要遵循《民法总则》《物权法》《合同法》的规范，其次是信托关系，要遵守《信托法》的规范，进而需要遵守资管新规和其他部

---

① 赵廉慧．信托法162：给"资管新规"泼冷水［Z/OL］．（2018－4－21）［2018－5－6］．http：//blog. sina. com. cn/s/blog_ 4c9062ff0102x863. html.

② 吴晓灵．完善法律体系 确保大资管市场健康发展［J］．清华金融评论，2018（4）．

③ 吴晓灵．完善法律体系 确保大资管市场健康发展［J］．清华金融评论，2018（4）．

门规章的规范。

二、资管新规对信托公司业务的影响解读

在对资产管理业务的法律关系梳理清晰后。我们不难认看出，资管新规在法律体系上，形成《信托法》和《证券投资基金法》的下位规范，在不违法上位法的基础上，就上位法未为规定的部分生效，而对于与资管新规相同位阶的《信托公司集合资金信托计划管理办法》《私募投资基金监督管理暂行办法》等部门规章，则应当根据“新法优于旧法”的原则，不符合资管新规规范意旨或与资管新规规范相冲突的规范应当无效。因此，由于资管新规与各部委原有的规章制度存在不一致之处，就打破刚兑、净值化管理、限制非标投资、禁止资金池业务、统一资管产品杠杆比例要求、统一资管产品的资本和风险准备金计提以及消除多层嵌套、去通道等多个维度的强监管提升到新的高度。可以预见到，资管新规对信托行业以及整个资管行业将产生剧烈影响。

（一）对债权信托的影响

债权信托，是指信托公司依据信托文件的约定，将信托资金直接或间接投资运用于非公开市场交易的债权性资产的信托业务。债权信托主要表现为信托贷款类业务。资管新规对此类业务影响最大的主要是有关打破刚兑的规定。

资管新规对信托贷款类业务的影响是比较大的。传统的信托贷款类业务在资金端给投资者约定预期收益，在资产端投向含有各种保证、担保措施的标的。信托公司以承担风险为代价获取投资者预期收益与融资方融资成本之间的利差作为其利润来源。随着资管新规打破刚性兑付的实施，这样的模式不再可行。对信托公司而言，刚性兑付的打破可能会造成来自客户流失的压力，从而信托管理规模的增长会面临较大压力。客户多年以来，已经习惯了信托公司刚性兑付的事实状态，监管部门明确提出了不能刚兑的要求。究竟资产管理产品刚兑与否，是金融公司还是监管部门亦或投资者说了算呢？金融产品刚兑与否，应当是由金融产品自身的法律性质决定的。所以不能说是资管新规打破了刚性兑付，真正打破刚兑的是委托人与受托人之间的信托法律关系对各自权利义务关系的明确划分，信托产品因此将脱离信贷关系回归到信托法律关系中，虽然这种回归重塑可能会造成行业的阵痛，长期来看对

投资者的教育、对行业的健康成长都有很大益处。

（二）对股权信托的影响

股权信托就是指信托公司依据信托文件的约定，将信托资金直接或间接投资于非公开市场交易的股权性资产等的信托业务。信托业务是一种私募业务。信托公司既可以是财务投资者，也可以是战略投资者，还可以做控股投资者。最终要从股权的增值上获取收益。近年来，信托行业的股权投资信托业务整体向前发展，并呈现出专业化、多元化的特征。随着资金来源的拓宽、投向渠道的多元化以及与大股东战略业务的协同发展，这类业务也蕴含着新的机遇。

此次资管新规对股权投资领域规范较少，新规中，仅有三处涉及股权投资类资管产品的规范，分别是：第十一条规定，“资产管理产品不得直接或者间接投资法律法规和国家政策禁止进行债权和股权投资的行业和领域”；第十三条规定，“金融机构不得为资产管理产品投资的非标准化债权类资产或者股权类资产提供任何直接或间接、显性或隐性的担保、回购等代为承担风险的承诺”；第十五条规定，“资产管理产品直接或者间接投资于未上市企业股权及其受（收）益权的，应当为封闭式资产管理产品，并明确股权及其受（收）益权的退出安排。未上市企业股权及其受（收）益权的退出日不得晚于封闭式资产管理产品的到期日”。第十一条表明了股权投资类资管产品的投向秉持“法无禁止即自由”的思想；第十三条贯彻了禁止刚性兑付的思想；第十五条则是对打破资金池规则的细化。

股权投资类业务符合资管新规所引导的方向。未来信托公司一方面可以运用股东资源禀赋，重点发展与股东背景资源相关的实体企业股权投资信托业务，通过产融互动的方式，实现资源的优化与整合；另一方面，可以利用自身经营历史中所积累的行业资源、客户资源、研判能力、投资管理等方面的优势，打造精品投行，专注所擅长的地产、医养等领域，形成自身的经营特色，逐渐孵化出能够贡献利益增长点的股权投资业务板块。培养专业化的投资团队，提升主动管理能力，加强风险控制水平，提高募集长期资金的能力都是决胜股权投资类业务的法宝。

（三）对标品信托的影响

标品信托就是信托公司依据信托文件的约定，将信托资金直接或间接投资于公开市场发行交易的金融产品的信托业务。标品信托的投资标的是可分割、可变卖、可在公开市场流通的有价证券。党的十九大报告提出，深化金融体制改革，增强金融服务实体经济能力，提高直接融资比重，促进多层次资本市场健康发展。标品信托业务是政策鼓励的发展方向之所在，我国的证券市场及相关法律制度的不断优化和完善，也为标品信托业务的开展提供支撑。资管新规的颁布，对标品信托可谓带来了机遇也带来了挑战。

对投向债券资产的标品信托业务来讲，截至 2017 年末，证券投资信托在信托业务中占比为 14.15%。证券投资信托中，债券类业务占比为 58.3%，占绝对多数。信托公司从事债券类业务，一方面会受到宏观债券市场运营情况的影响；另一方面，信托计划负债端和资产端能否匹配决定了信托计划的收益水平，而这取决于信托公司管理团队自身的管理能力和运营能力。此外，政策因素也是影响着债券投资类业务的重要因素。资管新规第十五条规定，金融机构“不得开展或者参与具有滚动发行、集合运作、分离定价特征的资金池业务”。债券投资集合资金信托计划就要与资管新规所禁止的传统资金池项目相区别。要做到这一点，就要坚持将资产端确定为标准化债权资产。依照资管新规第十一条第一款规定，标准化债权类资产应当同时符合以下五个条件：等分化，可交易；信息披露充分；集中登记，独立托管；公允定价，流动性机制完善；在银行间市场、证券交易所市场等经国务院同意设立的交易市场交易。同时规定，标准化债权类资产之外的债权类资产均为非标准化债权类资产。这一规定，堵住了之前“非非标”业务存在的空间。未来信托公司的债券投资类业务的赢利主要取决于各信托公司的管理能力以及风险控制能力，也取决于各家公司的销售能力。此外，近期银行间市场交易商协会发布《关于意向承销类会员（信托公司类）参与承销业务市场评价的公告》（〔2017〕25 号）启动了信托公司参与非金融企业债务融资工具承销业务市场工作。这对信托公司开展债券类业务也形成利好。

对标品信托业务整体而言，2017 年 8 月，国务院印发《关于促进外资增长若干措施的通知》（国发〔2017〕39 号）要求“持续推进证券业对外开放”，开放意味着吸引外资的同时，将强化国际资本对于本土证券市场的影响。越开放的市场，受到波动时候，抵御风险的压力越大。资管新规对信托公司标品信托业务的直接影响最重要的是有关信息披露和集中度的规定，具体影响包含以下几点。第一，资管新规第十二条要求“对于私募产品，其信息披露方式、内容、频率由产品合同约定，但金融机构应当至少每季度向投资者披露产品净值和其他重要信息”。自此，信托公司未来应当遵守资管新规的规定，按季度向投资者进行相关信息的披露。第二，资管新规第十六条规定金融机构应当控制资产管理产品所投资资产的集中度，对于信托公司而言，需要遵守本条第三款的规定，“同一金融机构全部资产管理产品投资单一上市公司发行的股票不得超过该上市公司可流通股票的30%”。第三，资管新规第十八条要求的净值化管理，以证券投资类信托产品的净值相对其他信托产品较为容易操作，但相较过去，也提高了对证券投资类产品的管理能力需求。第四，资管新规第二十一条规定，“分级私募产品应当根据所投资资产的风险程度设定分级比例（优先级份额/劣后级份额，中间级份额计入优先级份额）”，“权益类产品的分级比例不得超过1:1”。之前市场上流行的通过设置中间级份额，名义上将中间级计入劣后级，但实质是计入优先级，以打政策擦边球将杠杆比例变相放大的模式不在可行。第五，资管新规第二十二条中，“金融机构不得为其他金融机构的资产管理产品提供规避投资范围、杠杆约束等监管要求的通道服务”的要求，以及禁止多层嵌套的规定，也会大幅限制证券投资类信托业务的范围。第六，资管新规第二十三条强调了对人工智能投顾的规范，基于量化数据的二级市场标品信托可以称为信托公司业务的一个新的增长点。

标品信托业务的开展，需要完备的证券系统的建立和专业的人才队伍的建设以及客户接受度的提升。资管新规对于证券业务的影响是非常大的，结构化业务比例受到严格的限制，资金来源范围也将受限，净值化管理进一步提高产品管理需求。加之信托公司在证券业务上的优势不明显，未来信托公司的标品信托业务将会走向何方，还得取决于各家公司自身的主动管理能力，行业集中度大概率会进一步增强。

（四）对同业信托的影响

同业信托是指信托公司与其他金融机构合作开展的信托业务。资管新规限制提供绕监管的通道业务，消除多层嵌套的监管态势对同业业务会产生重大影响，信托资金投向金融机构占比将会呈现持续下降态势。同业信托主要分为金融机构被动管理类和投资非标同业类。

金融机构被动管理类信托业务，一般指投资于银行理财、证券公司资产管理计划等产品的业务。对于这类产品，需要注意的是资管新规有关禁止通道、多层嵌套以及实行穿透式审查的规定。

资管新规第二十二条规定，金融机构不得为其他金融机构的资产管理产品提供规避投资范围、杠杆约束等监管要求的通道服务。依照中国信托业协会官网公布的2017年4季度末信托公司主要业务数据显示，银信合作的通道类业务占信托公司管理规模的23.51%，剔除通道业务，不难预见全行业整体管理规模下滑的可能性。从2017年12月22日银监会发布《关于规范银信类业务的通知》（55号文）相关要求来看，在通道业务上信托公司将不得不转变角色，由过去的被动转变为主动，要更加重视资产识别、交易对手匹配、资金运用、风险管理、人才培养等，而更为具体的展业要求，需等到55号文提到的“通道业务监管要求的措施办法”出台后，再加以明确。剔除通道业务，对信托公司的影响是双面的。一方面，信托公司作为通道方仅能获取微薄费用，但作为名义上的管理人，可能会面临被投资者追责、成为投资者维权对象的风险；另一方面，通道业务的禁止也会对全行业管理规模有所影响，特别是一些通道业务占比较大的信托公司。

资管新规规定除投资公募证券投资基金外，资管产品只能投资一层资管产品。该规定一方面强化了对信托公司通道业务的限制，另一方面对信托公司也可能存在一定利好。第一，信托相较于券商资管和基金通道而言具有隔离效果强、投资范围广的特点，在仅能使用一层嵌套的前提下，特殊目的信托（SPT）作为特殊目的载体（SPV）的优势将会愈发明显；第二，资管新规仅适用于资产管理业务，财产权信托不在其管辖范围，信托的灵活性在这里得到了充分的体现。

此外，资管新规第二十七条第二项规定，实行穿透式监管，对于多层嵌套资产管理产品，向上识别产品的最终投资者，向下识别产品的底层资产（公募证券投资基金除外）。这将改变过去通过银行、保险、信托等机构之间的合作，隐匿资金来源和底层资产，未按照穿透原则进行风险管理并足额计提资本及拨备，或未将最终债务人纳入统一授信和集中度风险管控，以及隐匿最终投向、突破投资范围与杠杆限制、期限错配，还有通道方不履行风险管理职责，不掌握底层基础资产信息和不实际风险承担等情形。此外，资管新规第十一条规定，“金融机构不得将资产管理产品资金直接投资于商业银行信贷资产。商业银行信贷资产受（收）益权的投资限制由金融管理部门另行制定。”这一条禁止了信托公司为商业银行信贷资产“出表”提供通道的行为，但提供了信托公司与银行在银行信贷资产受（收）益权业务方面合作的可能。

对于投资非标同业类业务，需要注意的是，资管新规第十五条规定“资产管理产品直接或者间接投资于非标准化债权类资产的，非标准化债权类资产的终止日不得晚于封闭式资产管理产品的到期日或者开放式资产管理产品的最近一次开放日。”这一规定导致的直接结果是每个工作日开放的资产管理产品，投资非标准化债权类资产的，非标准化债券类资产的终止日不能晚于开放日，实际上就是按日开放的资管产品没有办法投资非标。

未来，同业业务监管可能进一步趋严，传统通道业务空间收窄的同时，符合监管导向的同业信托将会得到更大的发展，信托公司与银行合作的信贷资产收益权转让、保险金信托等都可以作为同业合作新模式进行拓展。在同业业务中，信托公司还是应当提升主动管理能力，加强在同业业务中的话语权，共同做大做强资产管理业务。

（五）对财产信托和资产证券化信托的影响

根据资管新规第三条的规定，“资产管理产品包括但不限于人民币或外币形式的银行非保本理财产品，资金信托，证券公司、证券公司子公司、基金管理公司、基金管理子公司、期货公司、期货公司子公司、保险资产管理机构、金融资产投资公司发行的资产管理产品等。依据金融管理部门颁布规则开展的资产证券化业务，依据人力资源社会保障部门颁布规则发行的养老金产品，不适用本意见。”由此条文看出，资管新规适用于资金信托计划，财产权信托和资产证券化业务并不在资管新规的规范范畴内，资产证券化作为以财产权信托为基础的结构化融资工具，未来可能成为同业合作的主要模式，成为信托公司大有可为的业务方向。

（六）对公益（慈善）信托的影响

慈善信托不属于委托人自担投资风险并获得收益的资产管理业务，不符合资管新规第二条对资产管理业务的定义，因此不应受资管新规的规范。而应当受《慈善法》和《信托法》的调整。随着我国慈善事业日益壮大，慈善信托作为新型的慈善方式，能够更好地反映委托人的意愿，带动慈善事业向更透明、更高效的方向发展，成为促进我国慈善事业和信托业发展的重要力量。

（七）对事务信托的影响

事务信托是指信托公司依据委托人的指令，对来源于非金融机构的信托资金进行管理和处分的业务。由于在八大分类框架下，将银信合作的通道类业务纳入同业信托管理范畴，而不计入事务信托。因此，资管新规几乎没有对事务信托的直接规范，具体监管事项得取决于委托人与信托公司在《信托合同》中约定履行的事务管理内容而论。

（八）对信托公司业务整体的影响

资管新规不仅仅影响着信托公司的各项具体业务，对整个信托业务层面更是产生了深远的影响。除了前文论述到的禁止规避监管的通道和多层嵌套，打破刚兑，清理资金池等等之外，比较重要的影响还有以下几点。

1. 净值计算的要求

较之前的征求意见稿，资管新规明确了在金融资产坚持公允价值计量原则、鼓励使用市值计量的基础上，有两种情况可以可按照企业会计准则以摊余成本进行计量：第一，资产管理产品为封闭式产品，且所投金融资产以收取合同现金流量为目的并持有到期；第二，资产管理产品为封闭式产品，且所投金融资产暂不具备活跃交易市场，或者在活跃市场中没有报价，也不能采用估值技术可靠计量公允价值。可对于信托公司而言，什么是封闭式产品尚未明确，信托公司分期发行的项目是否可以被认定为封闭式？是否可以使用摊余成本法计量？摊余成本法可以从技术手段上让资产收益变得很平滑，让产品净值非常稳定，满足投资人对于固定回报的要求。因此，摊余成本法主要大规模应用于固定收益报价的理财产品和货币基金。摊余成本法包括一个假设——资产是可以正常到期兑付的，要真正让摊余成本法起到净值化管理的作用，离不开会计核算和估值方法的实时调整。因此，第十八条规定“金融机构前期以摊余成本计量的金融资产的加权平均价格与资产管理产品实际兑付时金融资产的价值的偏离度不得达到5%或以上，如果偏离5%或以上的产品数超过所发行产品总数的5%，金融机构不得再发行以摊余成本计量金融资产的资产管理产品。”这条直观来看是对资产管理机构提出了更高的管理能力要求，却也可能让管理者陷入刚兑或业务停止的两难境地。未来，信托公司可以尝试把标品信托作为实施净值化管理下的业务突破口。一是FOF投资管理模式。资产管理人能够基于根据委托人的风险收益偏好，根据经济基本面及市场变化、投资者风险偏好、产品期限和投资预期收益等因素，投向由资产管理人自己管理或其他资产管理机构管理的货币市场工具组合、债券类资产组合、股票市场资产组合，有效地降低风险，提高产品的风险收益比，为客户提供相对稳定的产品。二是基于量化数据的二级市场标品信托。资管新规第二十二条明确了对智能投顾的论述要求，因为二级市场的价格每日更新，以二级市场为投资标的的标品信托能够有效实现净值管理。

随着刚性兑付的打破和净值型资管产品的营销，在对信托公司投资能力提出更高要求的同时，也考验着信托公司的风险管理水平，对信托资产管理人员的专业素养、管理水平和风险防范水平提出严峻的挑战。

2. 分级比例的控制

资管新规第二十一条规定了产品分级，公募产品和开放式私募产品不得分级。删除了征求意见稿中投资于单一投资标的私募产品（投资比例超过50%即视为单一）、投资债券、股票等标准化资产比例超过50%的私募产品不能分级的限制。之前信托公司担心的，作为信托公司重要利润来源的投资于单一标的的房地产类信托产品无法再进行分级的问题不复存在。

资管新规明确了分级资产管理产品是指存在一级份额以上的份额为其他级份额提供一定的风险补偿，收益分配不按份额比例计算，由资产管理合同另行约定的产品。资管新规为可有分级设计产品的分级比例作出了明确限制，并要求管理人自主管理，防止分级产品沦为纯通道或者结构化融资性工具。关于分级资产管理产品不得直接或者间接对优先级份额认购者提供保本保收益安排，应当理解为至少资管产品内部各级的认购者、产品管理人、这两者的关联方等不得仅针对优先级认购者进行保本保收益，之前市场上对优先级保本保收益的各种做法恐怕不再行得通。资管新规此条基本延续了证监会《证券期货经营机构私募资产管理业务运作管理暂行规定》关于结构化产品的限制，对证监会体系内的资管产品没有新的影响，对银保监会体系的结构化信托有一定影响。①

3. 合格投资者标准的提升

资管新规第五条规定了合格投资者是指具备相应风险识别能力和风险承担能力，投资于单只资产管理产品不低于一定金额且符合下列条件的自然人

① 郭克军，王芳. 资管新规靴子落地 大变局！私募基金怎么办？（下）［Z/OL］，（2018－4－25）［2018－6－6］. http：//www. zhonglun. com/Content/2018/04－28/1701590824. html？ from＝groupmessage&isappinstalled＝0.

和法人或者其他组织。（一）具有 2 年以上投资经历，且满足以下条件之一：家庭金融净资产不低于 300 万元，家庭金融资产不低于 500 万元，或者近 3 年本人年均收入不低于 40 万元。（二）最近 1 年末净资产不低于 1,000 万元的法人单位。（三）金融管理部门视为合格投资者的其他情形。此外，合格投资者投资于单只固定收益类产品的金额不低于 30 万元，投资于单只混合类产品的金额不低于 40 万元，投资于单只权益类产品、单只商品及金融衍生品类产品的金额不低于 100 万元。上述规定首先对合格投资者进行统一的规定，未来所有类型的资管产品都应当适用这一标准，有望打破多层嵌套导致的合格投资者穿透识别核查困难的问题；其次，合格投资者的门槛出现了颠覆性的变化，打破了 100 万元的标准，尤其是债权类资管产品，起投金额门槛降至 30 万元，比较符合现在一般中产阶级的收入水平；最后，依照《信托公司集合资金信托计划管理办法》，单个信托计划的自然人人数不得超过 50 人，而依照资管新规，单个信托计划的发行对象不超过 200 人即可。这三点无异会对信托资管业务的发展产生正向积极的作用。但是，依照《信托公司集合资金信托计划管理办法》，单笔委托金额在 300 万元以上的自然人投资者和合格的机构投资者数量不受人数的限制，而资管新规没有对合格投资者人数限制的突破规则，这一点殊值重视。此外，资管新规对合格投资者的认定标准高于之前部门规章中设定的各类标准，资管新规规定合格投资者需满足家庭金融资产不低于 500 万元，而《信托公司集合资金信托计划管理办法》规定的门槛是 100 万元金融资产，这两点将会抬高投资门槛、限制投资者人数，将很多原来符合规定的投资者拒之门外。合格投资者门槛的提高，加之打破刚兑，短期内将会打击部分投资者积极性，造成信托产品募集资金上的困难。

4. 负债比率的限定

资管新规第二十条、第二十一条分别规定，资产管理产品应当设定负债比例（总资产/净资产）上限，每只私募产品的总资产不得超过该产品净资产的 200%，分级私募产品的总资产不得超过该产品净资产的 140%。之前，《信托公司管理办法》第二十一条规定，“信托公司不得开展除同业拆入业务以外的其他负债业务，且同业拆入余额不得超过其净资产的 20%。中国银行业监督管理委员会另有规定的除外。”根据资管新规第二十九条透露出的“避免产生新的监管套利和不公平竞争”的原则要求，信托产品与其他类资管产品应统一适用标准，如果信托产品不允许而其他资管产品允许，则必然意味着后期会继续存在监管套利空间，对信托产品也属于不公平的竞争，从这个角度而言，如果资管新规与银监会原其他监管规定有不一致的，应按照资管新规规定执行，不再执行原规定。并且《信托公司管理办法》第二十一条也明确提出“中国银行业监督管理委员会另有规定的除外”，因此，应当确认信托计划负债在监管上的可能性。

总而言之，资管新规对资管产品的融资端和投资端都会产生重大影响。在融资端口，资管新规强调净值管理、禁止资金池、打破刚性兑付，这些无疑都是本着严控风险的底线思维，把防范和化解资产管理业务的风险放在最核心的位置，但也无疑会对信托公司资产管理业务的规模造成一定的不利影响；在投资端口，取消通道业务，禁止多层嵌套，再加上负债比例要求、杠杆比例要求，避免资金脱实向虚在金融体系内部自我循环，防止产品过于复杂，基本上扼死通过各种复杂交易结构变相放大杠杆的可能。通过融资端、投资端两头一起堵的方式，信托公司未来的资产管理业务大概率还是要回归“卖者尽责、买者自负”本源。

三、资管新规时代信托公司业务的拓展

依照《信托公司管理办法》第十六条、第十八条规定，信托公司可以申请经营的业务包括资金信托、动产信托、不动产信托、有价证券信托、其他财产或财产权信托，作为投资基金或者基金管理公司的发起人从事投资基金业务，经营企业资产的重组、购并及项目融资、公司理财、财务顾问等业务，受托经营国务院有关部门批准的证券承销业务，办理居间、咨询、资信调查等业务，代保管及保管箱业务，法律法规规定或中国银行业监督管理委员会批准的其他业务，以及根据《信托法》等法律法规的有关规定开展公益信托活动。信托公司的绝大部分业务都集中在资金信托和少量的财产权信托上，牌照优势没有充分发挥。对信托公司来说，业务的拓展可以通过两种路径，一是创新业务的开展，一是原有业务的升级。前者鼓励信托公司在慈善信托、家族信托等本源业务上加强布局；后者可以体现为资产证券化业务和证券投资信托等领域的升级。

（一）*慈善信托*

2017 年是信托业转型发展的关键时期，财富管理与信托业回归信托本

源并服务实体经济的制度定位最为契合。慈善信托等业务作为信托本源业务，为信托业的转型提供了强大助力。资管新规所规范的资产管理业务属于大资管行业的通行业务，而慈善信托在一定程度上却是信托公司的专属领地。随着中国特色社会主义事业进入新时代和经济新常态的出现，信托公司最大的挑战是生存环境发生了变化。强监管时代将延续，合规管理、风险管控压力骤增。打破行业壁垒在即，信托公司之间的分化也将加剧。最大的机遇在于信托公司可发挥跨市场配置资源的制度优势，灵活利用各种组合形式，深化转型升级，通过提高主动管理能力，发挥金融服务于实体经济的本职，满足人民的美好生活需要。

2016 年 3 月第 12 届全国人大四次会议通过了《慈善法》。《慈善法》不但明确规定慈善组织可以采取基金会、社会团体、社会服务机构等组织形式，而且专章规定了慈善信托，明确慈善信托是开展慈善活动的方式。

慈善信托对于完善社会救助、社会福利、慈善事业、优抚安置等制度，健全农村留守儿童和妇女、老年人关爱服务体系都具有重要的意义。截至 2018 年 5 月底，全国成功备案成立了 84 只慈善信托，受托人涉及 35 家信托公司，财产规模达 97,721.27 万元。慈善信托在过去的几年中实现了从参与方到运作模式的全面创新，更是实现了管理规模的大幅扩大。

实践中，慈善信托与家族信托相结合已经成为富豪家族进行慈善事业的重要方式。委托人设立信托的目的往往是多元复合的。比如，曹德旺通过慈善基金会股份表决权信托，在实现家族企业股权捐赠的同时，保留家族企业控制权，开创了国内慈善捐赠的新模式。通过这种模式，曹德旺对福耀玻璃集团的控制地位没有改变，既可以继续经营和管理公司，又可以实现慈善目的。

（二）中国特色家族信托

家族信托是以家庭财富的管理、传承和保护为目的的信托，在内容上包括资产管理、投资组合等理财服务以实现对家族资产的全面管理，更重要的是提供财富转移、遗产规划、税收策划、子女教育、家族治理、慈善事业等多方面的服务。《信托法》赋予信托财产隔离与风险隔离的功能，使信托成为财富传承的最佳载体，是高端财富管理市场的重要参与者。在客户需求引导下，信托公司财富管理内涵逐步由单一理财服务向定制化、差异化的多元服务转型。信托公司在现有条件下特有的跨市场投资能力，成为其开展家族信托以及综合金融服务的重要基础。作为财富管理和传承的重要工具，家族信托逐渐被市场接受、熟知，并在信托公司转型发展的背景下成为信托公司尝试财富转型、回归信托本源的着力点。

2017 年是家族信托在中国快速发展的一年，据统计，截至 2017 年末，家族信托的整体规模已达500 亿元，并呈现快速发展的趋势。其中，保险金信托成为 2017 年家族信托发展的亮点。平安信托 2017 年成立“鸿福”保险金系列产品线，并快速复制发展，全年成立 960 单，规模达到 20.5 亿元。华宝信托于 2017 年启动并开展保险金信托业务，已与友邦保险、大都会保险、泰康保险等险企开展保险金信托业务合作。

事实上，家族信托不能仅仅被理解为是富人财富传承的工具、逃避纳税义务的手段，或是用来维护富裕家族长盛不衰的武器。就像我们曾经也认为市场经济是属于资本主义的，社会主义不能搞市场经济那样，也有声音认为社会主义国家不应当搞家族信托以维护富裕阶层的利益。然而，自 1993 年第八届全国人民代表大会第一次会议通过了宪法修正案，将社会主义市场经济写入宪法以来，我国社会主义市场经济体制已走过了 20 多个年头，依然是生机勃勃、成绩斐然。家族信托也可以获得同样的精彩。家族信托制度虽然源于西方，但是中国特色的家族信托却根植在社会主义公有制土壤上，在成长的过程中受到中国特色社会主义政治、经济制度潜移默化的影响，也必将会去其糟粕、取其精华，形成具有中国特色的家族信托、慈善信托制度。我们应当有信心能建立起充满社会主义气息、符合社会主义核心价值体系的家族信托。

社会主义国家的家族信托事业不仅仅是个人财富的传承，而可以与慈善信托结合在一起，成为整个社会财富的传承工具。在公有制的体制下，个体财富的传承与社会财富的传承本身就是相互联结的，个体利益只有在社会利益的层面才能得到最大化发展，社会利益只有通过个体利益的实现才能算得上落在实处。党和国家领导人的讲话从国家、民族、社会的角度把家风传承提升到了新的高度，从个体的角度上讲是家风传承，从社会集体的角度上讲就是整个国家、民族、社会风气和财富的形成和传承。我国超级富豪财富外流、将境内资产向境外转移的问题突出，这种问题可以用家族信托作为一种解决方案。鼓励、促进境内家族信托业务的繁荣发展，传扬美好家风、遏制财富外流，和慈善信托相结合，共同促进社会财富的持续传承。

家族信托与慈善信托结合在一起，可以充分体现出社会主义制度的优越性。一则体现出国家对私有财产权神圣不可侵犯的尊重，一则解决个体和社会家风传承、财富传承的问题。往更深层次说，也是助力解决人民日益增长的美好生活需要和不平衡不充分的发展之间的矛盾的重要抓手。

此外，在社会主义大环境下的家族信托、慈善信托业务的展开，也是助力打赢决胜全面建成小康社会，防范化解重大风险、精准脱贫、污染防治三大攻坚战的利器。打赢防范化解重大风险攻坚战，重点是防控金融风险，要服务于供给侧结构性改革这条主线，做好重点领域风险防范和处置，坚决打击违法违规金融活动，加强薄弱环节监管制度建设。家族信托、慈善信托是信托本源业务，这个部分做大、做强，一方面挤走了通道业务的占比，另一方面也是破解信托行业“刚性兑付”的一个重要切入点。以家族信托、慈善信托的方式开展家族财富传承和慈善事业等于是同时着手解决三大攻坚战中的防范化解金融风险、精准脱贫两项，可谓“一箭双雕”。

未来，慈善信托、家族信托等信托本源业务的发展潜力巨大。信托公司开展家族信托业务应主要侧重在保值增值基础上提高专业化服务能力、提供具有针对性的个性化服务、加速发展海外业务、丰富产品投资渠道、满足多样化需求等方面。慈善信托的参与主体应更加广泛，与慈善组织及其他金融机构的合作应更加紧密，慈善目的应进一步聚焦，慈善效果更加明确。

（三）客户导向的证券投资信托

证券投资作为信托的五大投向之一，是信托业务中的重要组成部分。在证券投资信托业务的业务发展方向上，传统业务面临转型与升级，主动管理能力成为信托公司在市场上的核心竞争力。在新三板投资、FOF（基金的基金）、MOM（管理人的管理人基金）、QDII（合格境内机构投资者）、可交换债投资、现金管理以及主动管理类的二级市场投资上，信托公司依然可以有所作为。另外，资管新规颁布之后，证券投资信托更容易做到净值化管理，符合监管政策的导向。但是如何提升投资者接受度，如何提升自身专业化投资能力，特别是在行业集中度较高的此类业务中如何形成自身独特的竞争优势，都是未来信托公司需要关注的要点。笔者认为，信托公司可以以多元化、客户导向的证券投资信托业务为自身业务的突破点，紧密结合不同客户的风险偏好，向其提供具有特殊针对性的产品，形成自身的特殊竞争力。

（四）资产证券化业务

资产证券化业务因其破产隔离、资产配置等诸多功能承担起了盘活存量资产的角色，而这些重要功能与信托“受人之托、代人理财”的资产管理本源高度契合，信托公司在资产证券化业务中顺理成章地承担起了受托人角色。未来，信托公司应当不断丰富在资产证券化业务中的角色，提升自身在资产证券化业务中的主动管理角色，形成各自差异化、特色化竞争策略。可以考虑从以下几个方面努力。第一，信托公司应当提升对基础资产的把控能力；第二，信托公司应充分利用自身渠道优势，培养自身证券承销能力，从更早期的环节介入证券化业务，获取更强的主动性和更高的价值；第三，信托公司也可以投资人身份参与资产证券化业务，例如直接发行产品募集资金认购优质证券化项目，参与 Pre - ABS 和 ABS 发行后的投资等上下游领域，在风险可控前提下进行夹层投资等；第四，信托公司还可以尝试以投资顾问等身份参与资产证券化业务的产品设计，协助主承销商与受托人快速高效落地各类资产证券化业务。通过资产证券化业务，使信托公司融资类业务增长更快脱离风险、资本和资产规模的约束，通过提高资本利用率和资产回报率，撬动更高速的融资收入增长。[①]

总体而言，经过长期征求意见，资管新规逐步统一了大资管行业就一些重要问题的认识。[②] 在资管新规落地之后，信托公司业务拓展离不开两点：第一，人无我有，即把握自身本源业务，形成区别于银行、基金、保险的绝对优势领域；第二，人有我优，即在资产管理领域，拓展自身业务深度，提高主动管理能力，提高对项目的控制力。在资管新规的规范下，信托公司迎来了机遇也遭到了挑战，行业分化会持续加剧，规模集中度也会大幅提升，但这并不意味着强者恒强，而应当是顺应时代变化的人，才会走在行业的前列。

---

① 中国对外经济贸易信托有限公司，波士顿咨询公司、中国信托行业报告：回归本源、服务实体、动能转换、转型发展［R/OL］.（2017 - 12 - 15）［2018 - 6 - 5］. https：//max.book118.com/html/2017/1221/145307409.shtm. 内部资料，第 20 页 .

② 吴晓灵 . 完善法律体系　确保大资管市场健康发展［J］. 清华金融评论，2018（4）.

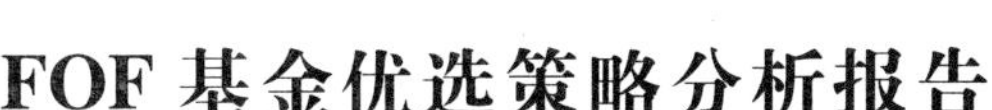

FOF 基金优选策略分析报告

一、从基金中选择基金——FOF 的最终问题

FOF 的投资流程涉及三个步骤，从上至下分别为：FOF 产品设计、策略设计和基金选择。FOF 产品设计的目的在于评估投资人的投资偏好，从而设计出具有针对性的产品结构，其决定了产品的投资目标。策略设计主要涉及持仓策略和资产再平衡策略的制定，是实现产品设计目标的重要方式。最后，由于 FOF 的本质是基金的组合，因此 FOF 设计的最终问题还是具体基金的选择，从众多基金中选择出表现优秀且稳定的基金，才是 FOF 投资过程中最重要的环节。本报告认为基金的选择是 FOF 研究的基石，只有设计出优秀的基金选择策略，上层策略才能够得到有效验证。

二、基金绩效评估的历史沿革——三步走

系统地来看，基金绩效评估可以分为三个阶段，从最基本的绩效衡量到深层次的风险调整收益，最终形成较为成熟的绩效归因。

（一）最基本的绩效衡量

绩效衡量是使用简单的收益率、波动率等指标，刻画一定时间内基金的收益、风险特征的过程，是在此区间内对一个策略或者基金产品进行一个简单的优、劣评价。这里的收益率可以是绝对收益率，也可以是相对某个重要市场指数的收益率。波动率的计算一般是基金收益率序列的方差或者标准差。

使用这种方法对各只基金进行评价，难以考察到各只基金所承担的风险（系统性风险和非系统性风险），容易导致评价偏差。比如，一只基金收益较

好，但主要是由于该只基金的风格较为激进，承担了较大的风险，而另一只基金收益相对较低，但其风格较为稳健，风险暴露水平较低，收益主要来源于基金经理的选股和择时能力。如果基金用简单的收益率进行比较的话，第一只基金容易脱颖而出，但事实上第二只基金才是我们需要选择的理想标的。

（二）深层次的风险调整收益

风险调整收益指标主要包括詹森 Alpha、特雷诺指数、夏普比率、信息比率、M2 等等。相对于简单的收益率、波动率的考量，风险调整收益在基金业绩评价的路上向前迈进了一大步，能够有效考察各只基金所承担的风险（系统性风险和非系统性风险），并进一步计量承担单位风险所能够获得的收益（风险补偿）。

不过风险调整收益类指标也存在难以克服的问题。第一，使用各个风险调整收益指标对不同基金进行考察时，难以得到一致的排序，这时候就容易出现选择困难；第二，信息比率、特雷诺指数等指标的计算过程中需要用到市场组合的收益率序列（Benchmark），这一市场组合很难确定；第三，投资市场中收益对风险的补偿并不是严格的线性关系，上述指标在评价和比较处于不同风险水平的产品将面临挑战，其结果在特定时间通常高度倾向于某一特定风险水平的产品，同时也无法捕捉到基金经理最核心、最纯正的投资能力（Pure alpha，包括选股、择时、配对交易等能力）。

（三）较为成熟的绩效归因

将基金业绩和基金具体投资运作联系起来，直接从能力出发，通过业绩归因的方式寻找基金收益的来源，或许是一种值得参考的评价方式。业绩归因意在区分不具有持续性的运气成分与具有一定持续性的管理人的具体投资能力，尽最大努力在信息不够完整、夹杂噪声的情况下作出相对准确的判断。策略绩效归因通俗来说，就是找出这个策略或基金的优、劣的根源，其实质是将投资组合的实际收益（扣除无风险利率后）与市场基准收益比较，获取绝对收益，然后将差额分解成可解释的投资相关要素。

经典的归因方法主要有两个流派，一个是将焦点集中在持仓数据方面，热门方法包括 Brinson 模型、Barra 模型，但是由于持仓明细数据发布频率低，较难连续跟踪基金风格变化。另一个则通过收益率分析（Return - Based Analysis，RBSA）拟合基金任意时段的平均风格表现，从投资结果中提取基金的风格特征，虽然精确度不如持仓分析，但是较高的数据发布频率使得分析可以相对连续地跟踪基金变化（见表 1）。

表 1 展示了基金业绩评价的四类方法。

表 1　　基金业绩评价的四类方法

评价方法	优势	劣势
绝对/相对收益	直观评价一定区间内基金的业绩表现	无法更深入地揭示基金产品的投资运作能力
风险调整收益	直观反映每一单位系统/非系统风险可以获得的收益补偿	收益对风险的补偿并不是严格的线性关系，比较处于不同风险水平的产品面临挑战
截面业绩归因	将基金业绩和其具体投资运作联系起来，直接从能力出发，寻找基金收益的来源	受限于数据披露的频率和质量，不能实时对基金进行跟踪
时间序列业绩归因	本质上是多元线性回归，数据获取较为容易，外部投资者可获得	需考虑回归分析中随机性、平稳性、多重共线性等因素，并且存在回归系数钝化的现象

本报告尝试选择时间序列业绩归因方法，对基金收益来源进行分解，探究基金业绩的内部因素，分离基金的择风格能力和选股能力，尝试发现基金业绩背后的稳定特质。

三、基金收益率分解法——理论基础与主流方法

（一）理论基础

1. 资本市场线

资本市场线将资产组合看成无风险资产和市场组合的组合。构造一个有市场组合和无风险资产构成的资产组合，其期望收益率可表示为：

$$E(R_P)=R_f+\frac{E(R_M)-R_f}{\sigma_M}\times\sigma_P$$

其中，R_M和σ_M分别为市场组合的期望收益率和风险；R_f为无风险收益率；R_P和σ_P分别为资产组合的期望收益和所承担的风险。

2. 证券市场线

无风险利率存在的情况下，单个资产的预期收益率与风险之间的关系如下：

$$E(R_i)=R_f+[E(R_M)-R_f]\times\beta_i$$

其中，β_i度量系统性风险，即某资产收益率与市场组合收益率的协方差/市场组合收益率方差，$\beta_i=\rho\frac{\sigma_i\sigma_M}{\sigma_M^2}=\rho\frac{\sigma_i}{\sigma_M}$，其中，$\rho$ 为某资产收益率与市场

组合收益率之间的相关系数；σ_i 为某资产收益率的标准差；σ_M 为市场组合的收益率的标准差。

（二）择时模型

H－M 模型以及 T－M 模型都是基于 CAPM 改良而来，采取的线性回归方法，其本质是将基金与市场基准作比较，量化基金的择时能力。

1. T－M 模型

T－M 模型是基于 CAPM 改良的一个二次回归模型，早在 1966 年由特雷诺（Treynor）和玛泽（Mauzy）在《共同基金能否战胜市场》一文中首次提出，第一次创新性地对证券投资基金的择时选股能力进行研究，模型的公式如下：

$$R_P - R_f = \alpha + \beta_1(R_M - R_f) + \beta_2(R_M - R_f)^2 + \varepsilon_p$$

其中，R_f为无风险利率，R_P为基金在各时期的实际收益率；R_M为市场组合在各时期的实际收益率；回归得到的 α、β_1和β_2分别用于衡量该基金的选股能力、所承担的系统风险以及择时能力；ε_p为随机误差项。常数 α 值类似于 CAPM 中投资组合的超额收益 α，衡量了投资组合获取超额收益的能力。特雷诺和玛泽将此归因于基金经理的选股能力，如果常数 α 值大于零，表明基金经理具备选股能力，值越大，这种选股能力也就越强。如果β_2大于零，则表示基金经理具有择时能力。由于 $(R_M - R_f)^2$ 为非负数，故当证券市场上涨即$(R_M - R_f) > 0$ 时，基金的超额收益$(R_P - R_f)$会大于市场基准$(R_M - R_f)$；反之，当证券市场下跌即$(R_M - R_f) < 0$ 时，基金的超额收益$(R_P - R_f)$即下跌，却会小于市场基准$(R_M - R_f)$下跌的幅度。

2. H－M 模型

H－M 模型在 T－M 模型的基础上进行了改良，两者在关于选股和市场时机选择的表述上很相似，只是对组合的证券市场线 SML 的非线性做了不同的处理。H－M 模型是 Henriksson 和 Merton 在 1981 年提出的一种二项式参数检验模型，他们认为择时能力是基金经理预测市场超额收益（即市场收益与无风险收益之差）的能力，基金经理会根据预测结果将资金有效率地分配于证券市场，即当基金经理预测市场处于下跌时会降低暴露的仓位，减少系统性风险下的损失，所以如果基金经理具备择时能力，投资组合的 β 将在市场上升时期取较大的值，市场下降时取较小的值。模型表达式为：

$$R_P - R_f = \alpha + \beta_1 \times \max(R_M - R_f, 0) + \beta_2 \times \min(R_M - R_f, 0) + \varepsilon_p$$

其中的参数含义和上面的T－M模型相同，α值代表基金经理的选股能力，但是引入虚拟变量D，当$R_M > R_f$时，D＝1；当$R_M < R_f$时，D＝0。同样，分为市场上涨（$R_M > R_f$）和市场下跌（$R_M < R_f$）两种情形来看，如果回归得到的估计值β_2显著大于0，则表示在市场上涨行情中，基金经理会主动调高β_2值，在市场下跌的熊市行情中会调低β_2值，这正体现了基金经理的时机选择能力。

（三）多因子模型

这种方法建立在Jensen－Alpha模型基础上，基本思想是借助基金净值数据与基金基准的收益率数据采用统计学方法进行分析，核心是将基金进行因子层面上的暴露度分解和收益率归因。

1. Fama－French三因子模型

Fama和French 1992年对美国股票市场决定不同股票回报率差异因素的研究发现，股票的市场的β值不能解释不同股票回报率的差异，而上市公司的市值、账面市值比、市盈率可以解释股票回报率的差异。Fama和French认为，上述超额收益是对CAPM中β未能反映的风险因素的补偿。

Fama和French于1993年指出可以建立一个三因子模型来解释股票回报率。模型认为一个投资组合（包括单个股票）的超额回报率可由它对三个因子的暴露来解释，这个三因子均衡定价模型可以表示为：

$$R_{it} - R_{Ft} = \alpha_i + b_i(R_{Mt} - R_{Ft}) + s_i SMB_t + h_i HML_t + e_i$$

其中三个因子分别是：市场组合$(R_{Mt} - R_{Ft})$、市值因子（SMB）、账面市值比因子（HML）；R_{Mt}表示在时刻t市场组合收益率；SMB_t表示在时刻t小市值股票的收益率减大市值股票的收益率；HML_t表示在t时刻高价值股票收益率减低价值股票收益率。

2. Fama－French四因子模型

Fama－French对三因子模型进行了修正，在三因子模型的基础上增加了动量因子MOM，这个四因子均衡定价模型可以表示为：

$$R_{it} - R_{Ft} = \alpha_i + b_i(R_{Mt} - R_{Ft}) + s_i SMB_t + h_i HML_t + m_i MOM_t + e_i$$

其中，R_{Mt}、SMB_t、HML_t的含义与三因子模型一致，MOM_t为在t时刻业绩好的股票收益率减业绩差的股票收益率。

3. 重要指数模型

William F. Sharpe于1992年结合资产因子模型（Asset class factor model）提出收益率分析法，将资产风格划分为大盘价值、大盘成长、中盘、小盘以及不同类债券和海外市场，利用多元线性回归方法，对基金收益率进行回归，以最小化残差平方和为目标，得到基金在各资产风格上的近似比例。

$$R_t = (\delta_1 x_{1,t} + \delta_2 x_{2,t} + \cdots + \delta_n x_{n,t}) + \varepsilon_t$$

$$s.t.\ \delta_1 + \delta_2 + \cdots + \delta_n = 1$$

$$\delta_i \geqslant 0,\quad i = 1, 2, \cdots, n$$

其中R_t为基金 t 期收益率，$x_{1,t}$为资产风格 i 在 t 期收益率，回归系数代表基金在各资产风格上的近似配置比例。模型假设基金不能做空、不能加杠杆。

风格的选取首先要尽可能穷尽基金能投资的所有标的，并且风格与风格的标的之间要有互斥性。主要关心 A 股和债券的风格特点，A 股市场传统的风格划分有市值风格（大盘/中盘/小盘）、成长—价值风格等。

四、重点与难点——Alpha 提纯获得稳定、强大的选股能力

FOF 产品选择配置主动型基金的本质是为了获取对应基金经理的 Alpha 能力。FOF 配置主动型投资标的的唯一理由就是基金经理的 Alpha 能力，因为单只基金收益刨除 Pure Alpha 之外的剩余所有部分都可以通过其他工具进行复制或对冲。

在得到基金于各资产风格上的近似比例后，我们可以利用此比例构建基金的“历史风格指数”。在选定市场基准指数后我们可以得到基金在考察期任意区间内超额收益率（Alpha）的一种分解形式：

$$R_t - Benchmark_t = [R_t - FundStyleIndex_t] + [FundStyleIndex_t - Benchmark_t]$$

分解的前半部分代表基金偏离其所选风格的超额收益。因此在回归模型有效的前提下，可以认为这部分收益大概率来自基金优选个股的能力。分解的后半部分代表基金所选风格相对市场基准的超额收益，代表了基金风格择时的超额收益。将前半部分命名为基金的选股 Alpha，后半部分命名为基金的风格 Alpha。

在本节中主要探索风格 Alpha 和选股 Alpha 对于选基的指导意义，包括是否有选基作用以及用什么形式去选基。作为选基指标，首先要考察的是指标是否在不同基金上有区分度。我们选取所有的 2016 年以前成立的普通股票型基金、偏股混合型基金和灵活配置型基金，考察其 2016—2018 年日频

率下不同基金风格 Alpha 之间和选股 Alpha 之间的平均相关系数（见表 2）。

表 2　各只基金间风格 Alpha 和选股 Alpha 的相关性水平

Alpha 分类	平均相关系数
风格 Alpha	0. 8317
选股 Alpha	0. 2458

表 2 显示了各只基金风格 Alpha 和选股 Alpha 的相关性水平。从表 2 中可以看出，不同基金之间的风格 Alpha 相关性普遍很高，区分度不大，且选股 Alpha 相关性普遍很低，且选股 Alpha 之间有很大的区别。因此作为选基指标选股 Alpha 更适合用来区分基金。

事实上，普通股票型开放式基金、偏股混合型开放式基金以及灵活配置型开放式基金都是相对收益型金融产品，他们所追求的都是相对收益而非绝对收益，因此更加注重选股能力的增强。相较之下，择时能力并不是这些基金的关注重点。

1. 多重共线性

在多元回归模型的建立之初，为了减小因缺少重要自变量而可能出现的模型误设，尽可能全面地去解释标的基金的业绩，我们通常会选择尽可能多的自变量。但是，存在的问题也是显而易见的。第一，各个自变量之间可能存在严重的多重共线性问题；第二，计算量过大；第三，数据成本昂贵。因此，在实际建模过程中，需要寻找对因变量最具有解释性的自变量子集，以提高模型的解释性和预测精度。通常情况下要实现这一目标，有以下几种方法可供选择：第一，降低数据维度，主要方法有遍历子集回归法、PCA 主成分分析法、逐步递归（Stepwise）与逐渐递归（Stagewise）、Lasso 启发式算法等；第二，选择适合的回归方法，可尝试选择偏最小二乘回归、岭回归作为回归方法；第三，数据（包括解释变量和被解释变量）预处理，可将数据进行中心化处理，去掉各个变量的量纲。

学术界通常可以考虑使用上述三种方法中的一种或几种，在一定程度上缓解多重共线性对回归结果造成的影响。

2. Alpha 值的稳定性

在计算得到每只基金的选股 Alpha 之后，我们并不能保证这个计算结果是稳定、可持续的，很可能会出现这样一种情况：某一只基金在考察期的一部分时间内择股能力很强，而其他时间较弱，但这种择股能力不稳定的基金并不是我们想要选择的理想标的，因此就需要考察各个基金择股能力（选股 Alpha）的稳定性和可持续性。

（1）遍历子集回归法项下的择股能力稳定性

如果使用遍历子集回归法进行数据分析，除了横截面角度的模型结构稳定性之外，还包括 Alpha 值本身的统计稳定性，即二维象限图中每个散点本身是否是统计显著的。首先，Alpha 的稳定性体现在不同的模型结构设定上。具体而言，由于样本数据偏差问题，模型对数据的时间窗口可能有较高的敏感度，我们无法保证最优拟合点所选的风险因子在任何时候都最有效、最能够解释基金收益，因此在二维散点图上除最优拟合点之外的其他点代表了可能会有的其他模型设定。

从全局整体角度来看，这些散点也具备分析参考的意义。可用如下公式进行计量：

$$T_{\alpha}=\frac{\hat{\alpha}}{std(\hat{\alpha})}$$

其次，Alpha 的稳定性还体现在每次统计回归的显著性中。具体来说，由于每一个散点横坐标所对应的 Alpha 值都是我们通过将主动型基金的收益对随机选出的某几个风险因子回归所得的参数估计，而参数估计本身具有不确定性，因此每一个散点对应的 Alpha 值都存在自身的稳定性问题。为了衡量每一个散点对应的 Alpha 的稳定性，我们引入绩效评估比率（AR）这一指标。绩效评估比率衡量的是单位非系统性风险带来的超额收益，用公式可表示如下：

$$AR=\frac{\alpha}{\sigma_{\varepsilon}}$$

其中，α 为组合的超额收益，组合的非系统性风险由组合残差的标准差 σ_{ε} 表示。

（2）一般回归方法项下的选股能力稳定性

如果选择一般的方法（如逐步回归）进行回归分析，择股 Alpha 的稳定性计量方法可能会有所不同。我们可以尝试构造基金选股 Alpha 的稳定性评价指标，具体构造步骤如下：

第一步：在满足多元回归数据要求的前提下，将整个考察期划分为多个二级考察期，每个二级考察期都进行回归分析，从而在每个二级考察期分别得到一个选股 Alpha；

第二步：将各个基金在二级考察期内的选股 Alpha 分为 n 档；

第三步：如基金在下一个二级考察期内的选股 Alpha 归档与上一个二级考察期内的选股 Alpha 归档相同，或者归档上升（业绩变好），则认为基金选股 Alpha 是“持续性”的，赋值 20 分；

第四步：若归档下降，则下降几档，相应的赋值从 20 分中减去 n 档，如基金选股 Alpha 从第三档降到第五档，则赋值为 20 - 2 = 18（以此类推）；

第五步：每个二级考察期样本基金赋值之和作为该基金在整个考察期中选股 Alpha 持续性的综合评分。

事实上，选股 Alpha 的稳定性计量非常重要，但迄今为止又没有统一标准的方法，因此，需要大家集思广益，找到适合自己模型策略的稳定性计量方法。

五、实证分析——表现优于大部分基金

（一）模型建立及数据选取

为最大程度保证回归结果的合理有效，我们选择建立两种回归模型（四因子模型、重要指数模型），用两组无关的解释变量，对同一个被解释变量进行多元回归，每个基金能够达到两个选股 Alpha 值。实证分析表明，用两个计量模型计算得到的选股 Alpha 值几近相同，这也从一个侧面证明了该选股 Alpha 值的可靠性。

1. 四因子模型理论公式表述如下：

$$R_{it} - R_{Ft} = \alpha_i + b_i(R_{Mt} - R_{Ft}) + s_i SMB_t + h_i HML_t + m_i MOM_t + e_i$$

其中，$R_{i,t}$为基金 i 在 t 期的收益率；R_{Ft}为 t 时刻的无风险收益率；R_{Mt}为 t 时刻的市场基准收益率；$(R_{Mt} - R_{Ft})$为 t 时刻市场组合的收益率；SMB_t为 t 时刻的市场因子；SMB_t为 t 时刻的规模因子；HML_t为 t 时刻的账面价值比因子；MOM_t为 t 时刻业绩好的股票收益率减去业绩差的股票收益率；α_i为基金 i 在风险调整之后的超额收益，可以衡量基金经理的能力，包括选股能力和择时能力；b_i为市场因子载荷，越大表示承担越大的市场风险；s_i为规模因子载荷，越大表示基金倾向于小市值风格；h_i为价值因子载荷，越大表示基金趋向于价值风格；m_i为动量因子，越大表示基金倾向于绩优风格；e_i为残差项。

2. 重要指数模型

$$R_t = (\delta_1 x_{1,t} + \delta_2 x_{2,t} + \cdots + \delta_n x_{n,t}) + \varepsilon_t$$

$$s.t.\ \delta_1 + \delta_2 + \cdots + \delta_n = 1$$

$$\delta_i \geqslant 0, i = 1, 2, \cdots, n$$

以 A 股市场为例，有沪深 300 风格指数系列（包括沪深 300 成长指数、沪深 300 价值指数等）中证 500 风格指数系列（包括中证 500 成长指数、中证 500 价值指数等）、中证 1000。沪深 300 指数、中证 500 指数和中证 1000 指数的成分股互不相交，分别代表了 A 股市场的大盘、中盘、小盘股票的整体表现。债券风格主要受到债券期限的影响，按照债券期限的不同，我们选择中债总财富指数对应的期限分类指数（1 年以下、1～3 年、3～5 年、5～7 年、7～10 年、10 年以上），综合考虑相关性等因素，此处选取如下三个风格基准指数分别代表了短期债券、中期债券、长期债券：中债总财富（1～3 年）、中债总财富（5～7 年）、中债总财富（10 年以上）。综上我们最终选择 5 个 A 股风格基准指数，3 个债券风格基准指数，以及现金作为模型回归的自变量，如表 3 所示：

表 3　重要市场风格指数一览表

标的市场	风格基准	风格基准指数
股票	大市值成长	沪深 300 成长
	大市值价值	沪深 300 价值
	中市值成长	中证 500 成长
	中市值价值	中证 500 价值
	小市值	中证 1000
债券	短期债券	中债总财富（1～3 年）
	中期债券	中债总财富（5～7 年）
	长期债券	中债总财富（10 年以上）
现金	现金	Shibor

3. 数据选取

风格基准指数的选取可以自行构建，但其构建过程较复杂，现有很多研究中都使用了风格指数加以替代，本文认为市场上已有的指数经历了长期市场检验，其构建方法相对成熟，并且其对市场风格的划分已经得到了充分市场共识，综合考虑我们选取市场已有的重要指数构建的风格基准指数，如表 4 所示：

表 4　　风格因子及其替代指数一览表

风格因子	替代指数	替代指数代码
R_M	Wind 全 A	881001. WI
SMB	申万小盘指数 - 申万大盘指数	801813. SI - 801811. SI
HML	申万低市净率指数 - 申万高市净率指数	801833. SI - 808131. SI
MOM	申万绩优股指数 - 申万微利股指数	801853. SI - 801852. SI
沪深 300 成长	沪深 300 成长指数	000918. SH
沪深 300 价值	沪深 300 价值指数	000919. SH
中证 500 成长	中证 500 成长指数	H30351. CSI
中证 500 价值	中证 500 价值指数	H30352. CSI
中证 1000	中证 1000 指数	000852. SH
中债总财富（1～3 年）	中债总财富（1～3 年）指数	CBA00321. CS
中债总财富（5～7 年）	中债总财富（5～7 年）指数	CBA00341. CS
中债总财富（10 年以上）	中债总财富（10 年以上）指数	CBA00361. CS
现金	银行间同业拆放利率	Shibor

（二）投资范围设定

根据 wind 数据分类，可将股票型基金和混合型基金进一步分类，如表 5 所示：

表 5　　股票型基金和混合型基金的二级分类

股票型基金	普通股票型
	被动指数型
	增强指数型
混合型基金	偏股混合型
	平衡混合型
	偏债混合性
	灵活配置型

考虑到模型投资策略的底层原理是评价各只基金的选股能力，筛选出选

股能力强且稳定的基金并进行投资。因此，以模拟跟踪指数为目的的被动指数型基金和增强指数型基金不是我们考虑的范围，故从上述基金分类中选择普通股票型基金、偏股混合型基金和灵活配置型基金作为备选基金池。此外，还要求备选基金满足以下要求：成立时间 1 年以上、规模 1 亿元人民币以上且规模变动不大、基金经理于投资日之前 3 个月至投资日期间没有更换。

（三）实证结果分析

调用 2016 年 5 月 20 日—2018 年 5 月 8 日这一时间段内，Wind 数据库中的 1, 577 只普通股票型基金、偏股混合型基金和灵活配置型基金数据，下载这些基金的赋权净值序列，并进行模型回测（见图 1）。

从图 1 和表 6 中可以看出，与沪深 300、上证综指、中证 500、中证 1000 这几个重要的市场指数相比，FOF 基金的最大回撤小幅优于上述几个指数，而年化收益方面明显优于几个重要指数。

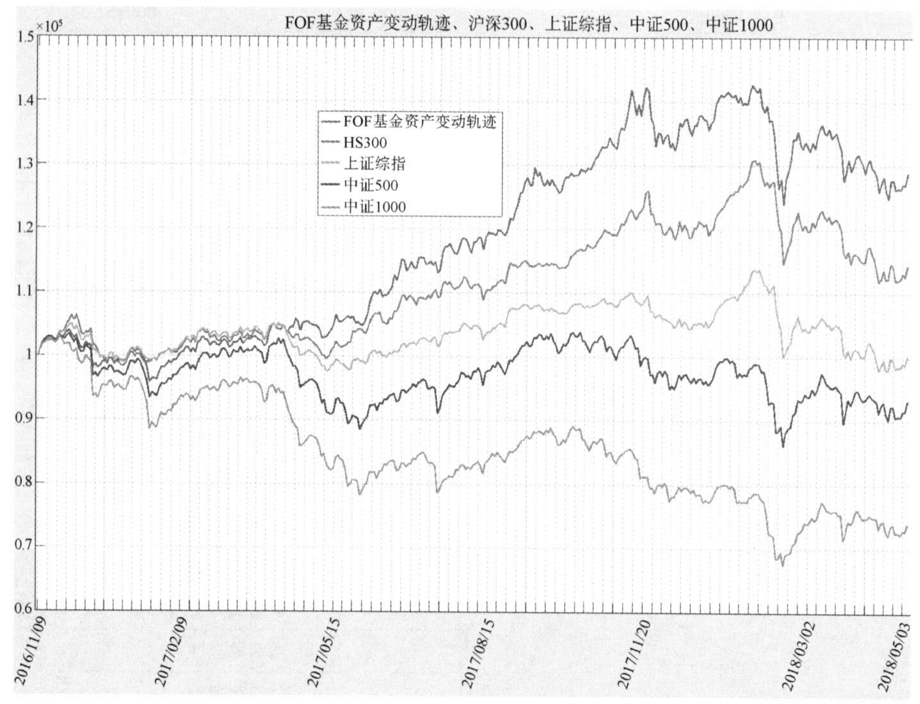

图 1　FOF 基金与几个重要指数的净值变动轨迹

表 6　　FOF 基金与几个重要指数的收益与风险对比　　单位：%

标的	年化收益率	最大回撤
FOF 基金	18.2	13.2
沪深 300	9.3	14.6
上证综指	0.2	13.8
中证 500	-4.5	17.2
中证 1000	-18	34.5

图 2 为 FOF 基金净值与各个重要指数净值的变动示意图。从图 2 中可以看出，FOF 基金与沪深 300、上证综指、中证 500、中证 1000 这几个重要市场指数净值序列的比值一直呈现出上升趋势，FOF 基金能够在各个时段稳定的战胜上述几个重要指数。

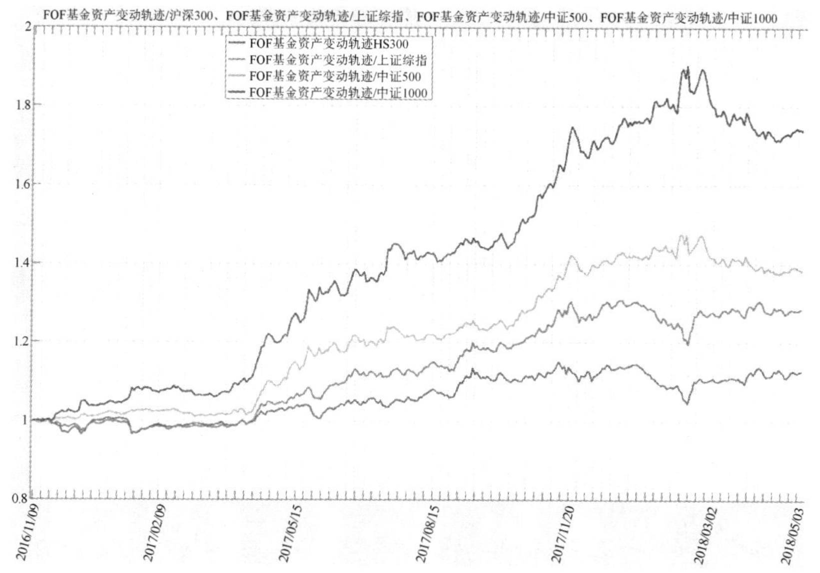

图 2　FOF 基金净值与各个重要指数净值的变动图

图 3 为 FOF 基金与 1577 只备选基金的净值变动情况。从图 3 中可以看出，与基金池里的标的公募基金相比，FOF 基金能够战胜同时期 92.5% 比例公募基金（普通股票型、偏股混合型和灵活配置型开放式基金）。当然这一比例并不是完全固定的，调整模型中的参数、模型回测的起始点，这一比例会有所变动，但通常能够保持在 85% 以上，即能够稳定战胜 85% 的备选基金。

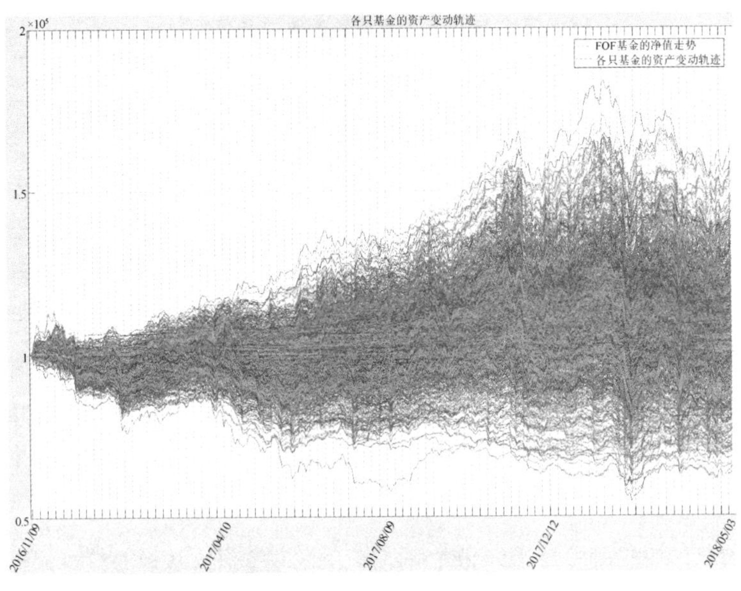

图 3　FOF 基金与 1577 只备选基金的净值变动情况

图 4 为 FOF 基金净值在各个时刻战胜公募基金的比例变动图。从图 4 中可以看出，在最初的一段时间内，FOF 基金的净值能够战胜公募基金的比例并不是很高，但是经过一段时间的市场适应之后，FOF 净值战胜公募基金的比例开始稳步上升，并最终保持在 85% 以上的较高水平。

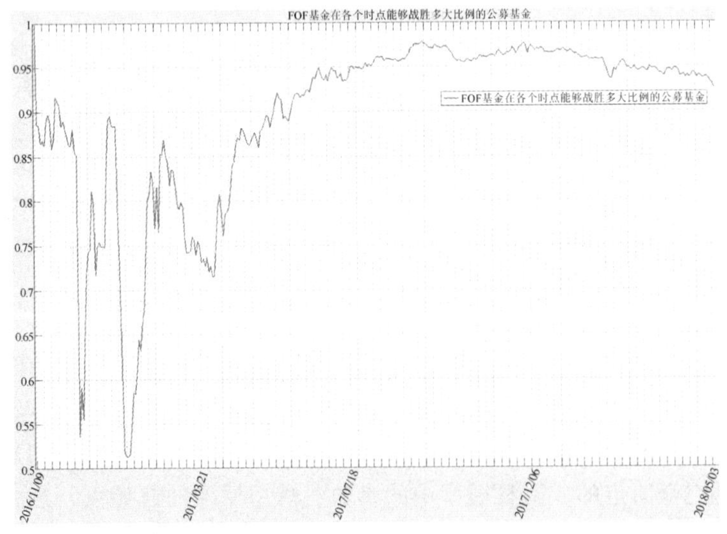

图 4　FOF 基金净值在各个时刻战胜公募基金的比例变动图

六、FOF 业务之于信托公司——优势与必要性

（一）信托公司开展 FOF 业务的优势

随着国内投资者资金规模的快速扩张和投资范围的深化，FOF 型产品有望成为未来信托产品的主要形式之一。FOF 型信托产品优势明显，表现为以下三点：第一，灵活主动配置，信托公司通过组合管理的模式，动态精选优势基金和优秀基金经理，构建的基金投资组合更具业绩保障；第二，分散了单一基金经理人的决策风险，并通过投资不同风格类型的一篮子基金实现了二次风险分散，有助于降低组合的波动率；第三，大幅降低投资决策复杂性。投资者通过“一站式”基金选择，避免了挑选基金的繁复性，只需要根据自身的风格类型，投资一只 FOF 型产品即可达到相似的投资效果。

（二）信托公司开展 FOF 业务的必要性

近年财富管理需求发生了比较大的变化，投资者对信托产品投资收益的要求出现分化，信托公司作为提供财富管理服务的资产管理机构，必须在各个投资领域配置相应资产，以满足客户全方位的财富管理需求。

第一，FOF 业务是对信托公司自身核心能力的有益补充。长期以来，信托公司的业务主要集中在传统的房地产、基础设施、工商企业等几个领域，具有较强的风险控制能力，但对于二级市场投资方面的研发能力比较欠缺，而且这种能力的欠缺难以在短时间内得到有效弥补。因此，选择 FOF 业务为开展资本市场业务的突破口，选择表现优秀的基金与基金管理团队，最大程度地回避自身二级市场研究能力的不足，可以作为信托公司开展资本市场业务的较为稳妥的方式。

第二，FOF 基金业务顺应打破刚性兑付的监管要求。2018 年 4 月 27 日，中国人民银行、中国银行保险监督管理委员会、中国证券监督管理委员会、国家外汇管理局正式印发了《关于规范金融机构资产管理业务的指导意见》。资管新规明确规定资管业务属于金融机构表外业务，开展资产管理业务时不得承诺保本保收益，且禁止任何形式的刚性兑付，并明确给出了刚性兑付认定标准。

打破刚性兑付对信托行业意义重大：一是，一直以来信托行业存在的刚性兑付将会从信托公司的“隐性责任”转变为一种违规行为，信托产品的净值化转型之路正式开启；二是，由于投资者的心理惯性，在刚兑难以为继

的情况下，具有良好资产质量和运营能力的信托公司将更受市场青睐；三是，信托公司短期内行业增速很可能会放缓，但长期上看扔掉刚性兑付的包袱后，信托行业将会迎来更加稳健的发展。

信托公司开展 FOF 业务是打破刚兑、实施产品净值化管理的有益尝试。一方面，能够倒逼与净值型产品相匹配的投研能力、业务规范以及销售队伍建设；另一方面，也是对信托公司的客户的一次培育和引导。

智能投顾技术与产品设计——以基于深度强化学习的完备交易体系为例

一、智能投顾技术评述

（一）国外智能投顾发展现状

美国智能投顾兴起于2008年，2010年智能投顾公司Betterment在纽约成立，同年Futures Advisor公司开始为美国1000家券商提供自动化的投资和退休金账户管理方案，一年后Wealthfront公司在硅谷成立，这一系列事件标志着智能投顾正式诞生。[①] 纵观美国智能投顾的发展，以2015年为分界点，先后经历两个发展阶段。第一阶段，2008—2015年，智能投顾开始崭露头角并逐渐提升市场份额，2008年美国最早智能投顾公司成立，之后几年间知名服务商SigFig开始推出自己的智能投顾服务，随着智能投顾行业的迅速发展，传统投顾公司的市场份额逐渐被蚕食。[②] 第二阶段，2015年之后，传统金融公司的加入推动了行业飞速成长，谋划转型，如BlackRock宣布收购Future Advisor，嘉信理财推出智能投顾产品SIP，先锋基金推出类似服务PAS，高盛先后投资Motif、Kensho公司涉足智能投资等，现如今传统资管公司已成为领导者。[③] 智能投顾又称机器人投顾，基于投资者的自身状况以及风险偏好，通过将经典的投资组合理论、行为金融学、效用理论等多种理论融入算法设计，以及对市场数据及时高效的分析处理，对多种资产推

① 徐宝成．智能投顾 美国先行［J］．金融博览：财富，2017（8）：52-55.

② 路青．智能投顾海外先行［J］．大众理财顾问，2017（6）：46-47.

③ 杨望，冯贺霞．创新视角下的智能金融应用场景［J］．金融博览，2017（21）：56-57.

出的自动化、智能化投资管理服务。智能投顾的理论基础是基于投资者风险偏好的测评，以诺贝尔奖获得者马科维茨在 1952 年提出的投资组合理论（MPT），以及战略、战术等资产配置为基础，利用更精准的模型和算法，通过多样化投资分散投资风险，控制稳定回报率，以获得长期收益（见图 1、图 2）。①

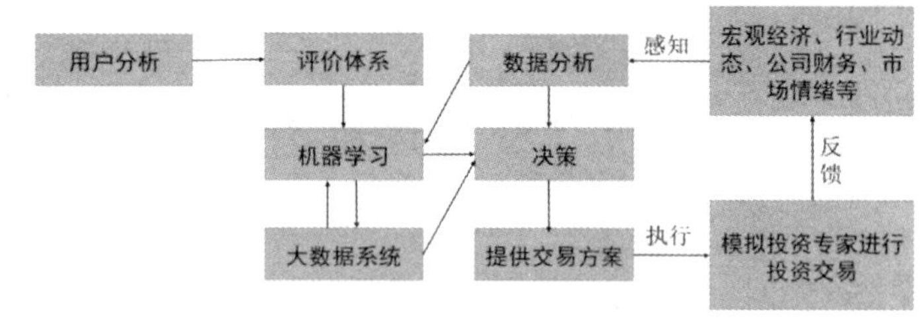

图 1　智能投顾运行模式

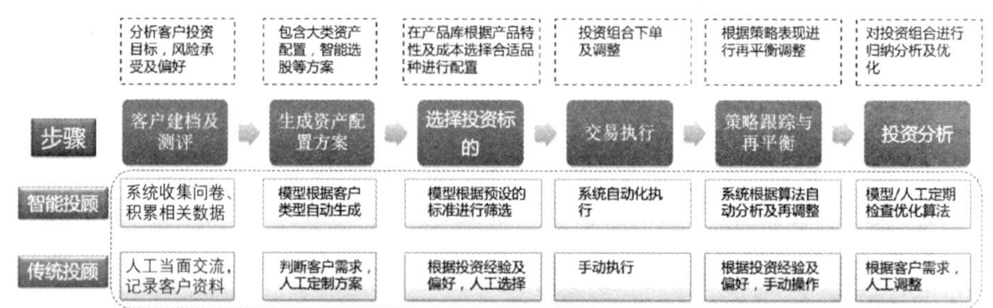

图 2　智能投顾与传统投顾的比较

在智能投顾平台快速发展的美国，他们的业务模式代表了国外智能投顾的发展水准，从对国外一系列智能投顾平台的分析可以对国外该领域的发展状况有所了解。智能投顾一般包括用户画像、大数据分析、机器决策、交易执行四大部分。② 如图 1 所示，首先会对客户进行一次问卷调查，用户需要在平台上回答一些关于投资目标的问题，公司会根据回答作出分析，然后给出相应的投资组合建议，并通过公司平台直接投资。平台与用户的银行账号绑定，从活期存款账户中自动扣款，同时允许用户通过其服务将账户以电子

① 郁维．资产组合选择马科维兹模型与单指数模型的研究分析［J］．科技信息，2009（18）：63－64.

② 尹孜．智能投顾　财富管理新风口［J］．中国战略新兴产业，2016（22）．

账户的形式连接起来，这样一来，用户就可以快速、简单地在不同账户之间转移资金，整个过程是实时的没有滞后，这一步也叫用户分析。[①] 然后，结合个人客户的风险偏好和理财目标，结合宏观经济、行业动态和公司财务等指标，通过大数据分析，用智能算法模拟投资专家为客户推荐合适的投资或资管方案。当然需要指出的是，公司的核心竞争力就是智能算法，每一家智能投顾公司通过自身设计的智能算法针对特定的投资领域为客户提供证券投资产品。在资产配置、投资分析环节，以现代资产组合理论、资产定价模型等量化投资理论为主流产品使用的重要方法，较多使用深度学习等智能算法。[②] 智能投顾在量化投资理论较为成熟的指数基金、股票市场、债券市场等领域中，直接由机器完成计算、配置、交易等工作，减少人工参与，从而实现降低人工成本，进而实现扩大服务范围的目标。接着，在资产管理过程中，智能投顾会根据以上模型，对投资组合进行后续跟踪、风险管理和组合调整，判断组合是否能够满足投资者的目标，或者面对不利的市场行情。当组合与投资者的目标明显偏离，或个别资产价格达到风险阈值时，智能将提出组合调整建议。[③] 最后在服务费收取方面，根据客户委托管理的资产规模，收取一定比例的管理费；为客户获得超额盈利之后抽取一定比例提成；在交易、充值提现、资产组合调整等环节收取服务费。[④]

（二）智能投顾核心算法梳理

智能投顾的核心环节就是投资模型和决策算法，之所以称为“智能”，与传统人工投顾的不同主要就体现在机器自动基于某种算法得出一个方案供投资人选择。这种模式把马科维兹资产组合理论和其衍生的模型应用到产品中，在云端低成本、快速、批量化地解决各种数据运算，再根据用户的倾向，个性化地提供资产配置组合方案，这是传统人工理财服务无法比拟的，它让很多人足不出户就可以低门槛、低成本地管理自己的资产。那么智能投顾常用的核心算法都有哪些？在挖掘股票数据信息时这些算法又会发挥出怎样的优势？下文对这些算法进行梳理：

广义线性模型，也叫多因子模型。包含的线性模型较多，主要有 OLS、

① 张立钧．中国智能投顾市场蕴藏巨大潜力［J］．清华金融评论，2016（10）：93－97.

② 伍旭川．迎接金融科技的新风口——智能投顾［J］．清华金融评论，2017（10）：85－87.

③ 周正．境内外智能投顾业务模式对比［J］．银行家，2017（12）：88－90.

④ 潘芳．智能投顾：金融与科技的时代融合［J］．中国金融电脑，2017（6）：89－90.

岭回归、LASSO 回归、逻辑回归。它的本质是关于股票当期因子暴露和未来收益之间的线性回归模型。[①] 可以将广义线性模型看作一个因子合成模型，将因子池中所有因子合成为一个“因子”。然后对模型合成的“因子”进行回归拟合与回测，随后依据模型构建出基于沪深 300、中证 500 成分等的选股策略，根据模型回测结果、年化收益率、夏普比率、信息比率等指标对模型进行评价。[②]

支持向量机（Support Vector Machine，SVM）是由 Cortes 和 Vapnik 于 1995 年首先提出的，它是一种基于统计学习的机器学习方法，在小样本分类上也能获得良好统计规律。[③] 同时由于在文本分类中表现出特有的优势，成为当时机器学习领域研究的热点。SVM 的学习方法主要包括：线性可分向量机、线性支持向量机以及非线性支持向量机。[④] SVM 主要思想是建立一个最优决策超平面，使得该平面两侧距平面最近的两类样本之间的距离最大化，从而对分类问题提供良好的泛化能力。将复杂的模式分类问题非线性投射到更高维空间变成线性可分的，因此支持向量机算法在特征空间建立分类平面，可解决非线性可分的问题，其学习策略是间隔最大化，将分类问题转化为一个凸二次规划问题的求解。[⑤]

决策树是一种简单却使用广泛的分类器，通过训练数建立决策树，对未知数据进行高效分类。一棵决策树一般包括根结点、内部结点和叶子结点；叶子结点对应最终决策结果，每一次划分过程遍历所有划分属性找到最好分割方式。[⑥] 决策树的目标是将数据按照对应的类属性进行分类，通过特征属性的选择将不同类别数据集合贴上对应的类别标签，使分类后的数据集纯度最高，而且能够通过选择合适的特征尽量使分类速度最快，减少决策树

① 卢志义，刘乐平．广义线性模型在非寿险精算中的应用及其研究进展［J］．统计与信息论坛，2007，22（4）：26－31.

② 陈希孺．广义线性模型（九）［J］．数理统计与管理，2004，23（1）：77－80.

③ 克里斯蒂亚尼尼．支持向量机导论［M］．北京：电子工业出版社，2004.

④ 丁世飞，齐丙娟，谭红艳．支持向量机理论与算法研究综述［J］．电子科技大学学报，2011，40（1）：2－10.

⑤ 邓乃扬，田英杰．数据挖掘中的新方法：支持向量机［M］．北京：科学出版社，2004.

⑥ 刘小虎，李生．决策树的优化算法［J］．软件学报，1998，9（10）：797－800.

深度。[①]

Bootstrap 和随机森林算法（random forest）是基于统计方法中自举法原理而演化出的算法，将训练数据集进行 N 次有放回地随机抽样得到 N 个训练数据子集，对每个子集使用相同的算法分别建立决策，最终的分类（或回归）结果是 N 个决策的结果的多数投票（或平均）。[②] 随机森林算法根据 Bootstrap 思想构建决策树而得到随机森林算法，第一步称为“行采样”，从全体训练样本中有放回地抽样，得到一个 Bootstrap 数据集。第二步称为“列采样”，从全部 M 个特征中随机选择 m 个特征，以 Bootstrap 数据集的 m 个特征为新的训练集，训练一棵决策树，最终将全部 N 棵决策树以投票的方式组合。[③]

Boosting 和梯度提升决策树（GBDT）基本思想是先赋予每个训练样本相同的权重，然后进行 T 次迭代，每次迭代后，对分类错误的样本加大权重（重采样），使得在下一次的迭代中更加关注这些样本。如此重复进行，直到弱学习器数达到事先指定的数目 T，最终将这 T 个弱学习器通过集合策略进行整合，得到最终的强学习器。[④] 梯度提升决策树利用 Boosting 的思想具体将弱分类器以串行的方式组合起来，首先赋予全部样本相等的权重，以原始数据为训练集，训练一个弱分类器，对于分类错误的样本，提高其权重。然后以更新样本权值后的数据为训练集，再次训练一个弱分类器。随后重复上述过程，每次自适应地改变样本权重并训练弱分类器，最终每个弱分类器都可以计算出它的加权训练样本分类错误率，将全部弱分类器按一定权值进行组合得到强分类器，错误率越低的弱分类器所占权重越高，以此来分类筛选股票样本。[⑤]

① 唐华松，姚耀文．数据挖掘中决策树算法的探讨［J］．计算机应用研究，2001，18（8）：18－19.

② 马景义，吴喜之，谢邦昌．拟自适应分类随机森林算法［J］．数理统计与管理，2010，29（5）：805－811.

③ 张修远，刘修国．基于随机森林算法的高维模糊分类研究［J］．国土资源遥感，2014，26（2）：87－92.

④ 董乐红，耿国华，高原．Boosting 算法综述［J］．计算机应用与软件，2006，23（8）：27－29.

⑤ 于玲，吴铁军．集成学习：Boosting 算法综述［J］．模式识别与人工智能，2004，17（1）：52－59.

卷积神经网络（Convolutional Neural Networks，CNN）是近年发展起来并引起广泛重视的一种高效识别方法。受生物自然视觉认知机制启发而来。1959 年，休博尔等人发现动物视觉皮层细胞负责检测光学信号。受此启发，1980 年福岛邦彦提出了 CNN 的前身——神经认知机（neocognitron）。[①] 20 世纪 90 年代，燕乐纯等人发表论文，设计了一种多层的人工神经网络，取名叫做 LeNet－5，可以对手写数字做分类，LeNet－5 确立了 CNN 的现代结构，在每一个采样层前加入卷积层。CNN 的基本结构包括两层，其一为特征提取层，每个神经元的输入与前一层的局部接受域相连，并提取该局部的特征。一旦该局部特征被提取后，它与其他特征间的位路关系也随之确定下来；其二是特征映射层，网络的每个计算层由多个特征映射组成，每个特征映射是一个平面，平面上所有神经元的权值相等。特征映射结构采用影响函数核小的 sigmoid 函数作为卷积网络的激活函数，使得特征映射具有位移不变性。[②] 此外，由于一个映射面上的神经元共享权值，因而减少了网络自由参数的个数。卷积神经网络中的每一个卷积层都紧跟着一个用来求局部平均与二次提取的计算层，这种特有的两次特征提取结构减小了特征分辨率。[③]

深度学习（deep learning）。当前多数分类、回归等学习方法为浅层结构算法，其局限性在于有限样本和计算单元情况下对复杂函数的表示能力有限，针对复杂分类问题其泛化能力受到一定制约。[④] 深度学习可通过学习一种深层非线性网络结构，实现复杂函数逼近，具有强大的从少数样本集中学习数据集本质特征的能力。深度学习的实质是通过构建具有很多隐层的机器学习模型和海量的训练数据来学习更有用的特征，从而最终提升分类或预测的准确性。深度神经网络的训练机制与传统神经网络不同。传统神经网络采用反向传播的训练若是太小，会出现梯度扩散的问题[⑤]。深度学习可以建立起股票特征与未来收益率之间的关系，股票特征包括传统的选股因子（规

---

① 田景文，高美娟．人工神经网络算法研究及应用［M］．北京：北京理工大学出版社，2006.

② 马焕芳，赵歆波，邹晓春．基于 MapReduce 的卷积神经网络算法研究［J］．中国体视学与图像分析，2015（4）：339－346.

③ 蒋承知，于起，叶文强，等．卷积神经网络算法的比较探究［J］．电子技术与软件工程，2017（7）：78－80.

④ 胡侯立，魏维，胡蒙娜．深度学习算法的原理及应用［J］．信息技术，2015（2）：175－177.

⑤ 陈先昌．基于卷积神经网络的深度学习算法与应用研究［D］．浙江工商大学，2014.

模、反转、估值、流动性)、技术指标(MACD、KDJ)和股票的行业等特性(行业、板块、价值成长)。对每一只股票,可以通过深度学习预测模型预测股价在未来一段时间(如一个月、一周)上涨的概率优选上涨概率较大的股票,构建组合,获取超额收益。①

(三)国内智能投顾发展现状

我国智能投顾市场可以说是自 2015 年才发展起来的,许多平台上线时间较短或是仍处于开发阶段。行业发展虽然晚于国外市场几年时间,但已经有多家公司推出了丰富多样的智能投顾产品,发展态势迅猛。我国智能投顾市场自 2015 年开始发展至今已初具规模,平台数量众多。② 从具体的产品开发模式看,我国智能投顾市场主要分为三大类型。第一,互联网金融信息服务公司开始推出智能投顾服务,如同花顺(iFinD 智能投顾)。第二,开始进入该领域的互联网巨头、科技公司,像百度旗下的百度智能、阿里旗下的蚂蚁聚财、京东的京东智投等,还有注重量化投资的微量网、资配易等互联网金融公司。第三,有望进一步跟进的传统证券公司、基金公司、银行、理财平台,像平安银行的"平安一账通"、光大证券的"立马理财"、申万宏源证券的"股神 +"、广发证券的"贝塔牛"、招商银行的"摩羯智投"等③。

虽然中国智能投顾发展迅猛但也存在着一些问题:第一,投顾行业和产品尚未成熟,数据应用和算法方面仍需要探索和创新。资产配置、投资分析环节,以现代资产组合理论、资产定价模型等量化投资理论为主流产品使用的重要方法,需要人工参与调节,很少使用深度学习等智能算法,这可能因为深度学习等人工智能算法在金融领域的应用尚处早期阶段,成熟产品仍在探索研发。第二,智能投顾能深度挖掘金融数据库,但未能很好地融合其他类型的行为数据库,像社交数据、支付数据、交易数据和行为数据等,数据不互通,用户深度数据有待进一步挖掘。第三,国内难以展开基于全产业链的智能投顾业务,因为智能投顾涉及的三个环节资产管理、资管产品销售、投资顾问需要三类不同的牌照,受牌照限制。第四,适合智能投顾的投资标

① 李文鹏,高宇菲,钱佳佳,等. 深度学习在量化投资中的应用[J]. 统计与管理,2017(8):104-106.

② 王兰苗. 中国智能投顾发展探究[J]. 财讯,2017(16).

③ 冯永昌,孙冬萌. 智能投顾行业机遇与挑战并存(下)[J]. 金融科技时代,2017(7):17-24.

的偏少。根据美国投资公司协会（ICI）报告显示，美国共有1,411只ETF，规模近2万亿美元，覆盖股票、债券，以及贵金属、工业金属、能源、农产品期货等各个投资领域，美国大部分智能投顾正是基于ETF基金品种的丰富和量化技术的进步，为投资者提供资产配置服务。而中国ETF基金发展涉及股票、债券、商品三种，累计130只，产品数量和种类不足[①]。

智能投顾在中国的发展前景，从短期趋势看，由于受制于发展基础和政策，销售辅助将是智能投顾的主要用途。因为牌照、数据、金融产品阻碍完整智能投顾业务的开展，短期内智能投顾将被用于资管辅助销售，即智能投顾根据用户风险偏好推荐资管产品。[②] 从长期趋势来看，智能投顾基于行为和投资数据，对各类资产进行实时的监测和交易决策，且不受人为因素干扰，同时机器投顾成本仅为人工服务的四分之一，并且无须培训上岗，可直接复制，凭借以上优势智能投顾会成为金融机构实现普惠金融的重要工具。[③]

二、基于A股的估值和趋势的智能投顾体系构建

（一）A股的估值

1. 基于市值的A股估值分布

为分析A股估值分布，我们对A股全市场3,443只个股截至2017年11月29日的PE和市值进行了统计。我们根据分位数将PE分为四类：亏损（PE<0）、低PE（0<PE≤40）、中PE（40<PE≤70）、高PE（PE>70）。根据分位数将市值也分为四类：小市值（市值≤40亿元）、中市值（40亿元<市值≤100亿元）、中大市值（100亿元<市值≤500亿元）和大市值（市值>500亿元）。

图3将全市场个股的PE和市值进行了交叉分析，在亏损个股中，小市值个股占比57%，中市值个股占比29%，中大市值个股占比14%，大市值个股占比0.7%。在高PE个股中，小市值个股占比46%，中市值个股占比32%，中大市值个股占比21%，大市值个股占比1.6%。在中PE个股中，小市值个股占比45%，中市值个股占比31%，中大市值个股占比22%，大

---

① 杨丽．中国智能投顾的发展现状及监管对策［J］．北方经贸，2017（7）：98－99.

② 杨望，董羽翀．资管新风向：智能投顾在中国的崛起［J］．金融博览，2017（7）：56－57.

③ 樊旼旼，曲双石．马太效应失效？智能投顾对国内证券市场的影响［J］．当代金融家，2016（10）：31－33.

市值个股占比 2.5%。在低 PE 个股中，小市值个股占比 21%，中市值个股占比 31%，中大市值个股占比 39%，大市值个股占比 8.7%。

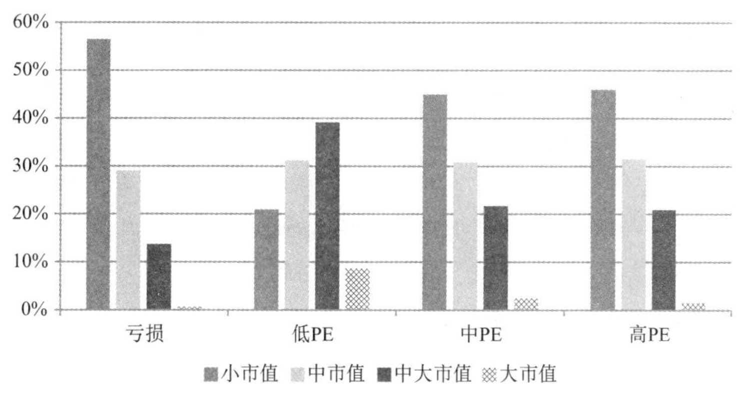

图 3　A 股的市值与估值分布（基于 PE）

在图 4 基于市值的交叉分析中，对于小市值个股，亏损个股占比 14%，高 PE 个股占比 28%，中 PE 个股占比 34%，低 PE 个股占比 25%。在中市值个股中，亏损个股占比 8.15%，高 PE 个股占比 25%，中 PE 个股占比 27%，低 PE 个股占比 43%。在中大市值个股中，亏损个股占比 4%，高 PE 个股占比 16%，中 PE 个股占比 21%，低 PE 个股占比 59%。在大市值个股中，亏损个股占比 1.2%，高 PE 个股占比 7.3%，中 PE 个股占比 14%，低 PE 个股占比 77%。

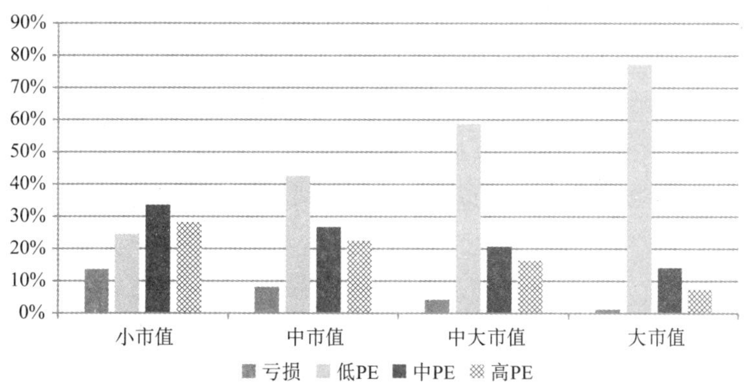

图 4　A 股的市值与估值分布（基于市值）

以上数据一定程度上揭示了当前 A 股市场中市值与估值的基本关系。首先，亏损个股比重与个股市值呈现出显著的负相关，市值低于 40 亿元的个股亏损比例甚至占到 14%，因此若是从降低组合风险的目标出发，中高频交易者应降低小市值个股的投资比重。其次，当 PE 大于 40（高 PE 和中 PE）时，PE 的提升与个股的市值分布相关性较小，此时个股市值分布较为稳定，在此条件下，组合的高流动性并不会因为投资偏好变得进取（高 PE 的成长性投资偏好）而降低，当前 A 股市场中进取类型产品的规模化空间尚存。最后，小市值与其他三类市值股票的 PE 分布结构存在显著区别，小市值股票的 PE 呈现出“中 PE > 高 PE > 低 PE > 亏损 PE”，但其他三类市值股票均呈现出“低 PE > 中 PE > 高 PE > 亏损 PE”，随着市场机构化和“注册制”实质化，小市值低 PE 个股比例有望提升，而这一过程也将伴随着小市值个股价值回归（小市值“股灾”）。

2. 基于行业的 A 股估值分布

为分析 A 股的行业估值分布，我们比较了申万一级行业（共 28 个）在当前（2017 年 11 月 29 日）、3 月前（2017 年 8 月 29 日）、6 月前（2017 年 5 月 29 日）、1 年前（2016 年 11 月 29 日）和 2 年前（2015 年 11 月 29 日）五个时间节点的 PE 值。另外，我们也对这些行业的 PE 和成分股平均市值进行了交叉分析。

通过图 5 比较发现，行业之间 PE 差异显著。国防军工 PE（为 80 倍 PE）最高，其次为通信（62 倍 PE）、计算机（60 倍 PE）、综合（50 倍 PE）、机械设备（49 倍 PE）、有色金属（46 倍 PE）和电子（40 倍 PE），以上这些行业的 PE 均大于 40 倍 PE，属于中高 PE 类别。从 PE 变化趋势看，2015—2017 年多数行业 PE 存在较大幅度下降，但仍有一些行业 PE 出现上升，如家用电器、公用事业和非银金融，这些行业 PE 普遍较低（平均 PE 仅为 23），PE 的持续上升也可视作行业间估值修复过程。

图 6 对行业估值和成分股平均市值进行了综合分析，发现银行（平均市值 2,717 亿元）和非银金融（平均市值 760 亿元）属于大市值行业（成分股平均市值 >500 亿元）；多数行业如农林牧渔（平均市值 101 亿元）、化工（平均市值 102 亿元）、商业贸易（平均市值 105 亿元）、通信（平均市值 119 亿元）、汽车（平均市值 131 亿元）、医药生物（平均市值 133 亿元）、传媒（平均市值 142 亿元）、电子（平均市值 147 亿元）、公用事业

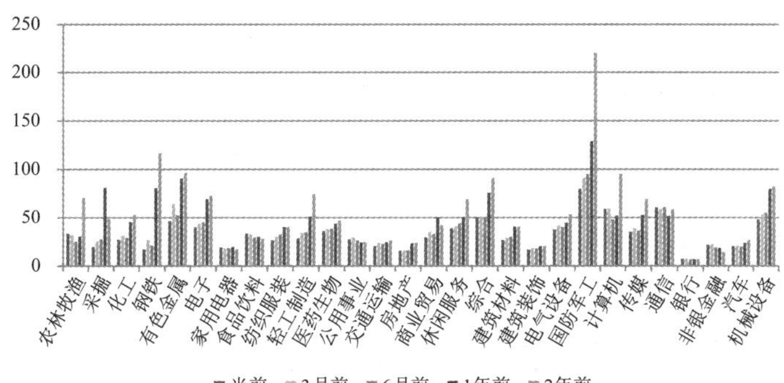

图 5　A 股的行业估值分布（基于不同期限）

（平均市值 153 亿元）、有色金属（平均市值 158 亿元）、建筑装饰（平均市值 163 亿元）、国防军工（平均市值 166 亿元）、房地产（平均市值 177 亿元）、家用电器（平均市值 193 亿元）、交通运输（平均市值 190 亿元）、食品饮料（平均市值 250 亿元）、钢铁（平均市值 266 亿元）等属于中大市值行业（100 亿元 < 成分股平均市值 < 500 亿元）；另一些行业如纺织服装（平均市值 67 亿元）、综合（平均市值 74 亿元）、轻工制造（平均市值 77 亿元）、机械设备（平均市值 77 亿元）、休闲服务（平均市值 84 亿元）、建筑材料（平均市值 90 亿元）、计算机（平均市值 92 亿元）、电气设备（平均市值 96 亿元）等属于中市值行业（40 亿元 < 成分股平均市值 < 100 亿元）。鉴于行业内个股市值分化显著，在中市值行业中多数个股属于小市值个股，未来这些行业中的中高 PE（大于 40 倍 PE）个股也将大概率面临价值回归。

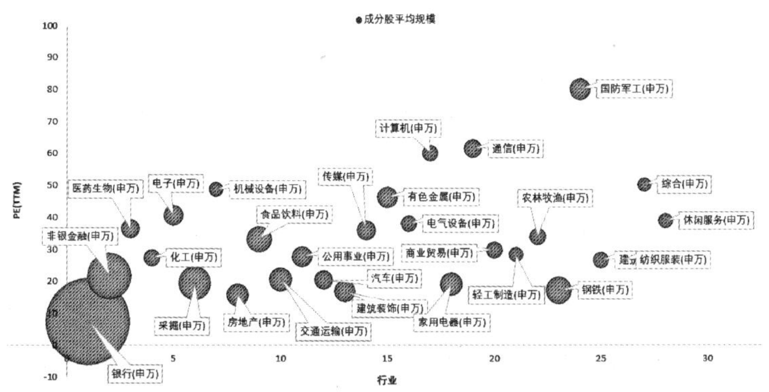

图 6　A 股的行业估值与市值分布（基于申万行业分类）

3. 估值变化的周期探析

以上围绕市值和行业对A股估值进行了探讨，这些可视作A股的“静态”规律，为构建一个能够实现稳定盈利的策略体系，还应对A股的“动态”规律进行研究，周期规律即是一类重要“动态”规律。为此，我们基于估值，通过计算当前估值与历史估值的相似情况，对市场估值波动周期进行分析。

图7中描述了2016—2017年A股全市场基于估值分布的相似度情形，从该图可看出，历史上与当前市场相似的时期多集中在2011—2014年1月，在这一时期A股中小盘股呈现震荡下跌趋势，中证500指数从5,100点震荡下行至2014年1月的3,800点，下跌近25%，且2017年市场估值在之前10年历史中较为常见。从波动周期看，市场估值变化的短周期特征并不明显。因此，估值对于构建策略体系最大的意义在于长期风险控制，估值规律可用于构建长期风险控制模块来控制年度持仓结构。除此之外，我们还对28个行业的估值周期进行了分析，得出的结论与上述全市场分析一致。

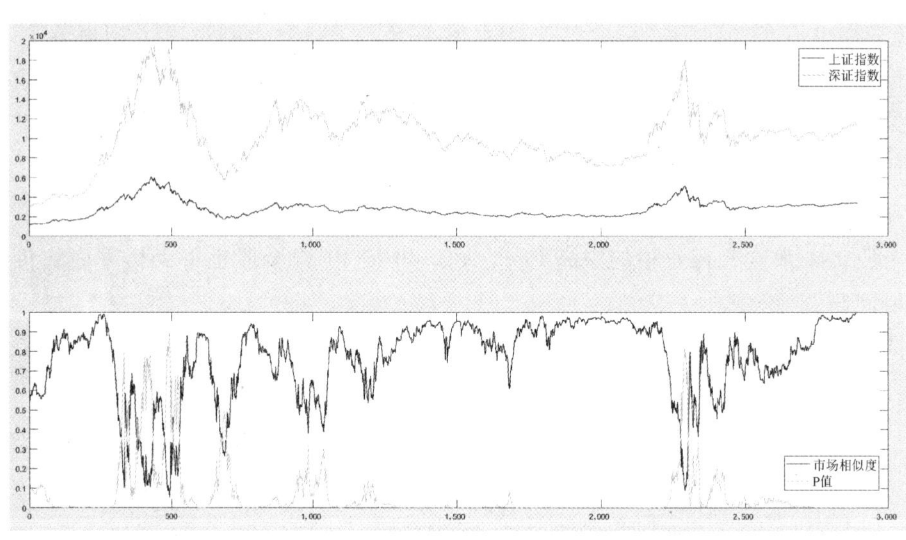

图7　A股的重要指数与估值波动周期

(二) A股的趋势

1. 趋势变化的重要指数周期探析

与估值分析不同，对指数趋势的分析将不考虑成分股的估值分布，而是仅利用价格曲线，从中找到可重现的规律，构造出策略体系并通过识别、判断、行动等流程将该规律转换成稳定回报（见图 8）。

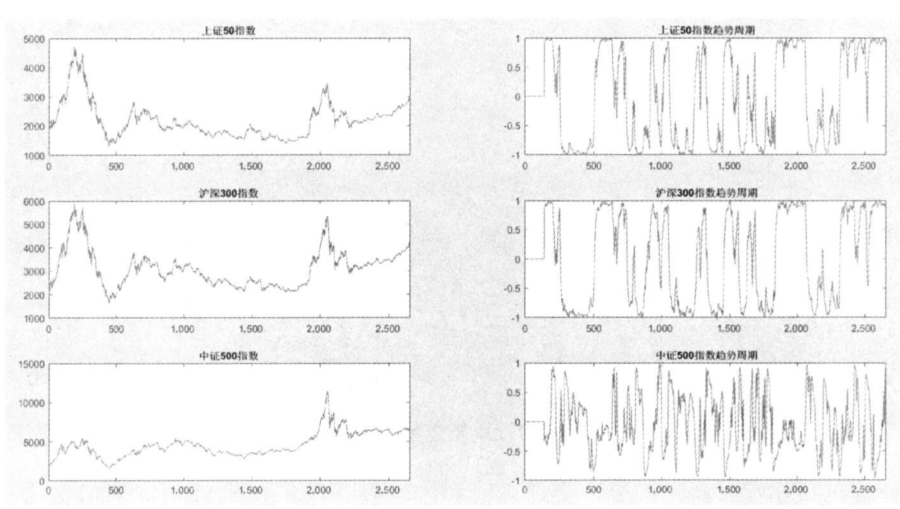

图 8　A 股的重要指数与趋势波动周期

图 8 展示了上证 50、沪深 300 和中证 500 三大指数趋势变化的周期特征，从图中可以明显看出，与沪深 300 指数和上证 50 指数比较，中证 500 指数在周期长度和期限分布方面存在明显差异。沪深 300 指数和中证 50 指数近十年可识别波动周期平均为 420 个交易日，而中证 500 指数的可识别波动周期为 230 个交易日。从期限分布看，沪深 300 指数和上证 50 指数的周期特征更加明显，而中证 500 指数周期特征稍显散乱。然而，我们发现深度强化学习体系，即便对于中证 500 指数等稍显散乱的周期特征，都能够有效地挖掘出该曲线所隐含的规律，再结合识别和决策体系，一定程度上能够对人工技术分析范式形成替代。

2. 趋势变化的行业周期探析

我们对申万行业指数 28 个行业 2008—2017 年指数曲线的周期进行了分析，从图 9 可以看出，这些行业指数与沪深 300 指数或上证 50 指数在周期长度和期限分布上存在明显区别，而且各个行业指数也差异显著。

进一步对周期均值进行了计算，发现房地产和钢铁指数的可识别波动周期最长，周期值也十分接近，分别为 1,373 天和 1,371 天；采掘、有色金属、

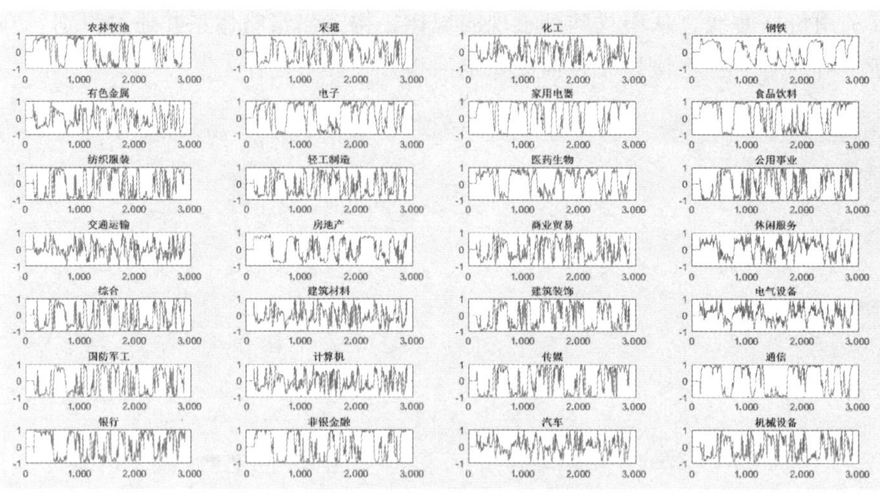

图 9　A 股的行业指数与趋势波动周期

计算机、建筑材料、汽车、交通运输和休闲服务的可识别波动周期值次之，分别为 450、450、389、301、247、226 和 208 个交易日；化工、机械设备、商业贸易、轻工制造、电气设备、建筑装饰、国防军工和综合的可识别波动周期值居中，分别为 192、189、178、176、150、126、125 和 117 个交易日；纺织服装、公用事业、医药生物、传媒、非银金融、农林牧渔、银行、电子、家用电器、食品饮料和通信的可识别波动周期值最少，分别为 87、86、73、67、66、52、51、50、46、39 和 34 个交易日（见图 10）。

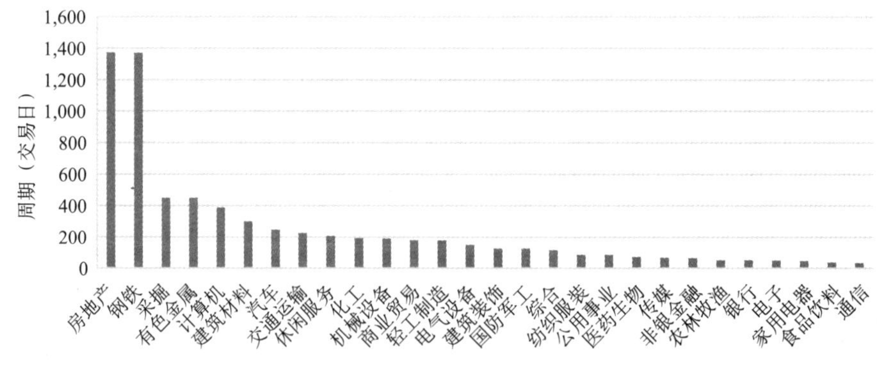

图 10　A 股的行业指数周期均值

以上仅是对趋势的周期特征中的期限进行了简要比较，基于深度强化学习算法，我们还能对更多隐含特征进行分析，由于篇幅有限，这些特征将不予论述。这些特征形成特征集，将作为一个完备深度强化学习交易体系的基础数据。

（三）一个深度强化学习交易体系的构建：基于估值与趋势

A 股市场现存较为成熟的量化策略体系主要为多因子体系，以及在此基础上衍生出的多策略体系和团队“共振”体系。根据之前的文献分析，为获取持续稳定回报，这些体系需要解决人机结合和鲁棒周期两个重要问题，由于人决策的高度不稳定，以及估值因子鲁棒周期的不确定，上述三种体系的有效运行需要高额的制度维护成本。本文提出的深度强化学习交易体系或能有效地降低这一成本。

从前文的估值和趋势分析中，我们尝试构建了涵盖估值、趋势和周期分析三个模块，深度强化学习一个核心的深度强化学习交易体系。图 11 描述了这个体系的模块化结构，三个模块主要用于从大量历史数据中提取该类型特征，深度强化学习核心用于对短期市场变化形成反馈，整个体系涵盖长、中、短三个交易期限，最终实现决策体系的完备化。深度强化学习核心部分则可以通过构建一个策略网络实现。所谓的策略网络，即建立一个神经网络模型，它可以通过观察环境状态，直接预测出目前最应该执行的策略，执行这个策略可以获得最大的期望收益（包括现在的和未来的回报）。和之前的任务不同，在深度强化学习中可能没有绝对正确的学习目标，样本的特征和标签也不再一一对应。我们的学习目标是期望价值，即当前获得的回报和未来潜在的可获取的回报。所以在策略网络中不只是使用当前的回报作为标签，而是使用折现后的回报，即把所有未来奖励一次乘以衰减系数。

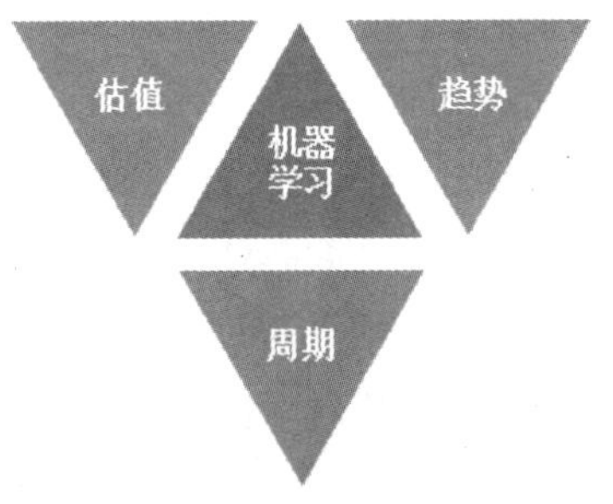

图 11　一种可行的深度强化学习交易体系

基于深度强化学习交易体系的最大特征是收益风险特征的稳定性。在金融市场中，一个能产生稳定收益的策略意义重大，这是由于一个策略稳定的风险收益结构能为金融产品设计者提供广阔的想象空间。但在金融市场中，"稳定性"最为稀缺，基于深度强化学习技术的完备交易体系由于优化周期低于市场规则变化周期，通过技术手段从市场中掠夺了"稳定性"。因此，我们可充分发挥想象力，设计出适合不同交易对手的不同风险收益结构的定制型金融产品。以下将介绍基于深度强化学习交易体系设计的对标银行理财资金的金融产品。

在这种产品中，自有资金作为劣后，为银行理财资金（客户）提供补足义务。与简单补足不同的是，我们可优化出同时适合自有资金和银行理财资金的最优风险收益组合，并根据这种组合给予理财资金（客户）一揽子最优方案，比如更好的固定 + 浮动收益组合。由于方案最优，自有资金和理财资金都实现效用最大化，风险收益均得到匹配，此时自有份额也可对外出售，我们只收取管理费。虽然目前监管对结构化产品有所限制，但单从技术来看，类似的结构化产品能够精确地把握交易对手双方的风险收益分布，找出双方利益最大化风险收益结构，并根据这类结构为客户提供风险收益定制化产品。

三、小结

在当前主流的经济类学科设置中，高级宏观经济学、高级微观经济学和高级计量经济学是最重要的三门课程，这些课程主要采用"基本假设—数理模型—回归分析"的方法论，这也对 A 股市场的量化方法论产生了深刻影响。当前市场中主流的多因子和多策略算法高度依赖回归分析。但事实上，金融市场是一个繁杂的、具有非参数特点的动态系统，现有分析预测方法在不同的程度上都体现出一定的"不适性"，传统计量方法或含参数的方程并不适合用于分析复杂、高维度、具有噪声的金融市场数据序列。这导致了当前多因子、多策略和"共振"体系对于"周期"因素的有效性。所以有效应对周期变化成为配套制度建设的重要目标，但这种有效性难以回测，因而这些体系更适合应用于选股/基金，而非择时。

伴随着大数据积累和计算机并行计算能力的发展，人工智能逐渐渗透到各个领域，在经济社会发展中引导行业进行着深刻变革。而在变革过程中，深度学习风靡于多样化的人工智能任务中，成为解决人工智能发展瓶颈的关键技术。深度学习及由此衍生的优化技术改进了金融领域预测分析方法，在一定程度上能够更有效地从高噪声和非参数的动态数据中提取有用数据并用于完备化交易决策，其在金融领域中的应用不仅在一定程度上缓解了上述分析与预测的难题，更带来了金融学乃至经济学实证分析范式的改变。

而在A股市场，这种改变的直接体现是量化方法体系从Q－quant到P－quant的转变，从传统的多因子体系向强化体系转变，从依赖制度建设到构建完备交易体系。这种改变也会对量化业态产生深远影响，随着算法逐步取代制度，量化团队规模将逐步缩小，业界将会出现一批掌握完备交易体系的独立投顾。为服务这些独立投顾，互联网量化平台将逐步取代传统区域资金供应网络，高端互联网量化平台将取代传统中低端平台。而在此机器替代制度的大潮之下，传统金融机构是否能持续发展的关键在于其是否能够快速适应市场并构建出灵活的多方合作模式。